山东省社会科学规划一般项目"幼儿视觉素养评价指标体系构建及应用研究"
（21CJYJ07）研究成果

数字化背景下幼儿视觉素养的评价与培育

杨　萍　李成实◎著

中国戏剧出版社
CHINA THEATRE PRESS

图书在版编目（CIP）数据

数字化背景下幼儿视觉素养的评价与培育 / 杨萍，李成实著. -- 北京：中国戏剧出版社，2024.9
ISBN 978-7-104-05575-4

Ⅰ．G613

中国国家版本馆 CIP 数据核字第 2024VG1826 号

数字化背景下幼儿视觉素养的评价与培育

责任编辑：肖　楠
项目统筹：康祎宁
责任印制：冯志强

出版发行：中国戏剧出版社
出 版 人：樊国宾
社　　址：北京市西城区天宁寺前街 2 号国家音乐产业基地 L 座
邮　　编：100055
网　　址：www.theatrebook.cn
电　　话：010-63385980（总编室）　　010-63381560（发行部）
传　　真：010-63381560

读者服务：010-63381560
邮购地址：北京市西城区天宁寺前街 2 号国家音乐产业基地 L 座

印　刷	天津和萱印刷有限公司
开　本	787mm×1092mm　1/16
印　张	13
字　数	270 千字
版　次	2024 年 9 月　北京第 1 版第 1 次印刷
书　号	ISBN 978-7-104-05575-4
定　价	78.00 元

版权专有，违者必究；如有质量问题，请与出版社联系调换。

前　言

进入数字化和视觉文化时代以来，无处不在的图像改变了人们的生活、学习和感知世界的方式，伴随着5G技术的应用，人们与视觉材料互动的频率和即时性越来越高，"万物互通"将成为常态，图像与我们密不可分，无论是日常生活中还是沟通交流时，图像作为知识生产和传播媒介作用会更加凸显。在视觉文化时代，观看不再是简单的行为，它是一种能力。在观看、理解和诠释的同时要有判断、解读和选择的能力，强化对图像的认识和对动态影像的学习，充分认识到视觉素养的丰富性、融合性。幼儿是人类主动接触社会、学习知识、建立审美的启蒙阶段，也是个性形成、智力发展以及潜能开发的关键期，视觉素养在幼儿阶段的培养尤为重要。

视觉素养是一个新兴的研究领域，主要研究什么能被看到，以及我们如何解释所看到的材料。它横跨多个学科，包括研究视觉感知的物理过程、运用技术再现视觉想象以及运用智力策略理解所看到的事物。到目前为止，关于视觉素养教育还没有统一的定义。为了便于推广及应用视觉素养模式的教育、指导和训练，国际视觉素养协会对视觉素养作了界定，即：视觉素养指一个人通过观察并与此同时产生其他感觉，将观察与其他感觉经验整合起来的一种视觉能力。视觉素养是人们正确识别、理解、运用、创造和享受视觉素材的能力，能协调视觉素材和观看者或创造者之间的关系，使得主体和客体之间形成良性的、有效的互动。它的理论基础是现代传播学和教育学，并涉及新闻学、心理学、社会学和美学等学科理论知识，所以自理论研究伊始，就具备符合时代发展要求的特点，即跨学科的特性。

在以图像为主的蓬勃发展的视觉文化时代，视觉素养已成为大众必备的基本素养，而培养学生的视觉素养也成为当今教育的重要课题之一。众多国家纷纷将视觉素养教育纳入国民教育体系当中，以适应图像爆炸、信息渗透的现实社会。对幼儿开展视觉素养教育，更有着深远的现实意义。

随着科技进步，数字化视觉媒介成为人们理解与学习的重要途径。在视觉文化的背景下，人们获得的经验越来越视觉化，在生活中对视觉信息的感受与处理能力变得越来越重要，视觉能力的高低也日益影响着人们的生活质量。因此，视觉素养被认为是数字化时代公民的基本素养。2019年2月，中共中央、国务院印发《中国教育现代化2035》，"教育现代化"成为我国未来十五年的发展目标。数字化背景下视觉文化的形成正在变革着21世纪读写能力的内涵，视觉素养也成为教育现代化进程中幼儿应具备的一项核心素养。

今天的交流本质上是视觉化的，图像作为一种交流方式，在我们的日常生活中占主导地位，在数字原生代的生活中尤为突出。数字原生代不仅出生在数字媒介包围的世界，也浸润在图像饱和的环境里，处于数字技术和触摸屏的时代，他们在处理文本之前先查看图像，包括照片、视频、表情符号等等，这要求他们必须能够以批判性的视角审视视觉材料。因此，在日益视觉化的世界中，阅读、解释和构建图形的能力越来越重要。

今天技术进步和文化变革带来的社会变化对人才的培养提出了新的挑战，如果教育培养的人才不能适应社会、改造社会和引领未来，那么教育的变革就势在必行。显然，当今社会、生活的变化已远远超出教育更新的步伐，视觉文化扑面而来，但其所蕴含的时代感仅仅只是渗透于学校教育之中，而与之呼应的视觉素养的要求对处于金字塔底端起到奠基作用的学前教育而言，并不理性自知。因此，学前师范教育应在视觉文化转向中率先主动求其变，改革教师教育提升学前师范生的视觉素养应作为促进幼儿视觉素养培育的首要策略。因为学前师范教育课程构建了学前职前教师的知识框架，这种知识框架对专业教师的研究与反思能力的形成起着基础性与关键性的作用，它将大致决定未来教师教学经验的改组可能与积累趋势。所以，学前师范教育的走向，在一定程度上决定了未来教师的方向。当视觉素养进入教学的具体情境，比如学前美术教育，与具体的教学内容相融合，这个过程并非简单的知识与技术的迁移，而是一个知识创新与技术更新的过程。本书正是在此背景下，从国内外的相关研究入手，对数字化背景下幼儿视觉素养的评价与培育策略进行了探讨。

本书共分五章，其中第一章针对"数字原住民"、数字化背景下的视觉文化及视觉素养的提出进行了探索，视觉素养作为21世纪的必备素养，它的提出与发展是我国教育现代化进程中的时代所需。第二章主要对国内外视觉素养及幼儿视觉素养研究进行综述，评述其研究热点及发展趋势，阐明本研究的学术价值及应用价值。第三章以山东省幼儿园为例，对幼儿视觉素养水平进行调研，分析了幼儿视觉素养的现状。第四章基于国际视野与我国本土需求，对比分析世界各国学前儿童核心素养评价体系及视觉素养评价标准，构建我国幼儿视觉素养评价指标体系。第五章探讨了幼儿视觉素养的培育策略。从绘本创编、主题活动开发与设计、无字绘本阅读指导、电子媒介适当介入四个方面，为幼儿视觉素养的培育提供新的视角和实践案例。

在撰写本书的过程中，笔者参考了大量的学术文献，得到了许多专家学者的帮助，在此表示真诚感谢。由于笔者水平有限，书中难免有疏漏之处，恳请同行专家和读者朋友批评指正。

杨萍　李成实

2024年4月

目 录

前言 1

第一章 数字化背景下的视觉素养 1
  第一节 "数字原住民" 1
  第二节 数字化背景下的视觉文化 10
  第三节 视觉素养 20

第二章 视觉素养相关研究 30
  第一节 国内视觉素养相关研究 30
  第二节 基于CiteSpace的可视化分析 46

第三章 幼儿视觉素养现状调研——以山东省幼儿园为例 68
  第一节 淄博市某幼儿园大班幼儿视觉素养现状 69
  第二节 烟台市某幼儿园大班幼儿视觉素养现状 76
  第三节 烟台市某幼儿园幼儿绘本阅读视觉素养及培育现状 ... 82
  第四节 滨州市某幼儿园大班幼儿无字绘本阅读视觉素养现状 ... 91

第四章 幼儿视觉素养的评价体系构建 99
  第一节 世界各国学前儿童核心素养评价体系 99
  第二节 世界各国视觉素养评价标准 110
  第三节 我国幼儿视觉素养评价指标体系 116

第五章　幼儿视觉素养培育策略……………………………………………120
　　第一节　创编幼儿视觉素养绘本…………………………………120
　　第二节　开发与设计幼儿视觉素养主题活动……………………151
　　第三节　提升幼儿视觉素养的无字绘本阅读指导………………160
　　第四节　科学介入电子媒介，提升幼儿视觉素养………………180

参考文献……………………………………………………………………194

后记…………………………………………………………………………199

第一章　数字化背景下的视觉素养

本书第一章针对数字化背景下视觉素养的提出进行了探索，主要包括三个方面的内容，分别是"数字原住民"、数字化背景下的视觉文化及视觉素养的提出。

第一节　"数字原住民"

一、"数字原住民"的出现

进入 21 世纪，普林斯基（Prensky）在一篇文章[①]中提出了"数字原住民"（digital native，以下简称 DN）的概念，这篇文章截至 2024 年 3 月 30 日，在谷歌学术（Google Scholar）等网站中引用次数已超过 42 000 次，可能成为有史以来引用次数最多的一篇文章。

数字时代开始于 20 世纪 70 年代末个人电脑出现的时候，随着互联网和智能手机的普及，数字通信技术急剧蔓延，渗透到社会的每一个角落，数字化进一步加速了全球化，无论在单位、学校或家庭，不管工作、学习或闲暇时间，使用信息通信技术成了一种生活方式或生存状态。

"数字原住民"诞生于数字时代，他们在数字设备的包围和沉浸中长大的，技术是他们生活中不可或缺的一部分，因此，他们也被称为"数字原生代""互联网一代""网络一代""千禧一代""移动和应用原生一代""后识字一代""数字母语者"等。朱克斯（Jukes）、麦凯恩（McCain）和克罗克特（Crockett）将这些"数字原住民"简单地称为"数字世代"[②]。目前，最常被提及的几个世代年龄划分为：1946—1964 年婴儿潮一代（Baby Boomers）；1965—1980 年 X 世代（Generation X）；1981—1996 年千禧一代（Millennials）；1997—2012 年 Z 世代

[①] Prensky M, "Digital Natives, Digital Immigrants". *On the Horizon*, pp.1–6.
[②] Charles Kivunja, "Theoretical Perspectives of How Digital Natives Learn". *International Journal of Higher Education*, Vol.3, No.1, 2014, pp.94–109.

（Generation Z）；2013—2025 年阿尔法一代（Generation Alpha）。

"数字原住民"从小就被电视、电脑、数码影像、游戏视频、音乐播放器、手机等数字技术所包围，他们是数字语言的"母语使用者"，他们对信息通信技术十分熟悉和依赖，沉浸在技术的生活中。他们花更多的时间在电脑等数字技术工具上，在闲暇时间和娱乐中更多地使用它们。他们被认为天生精通技术，具有更高的 IT 经验和对数字技术的积极态度。

在一个充满技术的环境中成长起来的"数字原住民"，由于天然地接触数字世界的技术和设备，思维、学习和处理信息的方式与他们的前辈不同。具有不同成长经历的大脑会有不同的发展，接受不同文化输入的人会有不同的思维，人类大脑会因重复经历而发生变化。"数字原住民"的大脑很可能已经发生了生理上的变化，不同的成长经历塑造了他们大脑的功能，以及思维模式与行为方式。因此，虽然"数字原住民"这个术语没有被普遍接受，但却被广泛使用。

二、真正的"数字原住民"

（一）"数字原住民"与"数字移民"

数字原住民（DN）和数字移民（Digital Immigrants，以下简称"DI"）的标签出现在 2001 年。卡尔（Carr）将数字原住民描述为在数字时代出生和长大的人，而老一代则被归类为出生在没有数字通信技术时代的数字移民。[①]

根据普林斯基的建议，数字原住民根据他们的年龄进行区别。即使他们对数字平台的熟悉程度或经验相似，年龄也会影响他们的思维、行为和互动方式。比如，1990 年后出生的受访者被认为是"第二代数字原住民"，1983 年至 1990 年出生的年轻人被认为是"第一代数字原住民"，而 1983 年以前出生的人被称为"数字移民"。

基于数字行为和态度的视角，研究支持 DN 和 DI 两代之间存在代沟。"数字原住民"显示出更频繁的在线交流活动，使用互联网表达自己，或使用互联网进行娱乐。尽管对以年龄来划分代际差别存在各种质疑的声音，但普林斯基的代际视角仍然是一个有效的出发点。

DN 是数字语言的"母语者"，"精通计算机、视频游戏和互联网的数字语言"，完全沉浸在数字体验中，互联网已经融入了他们生活的方方面面。弗兰德（Frand）

---

① Theodora Dame Adjin-Tettey, "Can 'digital natives' be 'strangers' to digital technologies? An analytical reflection". *Inkanyiso*, Jnl Hum&Soc Sci 2020, p.1.

声称，这种沉浸是如此彻底，以至于年轻人甚至不再认为计算机是"技术"了。一些研究甚至建议，应该定义一种独特的数字文化。DN 的生活充斥着数字媒体，随着他们大脑的发育，形成了一套独特的能力、偏好和学习态度，这使他们与 DI 有很大的区别。作为数字原生代，他们具有一些典型特征，包括：对信息学和电子设备的直观掌握，并能适应新兴技术；注意力持续时间短，多任务处理（并行处理）；偏好团队合作和协作；期望立即产生结果，即时满足和频繁奖励；采用随机访问和"超文本"方式获取知识；习惯于接收快速信息和大量信息；运用经验主义和建构主义原则，偏好各种主动学习方法；偏好通过视觉和图形学习；偏好创造和构建自己的知识，而不是被指导；偏好灵活、个性化和定制的时间表学习；不喜欢缓慢的东西和消极的东西。他们紧跟科技，经常使用最新的硬件和软件解决方案，他们热衷保持与世界的持续联系等。

正是计算机的出现使许多父母在由他们的数字原生代子女组成的信息时代成为"数字移民"。对于 1983 年之前出生的人，普林斯基创造了"数字移民"一词。数字移民指的是那些不是出生在数字世界里，但在生命的某个阶段采用了新技术的人。他们与数字原生代有本质的不同，因为他们必须学习数字原生代长大后所知道的"母语"。他声称，这部分人口，包括大多数教师，缺乏数字原住民的技术熟练程度，他们所拥有的技能几乎完全是"外国"的，他们被计算机界面和其他数字通信技术所限制。与他们不同，"数字原住民"往往比他们更早地采用数字或新媒体技术。DI 试图追赶他们，但最终表现出不同的行为，依然使用过时的词汇。关于"数字鸿沟"的概念争论可以追溯到 20 世纪 90 年代，也许将某一代人视为一个独特的社会群体可能过于简单化，许多研究也谴责了对整代人的刻板印象。但两代人对新生的技术技能和兴趣之间的差距，以及 DI 者对有限和不复杂技术的使用，自然使"数字鸿沟"的现象普遍存在且不容忽视。

（二）数字世界中的"陌生人"

1. 与数字技术接触的机会

随着数字技术的发展，新媒体技术的使用要求用户接受过一定程度的正规教育，哪怕是数字原生代。虽然因为出生的时代，他们被归类为"数字原住民"，但可能没有真正的"数字原住民"必须展示的能力。尽管研究表明"数字原住民"一生都接触到新媒体技术，但不是所有人都能熟练使用新媒体技术，利文斯通（Livingstone）认为，对一些人来说，互联网是一种越来越丰富、多样化、吸引人、令人兴奋的资源,在他们的生活中越来越重要。但对于其他人来说,只能偶尔使用,它仍然是一个狭窄且相对不吸引人的资源。①

在数字世界中有可能成为"陌生人",即使在获得和使用这些技术的技能已经变得不可或缺的时代。大多数时候,技术的使用需要运用学术知识,尽管有些通信技术比其他通信技术更容易操作,例如电视和广播。这些相对来说更容易使用,因为人们只需要知道如何打开和关闭它们和如何改变频道,这个过程不需要太多的学术知识。然而,某些新媒体技术,如计算机和互联网,需要用户付出更多的智力努力,以便有效地操作它们。人们需要了解它们是如何工作的、它们能做什么,以及如何操作它们,以便有效地利用它们为自己服务,尤其是早期的计算机,对用户的要求甚至更高。由于没有图形用户界面,微软 Dos 操作系统的用户必须记住某些基于文本的命令。即使在当代,为了上网,一个人必须接受一定程度的正规教育。除了必须在互联网浏览器和搜索引擎中输入信息之外,基于信息通信与新媒体的融合技术大多是自我指导的,其应用程序会指导用户如何使用它们,这使得接受一定的正规教育变得非常必要,接受教育之后才能阅读和理解,才能有效地导航和使用技术,并且技术的使用频率也使得用户对技术的使用更加熟练。这样与数字技术接触的机会变成了一个有利的变量,一些"数字原住民"可能根本没有体验过新媒体技术,他们就成为数字世界的"陌生人"。

因此,尽管这些技术可能对"数字原住民"有潜在的好处,他们有天然的优势,因为他们对这些技术有天赋,但不接触和不经常使用将使他们对数字技术不太熟练,从而对这些技术感到陌生。这些人可能被视为"数字陌生人",因为他们的环境没有为他们提供积极使用和熟悉数字技术的机会。其结果是,他们对自己使用数字技术的能力没有足够的信心,这使得他们根本不会尝试使用这些技术,尽管这些技术可能是可用的。这个群体的普遍态度是,他们对尝试新事物犹豫不决,没有信心。数字原生代虽然是由他们出生的年代定义的,但基于上述因素,他们可能对新媒体技术并不熟悉。仅仅根据出生的年代来划分的"数字原住民",并不能保证每个人都具有真正的技术能力。因此,真正的"数字原住民"不应仅仅根据他们出生的年代,还应该根据他们所具备的使用数字技术的程度。能够熟练使用数字技术的数字原生代才能被认为是真正的"数字原住民"。

---

① Theodora Dame Adjin-Tettey, "Can 'digital natives' be 'strangers' to digital technologies? An analytical reflection". *Inkanyiso*, Jnl Hum&Soc Sci 2020, p.1.

2. 数字技术使用的程度

"数字原住民"将反映一个人使用数字新媒体技术的天赋和程度，否则尽管他们出生在一个数字通信技术丰富的时代，虽然数字技术的使用似乎越来越多，但数字原生代也可能在数字技术世界中成为"陌生人"。

一项对美国13所院校的4374名学生的调查发现[1]，最常见的科技应用是文字处理（99.5%）、发电子邮件（99.5%）和上网（99.5%）。只有一小部分学生（约21%）在网络上创建自己的内容和多媒体，而且很大一部分学生的技能水平低于"数字原住民"的预期水平。这些发现得到了两项澳大利亚研究的支持，大学生在获取信息通信技术方面显示出类似的模式。这些研究还发现，新兴技术的使用并不普遍。正如肯尼迪（Kennedy）等人所观察到的那样，尽管许多学生在日常生活中使用了各种各样的技术，但"显然，在某些领域，对基于技术工具的使用和熟悉程度远未普及"。这些发现表明，技术技能和经验在年轻人中远非普遍存在的。研究证据表明，一部分年轻人非常精通技术，并依靠它进行一系列信息收集和交流活动。然而，似乎也有相当大比例的年轻人没有这种水平。也许数字原生代之间的差异和代与代之间的差异一样大。因此，可以认为，真正的"数字原住民"是那些使用数字技术并表现出熟练使用能力的原生代。

（三）"数字原住民"的数字素养

我们知道，尽管数字原生代是在数字时代来临之后出生的人，他们伴随着数字技术长大，不需要教就能够非正式地使用数字技术，但是并非所有人具有数字素养或数字技能。虽然数字原生代的支持者认为，年轻的学生已经具备了理解和使用技术所需的知识和能力，但真正的"数字原住民"需要掌握的数字素养，反而强调了学习有效使用技术的重要性，因为这是一个持续学习的过程。对他们而言，作为数字原生代，虽然使用数字技术是很自然的，但他们某些方面的良好技能可能并不适用于所有情况。而且，数字原生代通常在创作、编程或编码方面所需要使用的技术，以及与数字技术的互动方面变得更加复杂。这是因为大多数新媒体技术是从旧媒体的转换开始的，尽管有些是从纯数字技术开始的。[2]因此，数字素养作为当今数字时代的重要能力之一，从全面发展的角度对数字原生代同样适用。

---

[1] Sue Bennett, Karl Maton, Lisa Kervin, "The 'digital natives' debate: A critical review of the evidence". *British Journal of Educational Technology*, Vol.39, No.5, 2008, pp.775-786.
[2] Theodora Dame Adjin-Tettey, "Can 'digital natives' be 'strangers' to digital technologies? An analytical reflection". *Inkanyiso*, Jnl Hum&Soc Sci 2020, p.1.

数字素养或数字技能被称为所有公民都应该掌握的 21 世纪技能之一，甚至被认为是数字时代生活的基本要求，一种生存技能。数字能力包括技能、知识、态度三个主要方面。

三、数字时代的学前儿童

（一）应对"数字媒体的包围"

6 岁以下的幼儿一出生就处在电视、电脑、手机、平板电脑等各种数字设备的包围中，它们已经作为我们日常生活的一种生存状态。对各种多媒体数字手段对儿童消极影响的研究居多，也有一些研究对积极影响进行了探讨，并开始研究应对策略。

胡娟认为，在 20 世纪 80 年代甚至 90 年代早期，对于学前儿童运用高科技，特别是运用计算机还有诸多争议，许多议论都是由于对理论的误解和对计算机用途的不了解所引起的，有的人甚至认为计算机会过度催熟儿童，会剥夺儿童有意义的社会交往活动，会迫使儿童进行结构化的学习，以及会替代绘画、阅读等儿童传统的活动等。也许对计算机运用的阻力来自对皮亚杰理论的错误理解，一些学者认为，对于年龄低于 7 岁的儿童，其认知的发展只能通过用手操作材料的途径，而不可运用计算机一类的工具去学习符号一类的内容。实际上，数字化时代计算机对学前儿童是否适合的问题，变成了如何才能使计算机更好地增强学前儿童的学习经验的问题。目前的计算机变得越来越小、越来越轻，功能越来越强，价格越来越便宜，运用越来越广泛，尽管在学前教育机构的运用还有待开发，但随着计算机软件的进一步开发，计算机将与课程融为一体。计算机的学习并不在于让儿童懂得如何操作机器，而是在于让儿童将计算机当作具有强大功能的工具，去学习如何利用计算机进行学习。在计算机软件的开发方面，专家提出软件应充分体现学前儿童的发展特征，即"无标准答案的、儿童能够自己控制的、具有公正性的和用多元文化作表征的"。他们普遍认可，"学前儿童生活在计算机时代，他们不仅必须从计算机中学习，而且还需要学习计算机"。[1]

（二）有关学前儿童数字素养发展的研究

即使在没有明确的鼓励和促进的情况下，儿童也会发展数字媒体素养。事实上，许多研究人员和媒体制作人会认为，今天的儿童比前几代的儿童更懂媒体，

---

[1] 胡娟：《幼儿园课程概论》，复旦大学出版社 2020 年版，第 169 页。

而且比他们自己的父母更懂媒体。儿童在处理媒体方面会发展出一定程度的能力，包括认知、社会与情感能力发展水平；对世界的整体体验和对媒体的具体体验；习惯于即时性，并有能力通过快速处理平行和不连续的信息来学习。

一般来说，年龄较大的儿童更多的是"分析型"观众，他们会充分利用语言材料，而年龄较小的儿童则更依赖于图像和声音效果。当他们发展出识别三维形状的能力，并开始理解语言的功能时，就开始对电视和现实世界之间的关系提出假设。比如，电视可以被看作是一种"神奇的窗口"，或者是一个"神奇的盒子"，小人住在里面。然而，大约2岁的时候，儿童似乎已经明白电视是一种媒介，它代表的是别处正在发生（或已经发生）的事情。通过视频的体验，他们也开始明白电视是可以录制和重播的，不一定是"现场直播"。在3—5岁之间，电视和现实生活之间的区别逐渐变得更加弹性。虽然年龄很小的儿童似乎相信所有的电视节目都是真实的，但年龄稍微大一点的儿童可能会表达完全相反的观点。然而，到了5岁左右，儿童通常会给出更深思熟虑的回应，认为电视有时是真实的，有时不是。在5—7岁之间，他们也开始根据他们所理解的现实不同程度地区分各种类型的节目。例如，他们可能会区分卡通、木偶动画和真人，并且很可能会发现真人戏剧或新闻中描绘的事件比卡通中的类似事件更可怕。

费塞（Facer）等人认为，儿童倾向于接受通过互联网获取信息的表面价值，就好像它是权威的；而塞特（Seiter）也表明，儿童对他们在网上找到的信息进行评价时会遇到困难；贝沃特（Bevort）和布雷达（Breda）发现儿童不会自发地质疑网站的可信度。研究表明，儿童在2岁或3岁时开始意识到广告和节目之间的一些正式差异；但"广告是为了说服他们购买特定产品而设计的"这一认知往往要到7岁左右才会出现。在童年中期，儿童通常会对广告表现出相当程度的怀疑。在"感知"阶段（3—7岁），儿童仍然处于感知水平，而不是抽象的或象征性的思维。在这个年龄段，他们主要根据感知特征来区分广告和节目，并对它们持普遍积极的态度。从发展的角度来看，年幼的儿童更容易被视觉上明显的内容吓到，而年长的儿童则更容易对抽象或"心理"威胁作出反应。儿童的应对策略也随着年龄的增长而发展：年幼的儿童倾向于使用"非认知"策略（坐在父母旁边，抱着玩具），而大一点的儿童则更多地使用"认知"策略（提醒自己这不是真的，或想别的事情）。

尽管取得了一些成果，但对学前儿童使用数字媒体的研究相对较少，不能进一步了解儿童应对各种数字技术等复杂环境下，他们正在发展的数字媒体素养。

就人口群体而言，特别是对互联网和其他新媒体的研究中，年龄较小的儿童（8岁及以下）很大程度上被忽视了。

（三）数字时代的学前儿童教育

所谓的"数字鸿沟"，不仅仅是更有可能拥有电脑，而是更有可能拥有更好的电脑，或者拥有更好的互联网接入。这还关系到对计算机的了解，比如能用计算机做什么，以及如何利用通过计算机所获得的东西。显然，如果儿童能更好地接触到技术，他们就更有可能使用它；他们使用得越多，就越有可能更好地使用它，从而意识到它的潜在好处。

1. 家庭的支持

就互联网而言，最重要的问题更多是关于父母的专业知识程度，而不是孩子的专业知识程度。费塞等人得出结论，存在显著的"数字鸿沟"，这源于父母的工作和教育经历，这对父母支持孩子在家使用信息通信技术的能力有相当大的影响。即便如此，当他们询问家中有设备的父母是否足够了解这项技术，以帮助他们的孩子充分利用这项技术时，64%的人表示他们了解。在寻找信息方面，研究者认为这是与互联网使用相关的关键技能，绝大多数家长（77%）表示有信心。总的来说，这些研究者得出结论，为了有效地管理、引导和规范儿童的使用，父母需要在培养自己的媒体素养或互联网技能方面得到更多的指导。

对数字时代学前儿童而言，互联网禁用限制有一定的合理性，但视频拍摄和制作却是一个没有引起重视的研究领域。虽然电脑通常包括一套软件包，具有图像处理、声音和音乐编辑、创建网页及对动态图像进行数字编辑等功能。但关于家庭录像制作的研究很少，而且几乎没有关于儿童在家中使用摄像机的研究。在美国的一项研究中，莫兰（Moran）讨论了视频制作在家庭中的文化作用，并将制作过程描述为与家庭使用电视、电脑、电话和电影的交互过程。研究表明，视频制作是儿童通过表演或角色扮演探索自我身份认同的宝贵途径。大多数4—5岁的孩子已经能很好地理解相机运动、位置、镜头转换和编辑等基本"词汇"。[①]

2. 教育的数字化转型：培养主动的学习者

数字化电子学习不是革命性的，不应被视为与以前任何事物都不同的一种新现象，它是共同进化的结果，而且正在成为主流而不是小众。2019年，数字化或数字化转型的概念变得越来越常用和普遍。各种措施限制了人们的身体接触，从

---

① David Buckingham, "The Media Literacy of Children and Young People: A review of the research literature" *Ofcom*, pp.14–25+39+53.

而激发信息通信技术将世界转变为数字化,创造了新的、强大的虚拟空间。教育领域将活动更多地转移到虚拟环境中,利用信息通信技术进行远程教育,是各级各类教育成功实施并确保质量的方案之一。学生从来没有像现在这样有如此好的工具来学习和进行多任务处理,教师也从来没有像现在这样有如此独特的工具来教学。

数字时代的儿童不是通过阅读黑白文本信息来学习的,而是通过数字工具让他们进入一个丰富感官的信息世界,这个信息世界通过全彩、图形、视频和立体声更加吸引人。他们不是从线性的、纸质的数据中学习,而是从超链接的、随机访问的、在线可用的数字资源中学习。他们不仅通过阅读、写作和算术来学习,还借助在线摄像头、模拟、游戏等来学习。他们需要培养数字流畅性的技能,而不是通过谈话、粉笔和黑板来培养传统的3R(读、写、算)技能。布朗(Brown)认为"今天的孩子总是在'多处理'——他们同时做几件事——听音乐、打手机、用电脑,所有这些都是在同一时间进行的"。还有人认为,数字原生代习惯于高速学习,建立随机联系,处理视觉和动态信息,并通过基于游戏的活动进行学习。有人认为,由于这些因素,年轻人更喜欢基于发现的学习,这使他们能够探索和积极地测试他们的想法和创造知识。

我们需要把"数字原住民"变成主动的学习者,让他们利用数字空间来指导自己的学习,找出错误,发现解决方案。在他们每个人的手中和眼中打开一个充满可能性的世界,让他们享受视频演示、视觉交流的乐趣,在剧院般的环境中,从禁用技术的严格限制中解放出来,享受神奇的时刻。他们可以安全自在地获取网上信息,可以触摸、多任务处理、搜索和发现主题,成为独立的学习者。

但认知心理学的研究揭示了一个更复杂的情况。例如,多任务处理可能并不像它看起来那么有益。当大脑在竞争刺激之间转换时,可能导致注意力不集中和认知过载。也没有明确的证据表明,大多数娱乐的电脑游戏中普遍存在的互动性也适用于学习。以往一些研究者对教育类游戏的热情在于,可以利用许多游戏玩家的高参与度和动机来激励学生学习的可能性。尽管这一理念已经激发了人们多年的研究兴趣,并且有证据也表明,高度改进的、基于游戏的方法可以支持有效的学习,但关于如何设计"促进深度学习的游戏"的研究还不充分。[1]

在随处可见智能手机、平板电脑等功能强大设备的"数字童年"中,对于学前儿童,数字媒体素养的培养不是使儿童免受媒体的影响,而是使他们能够作出

---

[1] Sue Bennett, Karl Maton, Lisa Kervin, "The 'digital natives' debate: A critical review of the evidence". *British Journal of Educational Technology*, Vol.39, No.5, 2008, pp.775–786.

与年龄相符的知情的决定，发展他们对周围媒体技术的理解和参与。显然，在开发未来的教育教学手段时，要充分考虑阿尔法一代的高信息解释能力，要思考数字技术如何来激励儿童学习或使学习更有效率，通过数字技术帮助教育过程现代化并使其更有效。相比"数字原住民"，教育的数字化转型对教师和教育机构来说更是一个挑战。数字化转型要实现，数字化转型参与者的数字化能力起着核心的作用，这一挑战对于学前教育而言尤为严峻。

第二节　数字化背景下的视觉文化

维特根斯坦在《哲学研究》一书中这样写道："一幅图画囚禁了我们。我们逃不脱它，因为它在我们的语言之中，而语言似乎不断向我们重复它。""我们所要的是对已经敞开在我们眼前的东西加以理解。因为这似乎正是我们在某种意义上不理解的东西。"① 这幅"敞开在我们眼前所不理解的图画"可以称之为"视觉文化"。

"视觉文化"作为一种新兴现象，它的概念经常与"图像文化"混用，这导致了对视觉文化的片面认识。在对"视觉文化"概念的理解中，"视觉"通常等同于"图像"，甚至进一步沦为视觉"媒体"产品。视觉文化不应该被窄化为"图像文化"，因为"视觉"并不主要表现为图画，也不完全呈现在电影或电视屏幕上，实际上，它渗透在我们日常生活的各个方面：观看与被观看、再现与创造等等。尽管图像和现实之间仍然存在着相互作用，现实仍然是许多图像的灵感来源或逼真再现的摹本，但当今的"视觉"强烈影响我们对直接观察到的现实的感知，视觉文化不仅仅是文化的单纯反映，有时甚至也是意识的产物和工具。

研究视觉文化需要分析视觉文化物质及非物质的视觉特征。其中，视觉文化的非物质方面通常被称为"视觉性"或看待事物的方式，它定义我们看到了"什么"和"如何"看到。图像与视觉的不同之处在于，图像涉及的是一种相当普遍的体验，即基于视觉器官的物理或生理特征来看待呈现于眼前的事物；而"视觉性"指的是用于解释的文化代码将图像的观看、创造和使用变成了一种文化活动。"图像文化"在什么时候结束，"视觉文化"又在什么时候开始，这并不是一个很清晰的问题，也许这两种现象交替更迭地存在。目前，数字化的背景越来越需要一种更具批判性的方法来研究视觉表达，因为人们越来越多地成为视觉文化的生

---

① [英]维特根斯坦：《哲学研究》，陈嘉映译，上海人民出版社2001年版，第73页。

产者，而且"必须能够胜任并有意识地在高度混合的语境中理解复杂含义"变成了一种更高的要求。不过，当前对日益重要的视觉文化的研究仍是不足的，视觉文化知识仍然以碎片化的形式存在于不同的学科之间。

虽然"视觉文化"不应该被简化为"图像文化"，但图像和其他类型的视觉表现形式仍然在视觉和视觉文化研究中发挥核心作用，比如，它作为复制其他文化产品的媒介及主导的视觉文化产品本身。随着时代的发展，视觉文化越来越依赖于技术，技术也越来越成为可视化数字技术，有关多模态的研究变得越来越重要。

同时，对图像本身的结构和表达方式的系统研究也非常重要，研究视觉文化同样需要深入了解图像或其他视觉人工制品的结构。视觉文化具备图像文化的特点，对图像技术和视觉媒体的具体形式和意义相关方面的了解，以及对技术或形式的选择依然需要建立在一定的理论基础之上，下面就从理论角度对图像文化、影像文化、视觉文化三者进行分析。

一、图像文化

图像文化自古就有之，它是一个与人类文明进程相随伴的文化现象。公元6世纪，教皇格里高利曾这样说："图像对于无知的人来说，恰如基督教《圣经》对于受过教育的人一样，无知之人从图像中来理解他们必须接受的东西；他们能在图像中读到其在书中读不到的东西。"[①] 在进入印刷时代之前，绘画是最为典型的记录和传播方式，它反映人类共享内视世界的需要。它是人类以视觉经验、体验为内容，首先将外视世界转化为内视世界，然后再将内视世界信息化，并通过信息编码再度转化为外视图像的一种基本手段。[②] 图像是将内视世界信息外视化的一种文化形式，其最为基本的特征就是信息表达、传递和交流。人类认识世界、把握世界的基础是感知，人类通过眼、耳、鼻、舌、身等感觉器官来感受这个世界，人的"看"和"听"的能力是天生具备的，而在人的整个感觉器官中居于主导和基础地位的则是人的视觉，所以图像凭借其"直观"特点，可以让具备生活经验的、智力、视力正常的人看懂和读懂图像。

当文字出现之后，人类逐渐过渡到以文字作为表达情感和相互交流的主要工具时，文字与图像便从理性和感性的两个层面开始"厚此薄彼"，图像被贬为一种感性的、直接的表层身心互动，而文字则抬高为一种理性的深度意识活动。图

[①] 彭亚非：《读图时代》，中国社会科学出版社2011年版，第134—135页。
[②] 彭亚非：《读图时代》，中国社会科学出版社2011年版，第5页。

像只是作为陪衬来弥补话语表达的不足,图像的作用仅仅是与文字产生"互文性",或者"给传统的阅读增添意趣和快感"。

按照海德格尔(Heidegger)的观点,在整个前现代社会,都不具备"世界成为图像"的条件,前现代只有"关于世界的图像"。海德格尔将现代社会直接指称为"世界图像的时代"。他说:"世界图像并非从一个以前的中世纪的世界图像演变为一个现代的世界图像;毋宁说,根本上世界成为图像,这样一回事情标志着现代之本质。""所以,从本质上看来,世界图像并非意指一幅关于世界的图像,而是指世界被把握为图像了。"①

到现代,世界才得以成为图像,或被把握为图像。尤其是随着电脑、数码影像技术、互联网的出现,世界被把握为图像已经再一次发生了根本性的变化——世界不再是作为图像的世界,因为图像直接就是世界了。海德格尔认为"现代的基本进程乃是对作为图像的世界的征服过程"②。

经历图像时代、印刷时代之后,正如美国学者丹尼尔·贝尔所指出的:"当代文化正在变成一种视觉文化而不是一种印刷文化,这是千真万确的事实。"③视觉转向乃是由通过语言把握世界到通过图像把握世界,其实质是从语言范式向图像范式的转变,其核心是视觉化。

二、视觉文化

(一)视觉文化的发端

1. 影像文化的出现

真正的影像文化时代也许起源于1839年照相术的发明,照片的出现改变了这个世界,也改变了我们对世界的"看法"。照相机和照相术对于图像技术的发展具有革命性的意义。德国学者洛伦兹·恩格尔教授说:"摄影的发展导致了图像技术的巨大变化。照片再也不能像其他绘画一样被看作是指示某些抽象的和不可见的东西的符号了。"④

照相术发明后半个世纪,法国的卢米埃尔兄弟发明了电影摄影机。电影的出现使人类拥有了全新的视觉体验和视觉模式,巴拉兹(Balázs)由此提出了"视

---

① [德]海德格尔:《海德格尔选集》,孙周兴选编,上海三联书店1996年版,第898—899页。
② [德]海德格尔:《海德格尔选集》,孙周兴选编,上海三联书店1996年版,第904页。
③ [美]丹尼尔·贝尔:《资本主义文化矛盾》,赵一凡、蒲隆、任晓晋译,生活·读书·新知三联书店1989年版,第156页。
④ 孟建主编:《图像时代:视觉文化传播的理论诠释》,复旦大学出版社2005年版,第3页。

觉文化"的概念，标志着视觉思维在我们的文化生活中所占有的支配性和主导性地位的确立。

事实上是，世界自身呈现为视觉文化和视觉语言了。随着摄影、电影、电视出现而日益兴盛的影像文化现象，如英国学者约翰·伯格（John Berger）认为"历史上也没有任何一种形态的社会，曾经出现过这么集中的影像、这么密集的视觉信息"。①

这使得人类几乎是突然获得了超越时空、不在场的"现场"观看体验和途径。不同于传统的图像作品，照片可以不加掩饰地暴露现实中的一切真实细节。照相术第一次使人类的生存全面视像化有了可能。而同时，世界也不再是为人类生理视力所限的外视世界，摄影实际上前所未有地将这个世界一步步重新展示在我们面前。无论传统图像文化怎样强调模仿与再现，它作为一种图像和视觉符号都不是，也不可能是"可见的世界本身"。

因此，视觉文化中的影像文化再不能简单地被归纳为图像文化，或笼统地与图像文化混为一谈。世界的视觉性存在早已超越了人类"眼见"的真实，人们现在完全可以按照自己的时间表和空间坐标来"看"这个世界了，人所面对的世界似乎一夜之间便前所未有地"去蔽"了。摄影技术的出现，第一次打破了形象复制与现实观看之间的心理距离，使图像的客观真实性一下子敞开在观看的眼睛之前。

但影像文化也不是现实本身，它是现实在视觉意义上的信息形态。影像文化是通过外视世界的真实再现所构成的影像语汇来叙述、解说、传递、交流、共享人类生存信息的文化。将外视世界本身直接作为信息、符号和语言予以传达与共享——这正是影像文化的本质特性所在。

事实上任何一个影像或一系列影像，即使只是对原始景观的真实再现，但是由于它被从它出现时的时间与空间中分离了出来，并在相当大的程度上被割断了使它得以出现的各种因果链——而有些因果链是决定性的、本质性的，因而使得任何影像总是具有与真实世界并不完全一致的独立性。真实的影像掩盖了想象性的内核，它使得某种完全不同于传统思维模式与话语模式的福柯所谓的文化"认知型"的生成和形成有了可能。②

影像科技的发展，使得外视世界可以直接共享，可以作为一种文化和语言直接进入言说与交流，使得视觉文化形态得以取代过去的图像文化、语言文化、印

---

① [英]约翰·伯格：《观看之道》，广西师范大学出版社2015年版，第139页。
② 彭亚非：《读图时代》，中国社会科学出版社2011年版，第4—8页。

刷文化、文本文化，实现了内视文化形态的文化变革。

2. 影像文化的快捷与复制

影像文化突显的快捷性是进入现代社会的显著特征。人们生活节奏加快，对时间体验的感受也发生了变化，视觉中的时间开始以更快的速度移动，并以新的、更紧凑的方式生产视觉叙事，这既是对更大的社会转变的回应，也是其本身的发展动力。影像制作者继续创作更多的压缩图像，描绘和体现加速的时间，压缩的视觉叙事捕捉到了社会的快节奏和有点迷失方向的生活节奏，他们也更有效地适应了观者注意力持续时间缩短的感觉，这就从根本上改变了传统的文本传播方式，以及以往的慢节奏的文化接受与文化理解模式。

数字技术的出现带来了图像机械复制的无限可能性。不仅复制的手段更为便捷，拼贴的方式更为多样，而且复制和拼贴已经成为电子文本的一种生成方式。复制是传播的本质，媒介则是复制的物质前提和技术前提，本雅明认为欣赏复制品要比欣赏原作容易得多，这是因为"技术复制比手工复制更独立于原作"，"技术复制能把原作的摹本带到原作本身无法到达的地方"。① 现代视觉文化也表现出了对图像作品进行无穷复制的特点，导致当代视觉文化中各种复杂的图像和影像呈现爆炸性的发展。现代图像艺术的复制性特点，使艺术成为普通的、廉价的、快速的消费品，这在本质上是有别于古典意义上的所谓视觉艺术的。② 这使得视觉素养培育变得更加迫切，因为在复制文化和消费文化的共同作用下，图像审美就有一种从深度审美向浅度审美、纯感性审美滑移的天然趋势。而在大众文化语境下，这种趋势尤其会变得不可阻挡，会不断加速，会日益极端化。图像叙事停留于表面印象和表现为即时消费的特点，使人们满足于对世界的直观把握和瞬时移情，因此往往不容易将人们引入对事件本身的沉思、分析乃至怀疑，反而会使人们忽视隐藏在事件背后的深刻本质。这必然对当代人的主体性意识形态和认知方式产生着越来越深刻的影响。

3. 影像文化中的文字与图像

（1）文字与图像的关联

无论是杂志、电视还是互联网、视频游戏，每一种都是交流模式的混合体。这是多模态教育的挑战，每个人不是先读语言，然后看图片，再听声音；相反，人们把它们当作一个格式塔、一个整体，同时接受。比如，绘本将文字和图片放

---

① [德] 本雅明：《机械复制时代的艺术作品》，浙江摄影出版社1993年版，第6页。
② 彭亚非：《图像社会与文学的未来》，《文学评论》2003年第5期，第30—39页。

在一起"总是会改变两者的意义,因此好的绘本作为一个整体是一种更丰富的体验,而不仅仅是它们各部分的简单相加"。

如果倾向于把插图仅仅看作是书面文本的镜子,将线条、色彩、色调等称为"艺术元素",就忽略了一个事实,即一幅特定的绘画或雕塑的文化意义总是依赖于人们先前的知识、艺术品和它的标题之间的相互作用。形式元素是图像的元素,而不是意义的元素。即使在艺术画廊里,图像也被语言语境化,无论是在画廊空间的直观感受,还是在有关它们的历史、批评和理论方面。根据福柯(Foucault)的话语概念,这些作品在创造它们的话语之外没有任何社会意义。以一种更复杂的方式来研究文字和图片之间的关系是至关重要的。

有些绘画故意不提供信息,被称为无题。但即使这样,作品的意义也依赖于语言,因为永远不可能真正将一幅画与语言中包含的所有联想分离开来,故意不提供信息的标题就像箭头一样,帮助传达人们要关注图像的信息,它们无处不在。标题引导观众的注意力,并锚定图像的意义。即使只提供最少信息,如艺术家的名字、作品的标题、媒介和日期等,意义也在一定程度上通过语言传达着,或者更确切地说,是通过所使用的语言和艺术品之间的相互作用来传达。

(2)文字与图像的区别

文字和图像本来各具特色,文字以其抽象性和联想性组成文字读物,可以换取读者更加丰富的联想和多义性的体验,在解释现象的深刻内涵和思想的深度方面,有着独特的表意功能;图像以其直观性和具体性见长,图像的结果将文字的深意感性化和直观化。抽象的文字和直观的图像互为阐发时的阅读,带有游戏性,从文字到图像,再从图像到文字来回地转换,可以把阅读理解转换成视觉直观。[1]

图像比文字更有效和更有力地塑造对现实世界的看法,表达语言所无法表达的内涵包括感情和内心体验等。阿恩海姆(Rudolf Arnheim)认为,图像大都再现二维平面的和三维立体的效果,如"某种同时性的相互作用"。图像能够整个地、同时性地呈现,而文字只能通过一个接一个或一一列举的方式进行描绘,使被陈述的事物变成一种线性的序列,或逐渐构造成一个完整的静态景象。

文字有助于大脑把理性实体稳定和保持下来,使知觉概念从直接体验中分离或呈现出来。[2]并且,语言媒介可通过"修正"而"变活"。语言文字的每一个字眼和句子都能得到下一个字眼和句子的修正,产生生动的意义。语言文字的使用在于语词的意义,只有知道每种意义的"背景或前后关联",才能正确使用这些词。

---

[1] 周宪:《"读图时代"的图文"战争"》,《文学评论》2005年第6期,第140—148页。
[2] [美]阿恩海姆:《视觉思维:审美直觉心理学》,滕守尧译,四川人民出版社1998年版,第314页。

许多幅画或一幅画的各部分难以结合产生新的陈述,但"形象蒙太奇展示出的许多裂缝却可以由语词产生各种意象形成统一的整体"①获得弥补,语词或表意文字独具优势,并产生超越视觉的丰富想象。

图像"通过各种形状和色彩式样构成一个特殊的陈述性意象"②,可以表达"不可见的"内心,但如果想通过复制和粘贴增加新的意象,也许只是一种生硬而牵强的叠加。要想修正并重新生成新的意义似乎只有通过概念语言才能完成。因为语言文字"通过各种标准符号的结合间接地诱导"③并产生集中的意象。图像与语言各有优劣,取长补短、相互结合是视觉引导的立足点。

当然,因为图像与文字之间复杂的关系,可能会造成某种张力,一方面存在着图像对文字的有效阐发,另一方面又存在图像对文字的曲解和转义。④克雷斯(Kress)认为解决图像和文字之间的冲突,有必要让读者能够构建自己的解释。他认为必须超越现有的惯例,摈弃文字与图像的"消长相倾",考虑文字、声音、音乐、图像之间的关系。1934年,本雅明预测,文字和图像之间的相互依赖性将日益增强,他呼吁公民具备视觉和语言交流的批判能力。可见,今天他的呼吁依然振聋发聩。

(二)视觉文化的走向

在数字时代,由于媒体、传播和信息的视觉形式占主导地位,图像语言已成为文化表现的核心,并且这种文化由技术介导的,它创造了一种非自然的社会文化。

1. 数字化背景下视觉文化的渗透

从照相到电影、电视及数码与网络技术的结合经过了四个阶段,当前数字化背景指的是第四阶段:数码与网络技术的结合。照相使在线物象成为静态可能,电影通过迅速转换胶片而实现了对运动中的图像的在线,电视通过另一种技术原理,使电影中实现的动态图像走进千家万户,而网络则提供互动的可能性给人以沉浸式的经验,让人仿佛置身于一个虚拟的世界。

目前,虚拟渗透的视觉化的信息包围了我们,不仅成人所面临的图像信息无处不在,孩子们也生活在无穷无尽的卡通、漫画、广告、图片等等新型元素混合而成的世界中,从纸媒到屏媒,被誉为"用奶嘴点亮屏幕"的 Alpha 世代。一个最具当代数字媒介文化特色、同时也最能见出当代文化生存中视觉化程度的例子

---

① [美]阿恩海姆:《视觉思维:审美直觉心理学》,滕守尧译,四川人民出版社1998年版,第339页。
② [美]阿恩海姆:《视觉思维:审美直觉心理学》,滕守尧译,四川人民出版社1998年版,第340页。
③ [美]阿恩海姆:《视觉思维:审美直觉心理学》,滕守尧译,四川人民出版社1998年版,第340页。
④ 周宪:《"读图时代"的图文"战争"》,《文学评论》2005年第6期,第140—148页。

则是，连文字文本中的标点符号，也已经成了构成各种有趣图像的材料。泛视觉社会的来临重建了人类社会的文化秩序，"4亿人为虚拟偶像买单"，人们的生活方式，以及人们在生活中接受信息、进入想象世界和精神世界的方式逐渐被各种视觉信息所充斥、所包围。

尤其是20世纪后半叶以来，视觉文化的大潮汹涌，几乎从根本上改变了人类的心智、文化惯例、话语方式与思维模式……今天，视觉性因素正决定、左右着我们生活中的每一个细节，已经发生了深刻变革的人类文化，还在继续发生着也许是更为深刻的变化。同属于一种文化，就是说他们以大致相似的方式"理解"世界。印刷文化强调认识性和象征性的东西，而且更重要的是概念思维的必要方式，而视觉文化则由于强调形象，而不强调词语，引起的不是概念化，而是戏剧化。[①]

2004年，洛伦兹·恩格尔（Lorenz Engell）教授提出："在当今的德国学术中，视觉哲学构成了新兴的媒体哲学的核心，被认为是该领域最前沿的研究课题。"恩格尔教授介绍道："视觉哲学的主要发现是，思想并不独立于视觉。……口头语言并不是思想交流的唯一工具，在口头语言的框架内发展出的各种概念的逻辑思维也并不是我们唯一的思维方式。"[②] 视觉是如此重要，以至于可以说在当今数字媒介时代，必然是视觉符号取代语言符号并成为占统治地位的文化符号的时代。根据德里达（Derrida）的说法，这将是导致结构"断裂和加倍"的"事件"，视觉文化也许改变了我们的信仰，影响我们的价值观并改变我们看待事物的方式。[③] 视觉文化的渗透体现为使用数字媒体作为主动的、代理的参与者，用给定的语言说话，用该语言构建话语，从而将自己的语言意图渗透到方方面面。

2. 视觉文化的自主建构

图像文化与视觉文化尤其是数字化背景下的视觉文化最大的区别在于有无互动性上，图像文化的主体是创作者，而观看者是外在于作品的他者，他们无法真正进入作者的世界；而在视觉文化下，观看者可以成为创作者，通过与作品联结，身临其境，融入其中，从而与系统、他人、作品产生互动。

[①] [美]丹尼尔·贝尔：《资本主义文化矛盾》，赵一凡、蒲隆、任晓晋译，生活·读书·新知三联书店1989年版，第175页。
[②] [德]洛伦兹·恩格尔、汪少明：《可见与不可见——从观念时代到全球时代：德国视觉哲学一百年1900—2000》，《德国研究》2005年第1期，第56—60、第80页。
[③] Daniel de Mello Ferraz, Souzana Mizan, "Visual Culture through the Looking Glass: Vision And Revision of Representation Through Genealogy and Cultural Translation". *Trabalhos em Lingüística* Vol.58, 2019, pp.1375-1401.

（1）通过视觉语言发挥视觉经验的强大作用

依靠高科技媒介的数字新媒体，使视觉语言丰富多变，帮助人们发挥视觉经验的强大作用。与绘画艺术相比，多数互动视觉艺术作品虽然也是呈现于一个二维的平面，但是它用变化的影像极大地突破了二维空间的限制。视觉语言的生动、丰富、多变，让影像通俗易懂，使人们在影像出现的"短短二十年内就懂得了画面的纵深、隐喻和象征"。[①]

（2）应用数字技术创造人工视觉环境

高科技媒介逐渐渗透于每一个角落，当代数字视像技术的广泛应用，为人们创造了一个人工的视觉环境。采用以计算机技术为核心的现代高科技生成逼真的视觉、听觉、触觉一体化的特定范围的虚拟环境，使人们由被动的文化接受者转变为主动的参与者，体验者借助必要的设备以自然的方式与虚拟环境中的对象进行交互作用、相互影响从而产生身临其境的感受和体验，体会到文化创造的愉悦，这种图式思维模式将慢慢演化与建构一种新的观看方式。

（3）视觉转向下主体性的凸显

就像文化转向、数字转向和语言转向一样，视觉转向可以理解为现代主义和现代文化面对自身视觉化策略的失败而引发的危机。换句话说，是文化的视觉危机创造了后现代，而不是它的文本性。现代性创造了自己的视觉性代码。毫无疑问，作为符号的图像将继续存在，并呼吁我们将它们作为语言进行理论化，因为虽然印刷文化肯定不会消失，但对视觉及其效果的迷恋是现代主义的一个关键特征，它产生了一种后现代文化，当它是视觉的时候，它是最后现代的。

我们作为社会个体具有新兴主体性，在后现代语境中，一个人不再隐藏于同质性、单一故事或主叙事的整体现代主义背景中。相反，在后现代性的语境中，成人的参与性、儿童的主体性都在顷刻中乍现，世界也没有任何一个时代像现在一样为儿童的存在留有真实一席，他们有了无须转译的话语。

3. 拟像文化的出现

在数字化背景下，图像文化发展为拟像文化。在拟像文化语境下，图像已经不再需要任何现实根据。它指向自身，它自己就是世界。视觉文化不依赖图像，而是依赖对存在的图像化和视觉化这一现代趋势。这一现象同时也可看作是视觉文化对文本文化的一次颠覆性取代。视觉文化对文本文化的冲击，是现代—后现代人类文化发展的一个"事件"。它彻底改变了前现代社会的文化格局，彻底改

[①] [匈] 巴拉兹：《电影美学》，中国电影出版社1979年版，第20页。

变了前现代社会的话语模式和话语权的垄断与支配。

法国思想家鲍德里亚（Baudrillard）提出了仿像文化理论。在鲍德里亚看来，整个当代社会是一个由模型、符码和控制论所支配的信息与符号时代。在由符号构成的社会图像里，人们的思想以及选择都被图像支配着。① 日常生活现实也被各种生活于其中的现实符号及符号对符号的模仿所替代。但它有可能是一种客观性缺失的主观创造物，并将我们的视觉引向虚幻化。

米歇尔（Mitchell）提出了自己的担忧：一方面，今天的电子和数字生产时代，以前所未有的力量在开发视觉，格式形象和幻象层出不穷；另一方面，对图像的恐惧，担心"图像"肆无忌惮以至于最终摆脱其造物主的焦虑，又根深蒂固如图像本身一样古老。但说到底：图像崇拜、打破偶像、艺术鉴赏及拜物教都不是独特的"后现代"现象。我们的时代所特有的恰恰是这个悖论。图像转向的幻想，完全由形象控制的一种文化的幻想，现在已经成为全球规模的真正的技术可能性。②

海德格尔认为，"世界之成为图像，与人在存在者范围内成为主体是同一过程"。在视觉文化转向之际，"技术就不仅是手段。技术乃是一种解蔽方式"。当"我们越是以追问之态去思索技术之本质"，我们也越能逼近现代教育之本质。③

（1）教育多样性的可能

教育哲学家莎伦·托德（Sharon Todd）在阿伦特（Arendt）的基础上重新审视教育："因此，我认为阿伦特对共同世界更新的关注，不是植根于内在善的理想化概念，甚至不是人类的普遍性，而是植根于人类状况的复杂性，以及它的多样性"。④ 教育的多样性体现为每一个体都应该有自己解读世界的语言，不需要被"翻译"。这并不是要回归世界的现实，而是要从自身的定位来思考世界，用自己的思想来丰富世界，并接受自我的存在。

以往以文字为中心的文化社会强调阅读、书写与写作的价值和重要性，鼓励规范、正确地书写，摒弃非规范的写作，认为它毫无价值可言。而数字时代为"错误"语言现象提供了一定的栖息之地，当短信创造了以非正式书面语言为特征的新语言品种时，也就完全脱离了技术空间之外的传统书面语言。这些数字语言的

---

① 段钢：《图像符号的意识形态操控》，《河北学刊》2007年第6期，第52—57页。
② 陆扬：《图像与视觉文化》，《甘肃社会科学》2023年第1期，第54—62页。
③ [德]海德格尔：《海德格尔选集》，孙周兴选编，上海三联书店1996年版，第902页。
④ Daniel de Mello Ferraz, Souzana Mizan, "Visual Culture through the Looking Glass: Vision And Revision of Representation Through Genealogy and Cultural. *Translation.Trabalhos em Lingüística Aplicada* Vol.58, 2019, pp.1375-1401.

缩写是基于数字时代交流形式加快的特点，这种在数字时代使用，简练而经济的书面语言已经渗透到我们的生活中。因为在数字世界之外，任何"不正确"替换都被视为错误，所以这种语言的使用者对语境很敏感，他们只在涉及数字媒体时才会使用它。这种语言的使用成为社交媒体的常见形式，并逐渐形成一种虽是亚文化却成为主流的奇特现象。

当现代性锚定了某些语言表达并获得象征性力量时，其他语言群体就无法自由地、创造性地使用自己的语言来表达身份和现实。只有在数字时代，语言正经历着创新的转变，越来越多地转借视觉媒体与符号，通过独特的视觉形式扩散。如果引入德里达的去中心化概念，这显然是外围的、边缘的形式向占据中心的精致或复杂进攻的表现。

（2）从"图像"到"拟像"的反思

不管图像转向什么，一个清楚的事实是，它不再回归到天真的模仿、拷贝或再现，也不是更新的图像"在场"。观看（看、凝视、扫视、观察实践、监督及视觉快感）可能是与各种阅读形式（破译、解码、阐释等）同样深刻的一个问题，视觉经验或"视觉读写"可能不能完全用文本的模式来解释。[①] 很显然，这个图像转向不是回归我们与生俱来对于形象的爱好，不是对真实世界的模仿和复制，相反它是一种全新的经验，是文字无以表达的全新的"视觉读写"经验。它排山倒海滚滚而来，从哲学到大众传媒无所不及，却没有现成的策略来对付它。故而在米歇尔看来，当务之急，便是就视觉文化来展开一场全方位的批判。[②]

因此，我们不仅需要发展对图像和视觉表征可能意义的洞察与批判，视觉素养包括更有意识地观察现实，特别是社会现象的视觉表现，还需要发展使视觉信息可传递的技能，因为语言通常不具有这方面的知识，用来清晰地谈论视觉产物和体验的词汇非常有限。培养视觉素养是一个缓慢而全面的过程，学习理解各种形式的图像、视觉表现和应用领域，能够将图像和视觉表现置于更广泛的社会背景中，并意识到视觉反映和行动中的个人和文化色彩是个关键命题。

第三节　视觉素养

随着科技进步，数字化视觉媒介成为人们理解与学习的重要途径。在视觉文化的背景下，人们获得的经验越来越视觉化，在生活中对视觉信息的感受与处理

---

① [美]W.J.T.米歇尔：《图像理论》，陈永国、胡文证译，北京大学出版社2006年版，第7页。
② 陆扬：《图像与视觉文化》，《甘肃社会科学》2023年第1期，第54—62页。

能力变得越来越重要，视觉能力的高低也日益影响着人们的生活质量。因此，视觉素养被认为是数字化时代公民的基本素养。2019年2月，中共中央、国务院印发《中国教育现代化2035》，"教育现代化"成为我国未来十五年的发展目标。数字化背景下视觉文化的形成正在变革着21世纪读写能力的内涵，视觉素养也成为教育现代化进程中儿童应具备的一项核心素养。

一、视觉素养提出的原因

今天的交流本质上是视觉化的，图像作为一种交流方式，在我们的日常生活中占主导地位，在数字原生代的生活中尤为突出。数字原生代不仅出生在数字媒介包围的世界，也浸润在图像饱和的环境里，处于数字技术和触摸屏的时代，他们在处理文本之前先查看图像，包括照片、视频、表情符号等，这要求他们必须能够以批判性的视角审视视觉材料。因此，在日益视觉化的世界中，阅读、解释和构建图形的能力越来越重要。

（一）视觉读写现状

目前来看，大众视觉读写能力在某种程度上是缺乏的。比如，我们每天观看那些熟悉的图像，通常认为图像与它们所代表的东西非常相似，所以很容易理解。这是在观看图像方面惯常的观点，看图被认为是"自然的"条件反射，不需要进一步的解释。实际上，每一次表征过程都意味着有关事实的特征在大量减少和转变，虽然图像通常跨越语言和文化的界限，似乎能产生普适性的直接理解，但一般只局限于肤浅的"描述性"或停留在"前图像"水平。充其量，一个人能认识到被表征的东西，如人、物体、地点等，但不能认识或理解潜在的联系，包括与被表征有关的模仿和用于表达的代码的应用。而且，更广泛的文化或历史背景在很大程度上难以揭示。因此，对所表征元素的识别绝不意味着一个人理解了图像的意义或目的，通常还需要进一步解释，或者需要通过特定的前后背景知识来理解它。因此，虽然智能手机目前应用广泛，每个人都善于拍快照，整个世界图像泛滥，但大多数人处理文字很熟练，在视觉上却是"文盲"。也就是说，在充斥着各种图像、视觉表现和视觉体验的社会中，仍然存在着相当程度的"视觉文盲"。

即使数字原生代也不善于从视觉图像中提取正确的信息。在一项对485名参与者的调查中，发现受访者不善于分析图像中的事实信息，例如关于照片拍摄的地点、时间或图片信息是否被更改等信息，参与者只能正确识别低于50%的时间信息。显然，尽管数字原生代生活在一个图像丰富的世界，也不意味着其天生就拥有复杂的视觉素养技能，正如不停地听音乐并不能教会一个人批判性地分析或创造音乐。虽然普遍认为，大量的视觉学习者——"数字原住民"，他们是"直观的视觉沟通者"，比前几代人更有视觉素养，但情况远非如此。当代千禧一代和后千禧一代，尽管通常具有技术头脑，但他们不知道如何解释和评价图像，以及如何利用图像进行有效的交流。大学生缺乏基本的视觉素养技能，似乎在视觉阅读和写作技巧上都很挣扎。这意味着大多数人无法在信息和媒体环境的要求下直观地解释和表达自己，关于"理解、制作和使用具有文化意义的图像、物体和可见行为的能力"的视觉教育应提到议事议程。

包含视觉教育的美术领域学习虽然广泛存在于早期教育中，但相比以往的视觉环境，现在的视觉境遇已经发生很大变化，学前教育并不重视甚至拒绝承认数字化时代对早期教育的影响，因此并没有引起足够的重视。而且，随着年龄的增加视觉教育更加迅速减少，进入大学课堂后，学生几乎被抛入一个完全文本化的世界，这种高度文本化的语境可能会导致与课程材料、内容以及与视觉化环境的疏离，使视觉化传递链条发生断裂。因此，即使是"数字原住民"，也不一定具有视觉素养，仍需要通过指导来帮助他们更好地理解、解释或使用视觉信息。现实生活中即使有大量的图像和视觉媒体可以获得，也不一定意味着个体能够批判性地观察、使用和制作属于他们自己的视觉内容。这就是为什么视觉素养对当今学习至关重要。在视觉文化背景下，视觉素养无论是作为一组独特的能力，还是作为更大范围的多模态素养的一部分，都应该被认为是教育的基本目标，被视为社会和教育优先发展的事项。这些技能可以通过类似文本读写的方式来学习，通过训练和实践，人们可以发展识别、解释和使用不同视觉形式的独特语法和语义的能力。要成为具有视觉素养的人，一生都需要学习新的、更复杂的方法来制作、分析和使用图像。

（二）视觉素养："看"世界的重要方式

视觉素养是当前社会生活必备的关键技能，具备视觉素养可以帮助个体在选择图像时思考，为什么一些视觉图像比其他图像更有效和更有价值，从而获得批判性思维的发展。塔文（Tavin）认为，拥有视觉素养就拥有了看待世界的不同方式。

视觉素养需要通过阅读和观看，或通过视觉语言不断地"说"来获得。一般人在现实生活中拍摄照片的习惯是迅速按下快门，利用数码相机或手机几乎在拍摄的瞬间"制作"一张图片,然后点击电脑鼠标下达指令给打印机,就成功打印出一张数字图像,"索取"和"制造"几乎变成了同一件事,其结果是获得了大量的图像。

照片呈现的准确性和精细度一度让观看者确信,照片是"有记忆的镜子"和"忠实的见证"。很多观点认为,照片不是艺术,相机是一种排除艺术家的手的机械装置,将摄影归结为机械复制。威廉·亨利·福克斯·塔尔博特(William Henry Fox Talbot)是早期摄影方法的发明者,他认为"作品仅仅是光的作用留下的印象,没有任何艺术家铅笔的帮助。它们是太阳画本身,而不是像有些人想象的那样,是模仿雕刻"。[1]尽管他预示了摄影过程在跨学科方面的巨大潜力,只认为照片的准确性使它成为一个可证实的视觉证据,相信照片只是对记忆的复制,但没有预见到它作为一种表达、分析或洞察手段的重要性。这种对摄影认识有限性观点的影响一直持续到今天,将照片仅作为"事实"的复制而忽略了图像的隐喻和抒情元素。

实际上,观看照片需要审美、视觉敏锐度、视觉记忆和回忆、积极专注等能力,这些能力是需要练习的。另外,决定哪些图像需要保留或删除也需要拥有相似的视觉技能——敏锐度、记忆力、回忆力和辨别力。首先,需要依据个人经验对研究对象、内容、地点、时间和原因的了解来获取信息;其次,根据前后背景知识来筛选。通过二手资料获取的图像可能会包含很多含义和解释,往往难以被用来证明或反驳任何事情。因为不同的观看者和观看时间会导致图像的含义发生变化。所以,适当的视觉训练就很有必要。

虽然在辨别时的讨论和分析也许会使图像的含义变得更加清晰或更不清晰,图像的含义可能扩大或缩小、增加或减少,就像在思想和感觉的图表上向左或向右移动一两厘米。不过尽管意义可能会出现变化,但它们会在一个范围内移动,而不会偏离图表。图像确实有多重含义,但"多重"并不是"不确定","许多"并不是"无数"。在语境知识的框架下,在观看者的确认下,图像的意义是连贯的,在视觉流畅性提升的同时能够构建序列,一组图像作为视觉叙事的共同元素并置,通过潜在内容激发思想和情感共享。摄影师迈纳·怀特(Minor White)认为,一组照片就像一场电影的剧照。照片之间的时间和空间是由观看者填满的,首先从他的内心感受出发,其次是从他能悟到的照片设计的含义,最后是任何可能在照片主题中与本身成长关联的象征意义。意义出现在图像营造的空间,出现在它们

---

[1] Michael Lesy, "Visual Literacy", *The Journal of American History*, pp.143-153.

在观看者心中唤起的情绪中，视觉叙事似乎只是让图片自己说话，从精心挑选的图像中构建一个精心设计的序列。

尽管照片的语义被重新语境化了，添加了新的或书面的文本，在确定背景中意义改变的同时，照片的原义不仅仅停留在字面上而充分还原概念上的本义。实际上，照片的原意与情景化解读都非常重要，视觉训练的核心是在把握图像原意基础上再进行解读和延伸。

当代科技使网络和社交媒体上的图片成为交流的主导，这些数字平台极大地促进了图像的使用和传播。根据文化理论家 W.J.T. 米歇尔（W.J.T. Mitchell）的观点，21 世纪的问题是形象问题。几个世纪以来文本和文字在西方文化中的统治地位几乎走到了尽头。时代扑面而来的"画面化"不再意味着图像的存在主要是为了娱乐或文字的辅助说明；相反，它们正成为沟通和意义创造的核心，不断发展的技术正在快速改变我们的视觉环境。例如，照片分享网站雅虎旗下图片分析网站（Fliekr）成立 4 年就包含了 20 多亿张图片，油管网站（YouTube）成立 3 年就有 30 亿段视频被观看。这种视觉爆炸不仅仅是一种流行文化现象。美国大量的学术档案，包括艺科网（ARTstor）数字图书馆、美国宇航局的可见地球收集，以及 American Memory, Libiary of Congress: memory.loc.gov 等都提供高质量的学术和知识的视觉材料，以屏幕为基础的视觉世界已经成为当今许多人的自然环境。[1]

学生进入教育机构后，学习重点逐渐从图像转移到文本，甚至很多人错误地认为在幼儿园阶段幼儿就应该跳过识图阶段。视觉和知识之间的关系并没有像书面文字和知识之间的关系那样被严谨地对待。这可能是由于根深蒂固的观念，即读写能力只是关于阅读和写作，图像在学习方面不如文字那么有效。图形和图片在学习环境中被称为"漂亮的图片"，也许这不是有意的，但同时暗示了一种潜在的理念：图像是与其文本对应的美学"附加组件"，于是低估了它在意义形成中的组成部分。这种倾向显然不利于视觉交流能力的培养。在当今图像饱和的社会，在我们生活和学习的世界中，创造、询问、传播和利用视觉知识时编码和解码图像的能力，是迫切需要提升的视觉素养。

二、视觉素养的内涵

20 世纪 60 年代末，伊士曼柯达公司的约翰·德贝斯（John Debes）最先提

---

[1] Peter Felten, "Visual Literacy", *Change: The Magazine of Higher Learning*, Vol.40, 2008, pp.60-64.

出了"视觉素养"的概念,并将其定义为个体通过在此过程中看到并包含所有其他感知经验而发展的视觉学习能力。为了支持视觉读写技能的发展,它不应局限于将这一概念作为任何教育内容的附加内容;相反,它应该被视为一个特定的领域,为个人提供使用视觉交流的能力,并提供提高学习质量的机会。在教育语境中,视觉素养的概念并没有被用作传统素养的竞争对手;将其视为对其有意义的补充,并在课程中考虑这一内容是极其重要的。[1]

国际视觉文化协会主席、美国罗得岛大学教授马焰认为,视觉素养的重要性与当今人类视觉媒体环境的飞速发展是密切相关的。[2]几千年来,人类一直在创造图像来传达意义,但在过去的一个世纪里,随着新的通信技术的发展,人们培养视觉素养的想法也随之发展起来。数字视觉扫盲,也被称为21世纪的扫盲,被教育者定义为一套使学生能够有效地使用和解释媒体的技能。当今社会图像和视觉媒体的重要性正在改变被称为高度视觉化的21世纪有关素养的含义。在我们这个瞬息万变的世界里,视觉素养,无论是作为一组独特的能力,还是作为更大的多模态素养的一部分,都应该被认为是教育的基本目标之一。[3]

国际视觉素养协会(IVLA)的定义为,视觉素养(VL)是通过视觉并整合其他感官体验而发展起来的一组视觉能力,这种能力的发展是正常学习的基础,这种能力能够辨别和解释视觉行为,以及在环境中遇到的各种自然或人为的物体与符号。通过创造性地运用这些能力,能够与人沟通。通过运用这种能力,能够理解和欣赏通过视觉传输的优秀作品。数字视觉素养(DVL),不仅包括解释和分析计算机生成的视觉信息,还包括视觉材料的创造。解释和创造视觉、数字和音频媒体的能力,是一种与文本阅读和写作同样基本的能力。DVL在许多日常生活和工作任务中都是必不可少的,从批判性地看报纸图像或电视晚间新闻到使用数码相机、制作网站、制作演示文稿及几乎所有科学领域的建模和可视化数据。

国际视觉素养协会每年举办一次会议,并赞助一个门户网站,提供相关研究、教材、出版物、收藏和其他资源的链接。为了对该领域的现状进行理论概述,詹姆斯·埃尔金斯(James Elkins)编辑了《视觉素养》,该书讨论了视觉素养这个概念在全球不同背景下和不同学科中的意义。这本书主要关注文化研究,但他强烈呼吁"接受为所有学生提供视觉文化'核心课程'的挑战"。

---

[1] Sakarya, Gokhan Sengun, Serpil Pekdogan, "Investigating the Relationship Between Visual Literacy and Rapid Automatized Naming Skills in 5-6-Year-Old Children".*Research in Pedagogy*, Vol.13, No.2, 2023, pp.304-313.
[2] 彭亚非:《读图时代》,中国社会科学出版社2011年版,第21页。
[3] Peter Felten, "Visual Literacy", *Change: The Magazine of Higher Learning*, Vol.40, 2008, pp.60-64.

根据美国大学和研究图书馆协会（Association of College and Research Libraries，简称 ACRL）颁布的《高等教育信息素养框架》，具有视觉素养的公民能够共享知识和视觉文化体系。视觉素养技能包括以下能力：确定所需视觉媒体的性质和范围；有效地查找和访问相关的视觉媒体；解释和分析图像的含义；评估图像及其来源；设计和创建有意义的图像和视觉媒体；理解围绕图像和视觉媒体的创作和使用的许多道德、法律、社会和经济问题，并合乎道德地访问和使用视觉材料。视觉素养具备三种核心技能：视觉阅读、视觉写作和其他视觉素养技能。视觉阅读包括图像解释/分析技能，评价、视觉感知、视觉语法和句法知识，以及视觉语言转译的学习能力；视觉写作包括视觉创造、图像生成和使用，以及有效进行视觉交流的技能；其他的视觉素养技能包括视觉思维和学习技能、图像的道德应用技能等综合性能力。

三、培养视觉素养的途径

（一）从观察中学习

这是一个所有媒体都是混合媒体的时代，视觉信息是大众传播的核心，公众每天消费大量视觉信息，需要批判性地与图像接触。当代公民素养是多维的、多模式的，包括许多素养，如数字、媒体和技术素养，这些素养依赖于或至少需要通过图像获得信息。[①]

盖瑞·麦克劳德（Gary McLeod）在摄影研究中应用了"从观察中学习"的方法，并从宏观和微观两个角度提供了对重拍摄影作为一种教育实践的见解。他认为"重拍是一种明确的视觉教学法"。当学生被要求以一种相同的方式再次接触材料时，仍然是一种新的尝试，这是一种非常有创意的使用媒介的想法，再次使用同一媒介确实让学生能够观察到不同的内容，并创造了更强的理解。

（二）形成对视觉文化深刻理解的"看"

由于在不同情况下，不同的观察者所看到的也不同，把"看作为一种媒介"聚焦于"鼓励人们注意所看到的东西，以及用何种方式在看"。视觉以及对视觉的理解都需要学习，应该训练视觉及对视觉文化有深刻见解的"看"。[②]比如，绘

[①] Guglietti M, "Redefining Visual Literacy In An Era of Visual Overload: The Use of Reflective Visual Journals to Expand Students' Visual Thinking", *Journal of University Teaching&Learning Practice*, Vol.20, 2023, p.20.

[②] Joanna Kędra, Rasa Žakevičiūtė, "Visual Literacy Practices in Higher Education: What, Why and How?", *Journal of Visual Literacy*, Vol. 38, 2019, pp.1–7.

本作为独特的工具提供了连接知识、批判性思维和读写能力的可能性，同时让儿童能拥有积极的视觉读写体验，形成视觉素养技能，从而促进意义理解。绘本作为一个多模态集合，它是一个复杂的实体，既存在于印刷环境中，也存在于数字环境中，利用各种文化和符号学资源来表达、呈现、代表和传达一系列叙事、概念或信息。相比于成人阅读材料，绘本中大比例的视觉插图能引起儿童的阅读兴趣，他们不仅与绘本角色建立了关系，而且在书的想象世界中也参与了不同角色关系的建构。

（三）激发知识建构与批判性思维的形成

与当前流行的技术教学趋势不同，古泽尔·雅辛娜（Gyuzel Gadelshina）等学者认为，一种看似简单的手绘活动，可以激发知识建构和批判性思维，可提升学生对复杂社会现象的综合理解水平。[1]凯蒂（Candy）认为制作某物的过程可以促进一种"通过制作思考"的形式，这种通过生产的思考促进了理性和有效体验的学习。他认为"通过制作思考"构成了一种表现，通过这种表现，学生可以想象、连接和体现他们的学习。分析表明，学生可以通过编辑已有的图像、制作拼贴画、绘画和拍照来产生独立的视觉论点。这意味着学生在参与多种认知实践，调动多种视觉能力。相比视觉表现技能，视觉反思强调的是结合不同技能和实践的能力。事实上，大多数参与者不需要事先参加任何视觉制作方面的专门训练，从视觉角度来看，重新利用一张在网上找到的图片，通过一些设计来决定图片的位置、框架的创建和照片细节的制作等，并不需要发达的视觉制作技能。视觉反思可以在任何课程中引入，通过视觉反思，学生可以将不同来源的知识联系起来，并对书面理论文本进行理解，使用视觉信息来产生新的多模态文本。选择制作一幅拼贴画，从视觉技巧来看，在很大程度上只依赖于现有的图像和最基础的编辑技巧。然而，对图像所反映的认知实践的分析却蕴含着不同寻常的故事，因为图像展示了理解、应用新知识、综合各种信息和创造新的视觉观点的复杂组合。"产生新的或原创的作品"有助于学生的理解，促使他们将抽象概念形象化，并将其与个人知识和经验联系起来，这也显示了理解和应用之间的联系。有些学生认为手绘或制作反思性的视觉日志有助于记忆概念知识，这种情况下，生成的图像概括了学生对书面主要观点的看法，这是积极参与实践的结果。例如，图像的可视化分析更进一步促进了对主题的积极参与。事实上，通过多模态的实践，如阅读、

---

[1] Joanna Kędra, Rasa Žakevičiūtė, "Visual Literacy Practices in Higher Education: What, Why and How?", *Journal of Visual Literacy*, Vol. 38, 2019, pp.1–7.

思考、知识转移和用视觉语言转译论点,学生对视觉反思经验进行复杂描述的多模态过程,最终提高了对理论知识的理解。

这证明了阿恩海姆的观点,他将思维视为"视觉的",因为它总是涉及可视化。他将"视觉思维"动态描述为:没有思考和形成就没有感知,没有感知和形成就没有思考,没有感知和形成就没有思维,没有感知和思考就没有形成。国际视觉文化协会主席、美国罗得岛大学教授马焰强调:"图像不仅仅影响到思考的过程,它们就是思维本身。"[①] 视觉思维,即人们对视觉形象的观察力、感受力、发现力和表现力,以及对视觉符号的想象、联想、分析、综合、判断、推理等认识活动和创造活动。阿恩海姆认为,媒介本身实际上也是灵感的一种丰富源泉,它经常提供许多形式因素,这种形式因素到头来都会成为表现经验的极有用的东西。媒介不仅是信息,没有媒介,就没有思维。利用某种媒介的长期训练,人的特定能力就可以被激发、催生出来。比如,摄像机的可获取性,及在经常性拍摄实践中的锻炼、培养、积累和提高,将有助于把视觉思维训练成为潜意识的本能反应,积淀为一种以感知为基础的直觉思维,即黑格尔所说的"实践性的感受力"。[②]

(四)从视觉情感的角度激发内省的自我表达

视觉素养一直是日常生活的重要组成部分,它可以被称为传达意义的象征性或视觉符号系统,人们可以把视觉素养看作是引导人类感知意义的符号的有序排列。视觉素养始于视觉感知,它指的是基于我们对所见事物的解释而对信息进行的认知处理——感官处理、视觉注意、记忆、图形背景关系、形式恒常性等,它还促进批判和分析技能,同时鼓励自我的表达和发展。有学者深入探讨了视觉的情感方面,并提出了一种通过分析有意义的个人照片来激发内省的自我表达的活动。比如,一个两岁的孩子在照片中看到麦当劳的拱门,并将这种视觉意象转化为食物或开心乐园的概念。拱门提供了有意义的交流,激发了食物、玩具和乐趣的概念。照片为儿童生活经历的自我表达提供了途径。[③]

视觉素养不是艺术天才独有的能力,而是我们每个人能够通过学习掌握的技能。它不仅能帮助我们识别、选择和创建有效的视觉内容,还能帮助我们批判性地分析图像,在知识主动建构的过程中起着积极的作用。文字和图像是我们在学

---

① 孟建主编:《图像时代:视觉文化传播的理论诠释》,复旦大学出版社 2005 年版,第 4 页。
② 韩鸿:《影像的大众生产与意义解读》,《文艺研究》2002 年第 5 期,第 109 页。
③ Elizabeth A, Lasley, Lory E, Haas, "Visual Literacy, Academic Standards, and Critical Thinking: Using Wordless Picture Books as an Instructional Tool", *The California Reader*, Vol. 50, 2017, pp.29-36.

习的过程中可以使用的两种工具，然而相比文字而言，有效分析、使用和创建图像的能力是一项更容易被忽视的技能。然而，在了解我们的大脑如何处理和保留信息的基础上，在学习和教学中视觉效果的好处已被认知研究广泛接受。随着视觉素养研究的深入，数字化背景下作为启蒙阶段，幼儿视觉素养的培育是我们重点思考的命题。

第二章 视觉素养相关研究

本章内容主要介绍了视觉素养的相关研究,从两个方面展开了具体阐述,分别是国内视觉素养相关研究以及国内外关于幼儿视觉素养的综述——基于CiteSpace的可视化分析。

第一节 国内视觉素养相关研究

通过中国知网数据库进行检索,以"视觉素养"为主题检索中文文献,从2001年至2023年共检索到结果919条,截至2024年8月共27条,对全部文献进行计量可视化分析,可以发现:论文发表数量由2002年仅有的两篇,到2019年顶峰89篇,随后呈现下降趋势(见图2-1)。

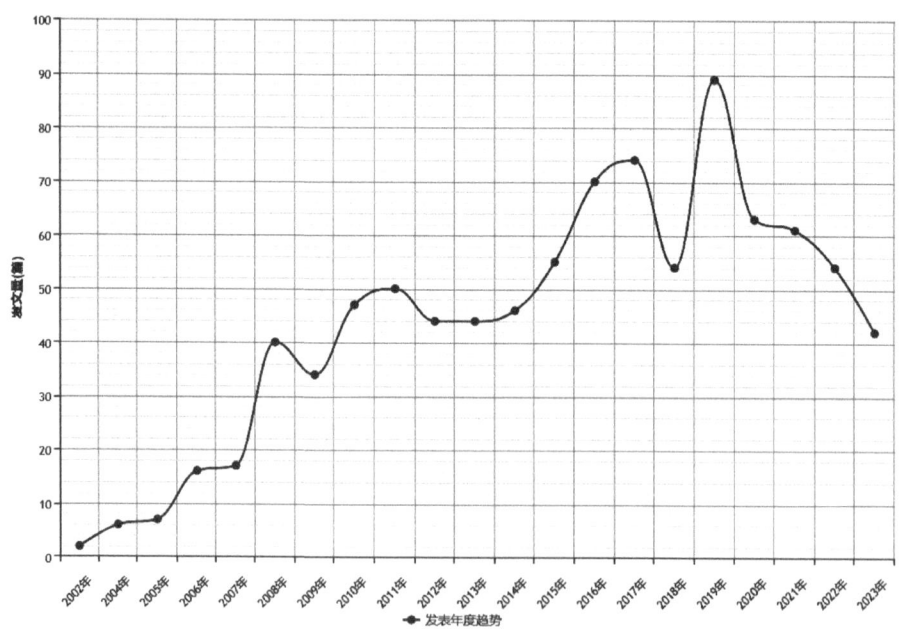

图2-1 论文发表年度趋势

2001年至2005年期间，视觉素养的相关研究在我国兴起。龚艺、黄家荣认为在视觉素养理论引进与本土研究方面，虽然取得了许多有意义的研究成果，但研究的深度、广度等方面还远不够，研究的文献也偏少，还没有形成有效的研究体系和成熟的研究队伍。具体来看，研究对象选取占比最大的是大学生；研究内容最多的是对学生能力现状的调查与培养；最常用的研究方法是调查研究法、经验总结法、文献研究法，存在诸如精细研究较少、评价指标及资源建构研究较少、研究对象较为集中、缺乏对特殊群体的研究、研究手段单一等问题。因此，未来的发展应关注扩大研究对象、完善资源库建设、建立健全评价机制、采取多元化研究方法等。[1] 以下从理论分析与培养实践两方面来进行分析。

一、视觉素养理论分析

视觉素养理论研究主要探讨视觉素养基本问题，包括视觉素养的定义，视觉素养与美术素养、信息素养、媒介素养的比较，视觉素养的评价标准等。

（一）视觉素养的定义

张祖忻最早引入视觉素养概念，将其翻译为"视觉文化"，他认为视觉文化是英语"visual literacy"的汉译，并基于传播学的视角将其概括为"准确理解和创作形象信息的一类习得技能"。他认为英语中"literacy"是指"阅读和写作能力"，人们对它的理解历来仅限于文字的运用方面。视觉文化的提出，丰富了"literacy"一词的含义。[2]

2001年，南京师范大学教授张舒予主持创建了视觉文化研究所，开发出了"视觉文化与媒介素养"课程，并在《视觉文化概论》一书中指出，视觉素养是人们通过运用视觉思维，获取、理解、使用并评价以及创造视觉信息的能力。[3]

2002年《电化教育研究》刊发《视觉素养教育：一个亟待开拓的领域》，此后视觉素养相关研究在我国开始较快发展。视觉素养的内涵成为视觉素养研究的第一问题。张倩苇梳理了视觉素养的含义，她认为视觉素养是指理解、创作和交流视觉形象的能力，其涉及多个学科，包括视觉感知、视觉再现和视觉思维等。她在德贝思定义的基础上，梳理了不同学者的定义，如威尔曼（Wileman）认为视觉素养是"阅读"并理解所看到的信息的能力以及产生能被看到并被理解的材

---

[1] 龚艺、黄家荣：《视觉素养研究综述》，《内江师范学院学报》2018年第8期，第8—14页。
[2] 张祖忻：《视觉文化的概念·背景·理论·内容》，《外语电化教学》1988年第3期，第14—16页。
[3] 张舒予：《视觉文化概论》，江苏人民出版社2003年版，第15—18页。

料的能力。S.平克尔（S.Pinkel）从视觉的基本要素出发，认为视觉素养是通过视觉基本要素理解形象的意义和成分的能力。P.格林威（P.Greenaway）认为视觉素养是通过视觉分析技能和视觉创作技能来应用视觉思维，它突出了视觉思维在视觉要素中的核心作用。[1]

盛希贵在解释"视觉教养"时，将其概括为"理解和制造、创作视觉信息的能力的培养"，并认为它的理论与应用涉及与视觉相关的各类领域，比如视觉生理学、心理学、教育学、哲学、传播学、广告学、艺术学等。他指出香港影像传播工作者孙树坤将"visual literacy"翻译为"视像教养"或者"视像修养""就是泛指对图像的读写能力的训练"[2]。此后，这些概念交叉使用。

徐美仙、张学波[3]认为视觉素养是一个正在发展中的新领域，其核心理论尚未形成。根据视觉素养的相关研究，大致可归纳为艺术学、心理学、语言学及哲学四大领域。在艺术学领域，美国艺术心理学家阿恩海姆较早且较详尽研究和阐明视觉思维这一概念，他用大量的知觉实验和绘画实践的事实阐述了视觉思维活动。也有学者探究了个体对颜色、形状、线条等可视化信息的处理能力，以及符号在特定文化中所代表的内涵等。心理学领域对视觉素养的探讨是多元的，如从心理生理学、生物回馈论等角度，将生物学的基本观点与视觉素养相联系；认知心理学派清楚地阐明，语言与非语言在信息加工过程中具有同等重要的作用。语言学领域对视觉素养研究的侧重点在于揭示视觉语言具有与文字功能类似的结构法则与元素。在哲学领域，从尼采到海德格尔，再到利奥塔，"世界图像时代"隐喻不断从日常生活中凸显出来，预示着哲学思考的前沿。

朱静秋等人[4]认为视觉素养包括视觉思维能力、视觉学习能力、视觉交流能力。视觉思维能力是一种用视觉形象解决问题的思维方式和能力，涉及信息的接收、存储、处理等方面；视觉学习能力是对视觉信息、视觉材料的主动意义建构能力；视觉交流能力则是运用图形、图像或其他视觉表现手段来表达自己观点、思想等的能力。从培养视角进一步将视觉素养归纳为视觉解读能力和视觉表达能力。

---

[1] 张倩苇：《视觉素养教育：一个亟待开拓的领域》，《电化教育研究》2002年第3期，第6—10页。
[2] 盛希贵：《视觉教养理论与影像传播实践》，《国际新闻界》2003年第6期，第66—70页。
[3] 徐美仙、张学波：《多维视角里的视觉素养：内涵、视野及意义》，《开放教育研究》2004年第3期，第31—33页。
[4] 朱静秋、张舒予：《信息技术支撑下的视觉素养培养（下）》，《电化教育研究》2005年第4期，第30页。

刘桂荣、闫树涛[①]认为视觉素养的养成不仅是视觉能力的培养，更在于其根基和归趋的奠定、视觉思维结构的和谐及视觉性的内置，在于本民族传统文化精神的滋养和浸润，使人们在视觉文化的生存中、在视觉素养的建构中获得性灵的提升及生命的意义呈现。

王帆、张舒予[②]在总结国内外研究的基础上，从教育技术视角作出定义，认为视觉素养是应用各种视觉形象参与认知从而获得搜索、分析、评价和交流信息的能力。

罗双兰[③]（2011）认为视觉素养也称为"视像素养、影像素养、视觉教养、视觉文化素养"，德贝斯的视觉素养定义是广义上的，狭义的视觉素养是指"理解（阅读）和运用（书写）图像来思维和学习的能力"。视觉素养能力的构成主要包括以下四个维度：视觉解读能力，是指对自然的或人为的视觉信息进行认知、理解和解释的能力，理解如何根据不同的使用者、目的和观众的变化来应用视觉语言；视觉表达能力，是指运用媒介技术和视觉语言为手段进行叙述、表达和交流信息、思想及观点的能力；视觉思维能力，是指对客观物象和视觉形象的感受能力，借助于视觉语言进行思考和认识事物的能力；批判性思维能力，是指批判性地解读视觉文本和视觉行为并形成个人反应的能力。视觉素养教育就是培养学生上述四种能力的教育活动。

马小晗、马瑞君[④]认为在视觉文化时代，师范院校的学生视觉素养水平直接影响着未来的国民素质。视觉素养的构成分为视觉感知能力、视觉理解能力、视觉交流能力和视觉创造能力。

2017年，华东师范大学钱初熹[⑤]在《培养公民视觉素养的美术馆公共教育》一文中对视觉素养进行了表述，视觉素养包括视觉思维能力、评论视觉艺术（美术）作品的鉴赏能力，以及批评视觉现象的判断能力、创作视觉艺术（美术）作品并传递视觉信息的表现能力与交流能力，还有将这些能力与经验迁移至学习、工作、生活及人格中的素养。简言之，视觉素养主要包括对现实世界中图像进行解码、分析和理解的视觉识读能力，通过图像传达意义与价值的视觉表达与交流能力，

[①] 刘桂荣、闫树涛：《视觉素养的哲学文化根基》，《山西师大学报（社会科学版）》2007年第3期，第18—22页。
[②] 王帆、张舒予：《读图时代的大众素养：媒介素养或视觉素养》，《中国电化教育》2008年第2期，第21—24页。
[③] 罗双兰：《视觉素养教育：语文课程发展的新延伸》，《中国电化教育》2011年第9期，第105—109页。
[④] 马小晗、马瑞君：《论视觉文化时代师范生的视觉素养教育》，《大学教育》2015年第1期，第22—24页。
[⑤] 钱初熹：《培养公民视觉素养的美术馆公共教育》，《上海艺术评论》2017年第6期，第54—56页。

以及将这些能力迁移至学习、工作、生活及人格中的能力。

梁君健[①]认为传统的媒介素养四要素结构已经无法适应当下的视觉素养研究和教育。随着数字摄影技术和移动互联网的发展,由于技术变革和传播平台的革新,普通人的视觉实践完成了从"柯达文化"到"脸书文化"的转向,大众传播领域中视觉文本的内容和方式也随之发生了显著的变化,他提出了视觉素养的当下内涵的三个轴向,分别是社会向度上的传播责任与伦理,文化向度上的社会认知和自我认同,以及技术向度上的个体表达与美学创新。

霍朝光、卢小宾[②]系统梳理了数据可视化素养的发展脉络和框架要素(见图2-2)。

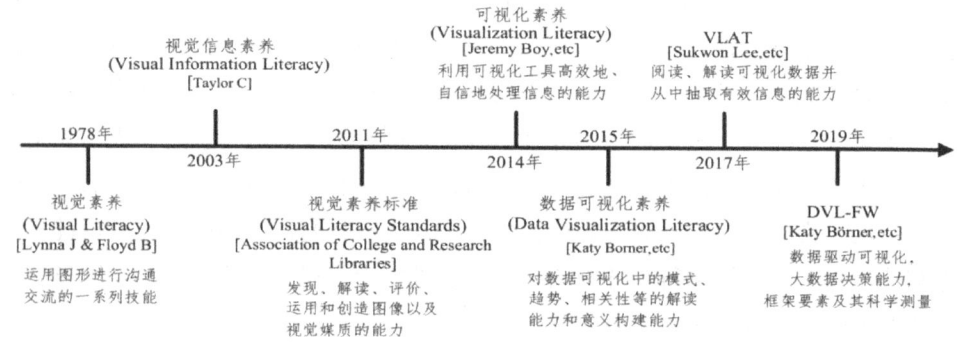

图2-2 数据可视化素养的发展脉络

侯宛莹、杨萍、张蔚[③]等人认为,视觉素养是"读图时代"大众的基本素养,也是教育现代化进程中幼儿应具备的一项基本能力。将视觉素养分为视觉识读能力、视觉辨别能力、视觉表达意愿与能力、语言与图像互译能力、独立思考创作能力等。

国内自2008年后鲜有针对视觉素养内涵的专题论著,对视觉素养能力描述几乎形成一种共识,即在继承约翰·德贝斯的视觉素养概念基础上进行扩充,与不同专业领域结合涵盖了视觉信息感知、理解、获得、分析、评价、应用、创造及交流等能力。化学视觉素养有宏观、微观、符号三种表征形式,体现为视觉学

---

① 梁君健:《重新界定视觉素养——以"柯达文化"到"脸书文化"转向中生产型消费者的素养为基础》,《新闻记者》2018年第12期,第66—79页。
② 霍朝光、卢小宾:《数据可视化素养研究进展与展望》,《中国图书馆学报》2021年第2期,第79—94页。
③ 侯宛莹、杨萍、张蔚等:《融入视觉素养的幼儿美术活动课程设计》,《甘肃教育研究》2023年第12期,第87—89页。

习、视觉交流、视觉思考三种水平。[1] 杜爱慧[2]认为物理视觉素养也包括这三个水平：①视觉学习，是指通过图画和媒体学习的过程，要求学生能够理解视觉形象想要阐述的内容；②视觉交流，指学生不仅要读懂视觉形象，而且可以在交流中使用视觉符号来表达自己的观点；③视觉思维，指将思想、观念和信息转换成有助于传递相关信息的各种图画、图形或形象，要求学生能够使用视觉符号思考问题。杜爱慧、杨聚宝[3]将物理教师的视觉素养概括为：对视觉信息的感知和审美能力，这是一般受众都需要具备的；对视觉信息的分析和解读能力，这是物理教师视觉素养中最重要的核心的能力；对视觉信息的创造和交流能力，这是物理教师的专业能力。随着媒介教育的深入发展，地理视觉素养已成为"读图时代"中学生学习和生活的必备地理素养。侯德娟、陈瑜玮[4]构建了中学生地理视觉素养认知模型。地理视觉素养由意识和习惯、方法和技能、认知能力、修养四部分构成，其中认知能力是其核心，包含七大要素。冯红梅[5]认为普通高中美术课程学生视觉素养的内涵主要有：能主动领会、理解视觉信息及其含义；能辨析视觉信息背后所隐含的价值取向，并具有正确判断、评估和自我选择的能力；能用简单的专业术语对视觉信息进行解读、交流和评价，并结合自身赋予其意义；能主动利用视觉信息为个人发展服务，并养成遵守公共视觉秩序和道德规范的公民习惯；能基本掌握视觉思维方式，形成解决现实问题的基本方法。

尽管目前学界对"视觉素养"尚未形成统一的定义，但综合众多学者的阐释，可以概括出一些共同特点[6]：①视觉素养不依赖于传统的基于文字的文本，而强调一种图示化、图像化的视觉感知能力；②视觉素养可通过训练得到提升；③视觉素养研究旨在促进人们之间的信息传达与交流；④视觉素养共同的基本要素包括视觉感知、视觉理解与视觉表达。

（二）视觉素养与美术素养、信息素养、媒介素养比较

视觉素养与美术素养虽然都是素养教育，但二者之间的区别是：美术素养是人类文化历史长河中艺术态度和文化素质养成教育，而视觉素养教育直接将人置于现实环境中，培养人与视觉生态平衡发展的技能；美术素养关注传统经典内容，

---

[1] 张雨强、张志红：《信息技术背景下中学生化学视觉素养的培养》，《课程·教材·教法》2011年第10期，第76—79页。
[2] 杜爱慧：《物理教学中学生视觉素养的培养》，《教学与管理》2012年第16期，第60—62页。
[3] 杜爱慧、杨聚宝：《物理教师视觉素养的构成及其培养》，《物理教师》2013年第6期，第69—71页。
[4] 侯德娟、陈瑜玮：《中学生地理视觉素养认知模型构建的实证研究——基于NVivo软件的文献质性研究》，《中学地理教学参考》2023年第23期，第21—25+29页。
[5] 冯红梅：《普通高中学生视觉素养及其培养》，《课程·教材·教法》2012年第7期，第103—106页。
[6] 龚艺、黄家荣：《视觉素养综述》，《内江师范学院学报》2018年第8期，第11—14页。

重视纯艺术的文史价值；视觉素养有传媒素养、媒介素养、信息素养、屏幕素养、网络素养等近似说法，各概念之间相互糅杂渗透，表明视觉素养关注的对象注重学科整合、更具时代特性、生活实用性。①

1997年卜卫发表了《论媒体教育的意义、内容和方法》。与西方不同的是，国内视觉素养提出后，一度与信息素养、媒介素养在内涵上引发争议，这促使视觉素养研究者开始探讨三者间的区别与联系。

国内在此问题上形成了两种观点，主流观点认为视觉素养具有相对独立性。

张舒予团队从"视觉文化与信息技术"出发，认为视觉素养是指人们通过观察、分析和理解各种视觉形象来获取信息的能力。对"视觉素养""媒介素养""信息素养"的研究表明，视觉素养不仅仅是观看和理解信息的能力，而是更广义的观察、分析、理解和创作信息的能力，并在理论研究的基础上对相关的素养教育进行了研究和探讨，提出基于中国传统文化融合视觉、媒介、信息素养的理念，在南京师范大学开设大学生"视觉文化与媒介素养"课程。②

王帆、张舒予[③]分析了媒介素养和视觉素养的区别和联系，认为二者是不可分割、水乳交融的有关"视觉性"的两大素养。视觉素养和媒介素养是两个相关但不同的概念。视觉素养关注所有媒介，包括非媒介化的图像。它强调理解视觉力量、识别和使用视觉力量、控制和转换数字媒介、传播数字内容，以及对数字内容进行再加工。媒介素养聚焦大众媒介，如报纸、电视、广播等。它涉及人们对各种媒介信息的解读和批判能力，以及在个人生活和社会发展中使用媒介信息的能力。视觉素养和媒介素养是相互交融的。他们认为视觉素养与媒介素养的重要区别在于关注层次和广度不同，而密切点在于基本功能领域拥有相同的元素，都十分重视信息的建构过程。

张舒予、赵丽[④]等人认为信息素养、媒介素养和视觉素养是当代学习者必备的基本素养，这些素养各有侧重又彼此关联，如何将其融合为一种综合性素养以培养全面发展的人，是重要的时代命题。联合国教科文组织曾提出将媒介素养和信息素养融合为"媒介—信息素养"（Media and Information Literacy, MIL）。他们在此基础上提出了一种新的综合性素养概念，即视觉—媒介信息素

---

① 冯红梅：《普通高中学生视觉素养及其培养》，《课程·教材·教法》2012年第7期，第103—106页。
② 张舒予：《"视觉文化与媒介素养"课程核心理念与教学设计》，《现代远程教育研究》2012年第2期，第38—43页。
③ 王帆、张舒予：《读图时代的大众素养：媒介素养或视觉素养》，《中国电化教育》2008年第2期，第21—24页。
④ 张舒予、赵丽、周灵：《视觉—媒介信息素养：新综合性素养的概念提出与教育实践》，《现代远程教育研究》2021年第6期，第34—39页。

养（V-MIL）。他们的观点是 V-MIL 的提出不仅体现了从单一性技能训练转向综合性素养培养的时代趋势，也强调了素养培养要回归到人本身，将学习和生活自然融合为一体。V-MIL 在教育教学中的具体落实可通过如下三条途径实现：一是通过对视觉符号进行视觉解读训练揭示其"能指"与"所指"之意涵；二是通过视觉解读训练来逐步提升信息素养；三是通过视觉表征训练不断提升媒介素养。

还有一些学者则认为信息素养涵盖了其他素养。王春生等人认为，关注人脑内部信息加工的信息素养是支持其他素养发展的元素养，但信息素养、媒介素养、视觉素养又有关注对象的明显不同。桂琳认为信息素养是个综合的概念，包括了主观的、最基本的个体认识和判断信息的基本品质，信息素养包含其他素养。对于争议的存在，刘桂荣、张舒予等学者从哲学、文化视角阐述视觉素养的起源，进一步夯实了理论依据，明确了视觉素养独立的研究范畴。[①]

（三）视觉素养评价标准

标准研究一直是视觉素养研究的难点，至今国内尚未形成统一或广泛认可的视觉素养评价标准。为了能使视觉素养能力水平描述更有说服力，研究者多采用倒推法生成一套符合研究需求的评价标准，这种方式是以具有共识的视觉素养内涵中的能力目标为起点，基于既有的相关概念理论，结合专业特点对能力目标进行界定和细化描述，进而形成一套评价指标体系，如，武文颖在对大学生视觉素养认知能力进行调查时就采用了此种方法。此外，还有部分学者采用标准制定中常用的德尔菲法，即以专家征询的形式生成特定领域适用的视觉素养评价标准，如，宗世英在制定"艺术设计专业大学生视觉素养标准"时采用这类方法。为了推动国内视觉素养评价标准发展，一部分学者将目光转向西方，介绍了一批国外通用的视觉素养评价标准，以期对国内评价标准研究提供借鉴。申灵灵阐述了澳大利亚基础教育阶段"Show Me"视觉素养标准框架，该标准针对不同年级从情感维度、结构维度和批判维度对学生视觉素养列出评价指标。罗双兰介绍了美国大学与研究图书馆协会颁布的《高等教育信息素养能力框架》，该框架确立了"界定需求、查找与获得、理解与分析、评价、运用、创造、理解伦理和法律问题"等七大过程性视觉素养能力，共包含 24 条绩效指标，每条绩效指标又有 2—7 条具体的学习结果，共计 99 项学习结果指标。吴晶对美国若干视觉素养标准进行

[①] 房敏、涂涛：《我国视觉素养研究发展述评（2002—2017）——基于共词与内容分析相结合的视角》，《图书馆理论与实践》2017 年第 12 期，第 34—39 页。

了系统的比较研究，指出我国应尽快成立权威性视觉素养教育的专家团队，共同拟定切合国情且具有前瞻性的视觉素养标准纲领文件，以指导视觉素养教育活动的开展。国外视觉素养评价标准内容与制订方式，为国内视觉素养评价标准的制订提供了范式和思路，也推动了研究者对视觉素养内涵的重新审视。[1]

与此同时，我国的台湾、香港、澳门地区的视觉素养教育也蓬勃发展。台湾地区与大陆均较注重开设艺术课程与信息技术课程将视觉素养理念融入；设立了艺术视觉的相关的网站。台湾通过教育部门发布有关的课程计划大纲，并与新科技相结合，设立了视觉识读网络这一专业的网站，主要介绍艺术的基本内容，包括美术理论、美术创作、美术历史等，还提供"西式艺术""视觉艺术鉴赏与评价""基础设计"等网络课程，是中小学乃至幼儿园艺术教学的重要补充材料。另外，开设将视觉文化和艺术相结合的课程。台湾有一些中小学，已经把视觉素养课程与美术课程结合起来，通过视觉素养课程，让中小学生通过观察、思考，更好地了解事物，进而提高他们的绘画技能与创造力。通过视觉素养课程设计实例带动其他视觉素养课程逐步开发。澳门地区则将理念融入语文课程中，在阅读能力获得的同时，也促进了视觉能力的提高。澳门的视觉素养课程主要针对小学生，并且与语文课程结合在一起。教师为学生提供漫画作品，学生通过阅读作品编写故事，与此同时在故事中插入图画，从而辅助文字的表达。香港地区主要通过民间非营利组织在网站上进行宣传，为青少年的视觉作品鉴赏提供支持。

但视觉素养的研究与教育并没有引起足够的重视，就目前情况来看，视觉文化的研究虽然已经蓬勃兴起，但基本上还是处在理论研究的阶段。国内学者更多是对国外研究进行转译以及解释，真正的实践还是比较匮乏的。在这种情况下，视觉素养要想成为我国教育体系中的一个板块还需要一定的时间。研究表明，视觉素养在不同教育领域受到广泛关注和研究。目前，研究重点集中在视觉素养理论研究、不同领域的视觉素养培养以及相关的培养方法和工具。[2] 然而，目前在学前领域如何应用视觉素养教育，以及如何进行评估并实施和提升视觉素养等方面仍处于发展阶段。

---

[1] 房敏、涂涛：《我国视觉素养研究发展述评（2002—2017）——基于共词与内容分析相结合的视角》，《图书馆理论与实践》2017年第12期，第34—39页。
[2] 龚艺、黄家荣：《视觉素养研究综述》，《内江师范学院学报》2018年第8期，第8—14页。

二、视觉素养培养实践

（一）视觉素养现状研究

视觉素养是数字读图时代公民基本素养的重要组成内容。王平[①]对山东某高校的1000余名大学生开展了线上问卷调查，对非视觉素养密切相关专业大学生的视觉素养基本状况、视觉媒体使用情况和视觉素养教育需求展开分析。

徐亚男、张舒予、蔡冠群[②]通过对安徽省芜湖市内5所高校的在校大学生在图片偏好程度、信息技术使用情况以及视觉解读和视觉表达能力等方面进行调查和分析，结果发现，目前大学生的视觉素养亟待提高。

房敏、涂涛认为伴随着视觉素养研究的深入，研究者在探讨视觉素养重要意义及内涵的同时开始关注以学生为主体的视觉素养发展水平。江苏、辽宁、河南、广西等地的若干高校开展了大量针对大学生视觉素养水平的调查，结果颇具相似性。整体而言，学生视觉感知能力较强，解析能力发展尚可，评价能力欠缺，应用能力为显著短板。概括来说，视觉素养低层能力发展较好，中高层能力发展出现不平衡，且由于性别、知识背景不同，能力发展不平衡现象严重，即使是在艺术设计、教育技术等与视觉素养教育密切相关的专业学生身上，依然存在类似问题。究其原因，是由于视觉素养研究在我国起步较晚，未能形成视觉素养培养的完整体系，然而传统课程所蕴含的微弱的视觉素养教育功能早已不能满足信息社会发展对学生视觉素养提出的要求，造成了学生视觉素养能力体系坍塌。[③]

王长杰[④]对丽江师范高等专科学校和德宏师范高等专科学校中随机选取的1000名师范生进行问卷调查，利用定量与定性相结合的方法，分析了师范生视觉素养的现状，分析了该地区师范生视觉素养能力低的成因。

刘晶、王晖[⑤]认为，大学生的政治视觉素养水平总体偏低，但对政治视觉的应用能力相对较强，这表明大学生对政治视觉应用技能有偏好，但对需要更多知识储备和批判性思维的理性认知层面却不够重视；与传统认知不同的是，不同性

---

① 王平：《数字时代大学生视觉素养的现状及提升对策》，《青岛农业大学学报（社会科学版）》2023年第2期，第111—115页。
② 徐亚男、张舒予、蔡冠群：《浅论大学生视觉素养培养》，《重庆广播电视大学学报》2009年第1期，第18—20页。
③ 房敏、涂涛：《我国视觉素养研究发展述评（2002—2017）——基于共词与内容分析相结合的视角》，《图书馆理论与实践》2017年第12期，第34—39页。
④ 王长杰：《云南民族地区大专院校师范生视觉素养现状调查分析》，《软件导刊（教育技术）》2017年第8期，第53—56页。
⑤ 刘晶、王晖：《大学生政治视觉素养的结构与现状——基于南昌市高校的调查》，《教育学术月刊》2020年第11期，第73—80页。

别、年级、专业的大学生，其政治视觉素养并不存在显著差异；尤其值得关注的是，大学生"对政治信息的关注程度"与其政治视觉素养之间存在显著的负相关关系，这种反常态的事实，充分说明图像政治的普遍化使得不少大学生对视觉媒介产生较大依赖，缺乏系统性政治视觉素养训练的大学生易被纷繁复杂的图像政治表征所迷惑，从而影响其政治视觉素养总体水平。

黄鑫翔、刘婷婷[1]认为，结合定量和定性的研究方法，从视觉交流、应用和学习能力三个维度来调查并分析学生的视觉表达能力的现状，基于视觉传播时代背景，教育技术学专业学生的视觉表达能力，探究学生的视觉表达偏好及存在的不足，随着视觉传播在信息传播中占据越来越重要的地位，教育技术学专业的学生的视觉表达能力亟待提高。

（二）视觉素养培养策略研究

国内的视觉素养教育逐步开展起来，大部分中小学的视觉素养培养主要通过美术课程开展，美术课程的目的在于培养学生的艺术能力与人文素养，在一定程度上弥补了视觉素养教育的缺失。所以"视觉素养"一词虽没有出现，但在一定程度上也发展了学生的视觉素养。当然，施勇、朱永海、张舒予[2]认为现代教育视觉信息猛增，提升视觉素养不再仅仅是艺术工作，需要一双"明亮"的眼睛，更需要一颗"敏感而智慧"的心灵。

1. 师生视觉素养提升策略

（1）教师视觉素养提升策略

张舒予、朱静秋[3]提出，需要通过学习资源开发建设、视觉教育发展、教育技术自身专业发展来提升教育技术工作者必须具备的视觉素养。

施勇、朱永海、张舒予[4]认为，现代教育中教师的视觉素养概念更具有其独特的内涵：无论是教师设计教学资源、利用教学媒体还是与学生交互，都应当具备视觉思维、视觉创造、视觉表达这三个层次的能力。从而提出教师视觉素养培养的策略：提高思维范式的转变能力；锻炼视觉教学资源的设计与开发；推进师生视觉交流。

---

[1] 黄鑫翔、刘婷婷：《大学生视觉表达能力的现状、问题与对策研究》，《科教导刊》2022年第21期，第151—155页。
[2] 施勇、朱永海、张舒予：《论媒介素养教育的多维度审视》，《东南传播》2008年第11期，第76—77页。
[3] 朱静秋、张舒予：《信息技术支撑下的视觉素养培养（下）》，《电化教育研究》2005年第4期，第30页。
[4] 施勇、朱永海、张舒予：《读图时代教师视觉素养的培养》，《中国信息技术教育》2008年第11期，第16—17页。

杜爱慧、杨聚宝[1]提出，在中学物理教学中，教师可以通过自学反思、思维导图、集中培训及实践平台等方面来实现其视觉素养的培养、提升。

视觉素养教育作为一种能力培养，不同于传统概念的知识传授，其更注重结合时代性的特点。当今世界对教师视觉素养提升提出了新要求：以"视觉美感"与"视觉快感"的比较选择看教师读"图"能力；以图像理论的自觉性看教师的用"图"能力；以自身学习提升对优秀网络文化、图像资源的敏感度。

提升教师的视觉素养首先是提升教师的信息素养，田红、张永芳提出增强教师的视觉信息应用能力；袁宇提出数字化视觉下提高幼儿教师信息素养。

沈冠东[2]认为，中小学教师有积极提升自我视觉素养的迫切需求，部分教师能够将视觉素养教育内容融入其他课程教学中。上海中小学教师积极探索视觉教育的路径，如提升多媒体的使用率。中小学教师积极开展视觉素养教育研究，论文发表数量逐年提升。国家教育科学研究机构越来越重视视觉教育，有关科研立项逐年上升等。

（2）学生视觉素养提升策略

崔革、杨欢在学生的视觉素养培养方面，提出将视觉素养的培养与其他课程整合。张小多、王清提出各学校应设立一门独立的课程，介绍包括符号学、视觉心理在内的基础理论知识。

徐亚男、张舒予、蔡冠群[3]通过对安徽省芜湖市内5所高校的在校大学生视觉素养调查和分析，建议教育部门可以通过在高校中开设有关视觉培养的课程，创设一些良好的视觉情境等措施逐步培养大学生的视觉素养。

王刚、张舒予、朱永海[4]提出了从课程、师资、环境、资源和师范生自身五个方面提高师范生视觉素养水平的策略。

冯红梅[5]充分利用普通高中美术课程，从基础教育与高等教育的衔接入手，培养学生视觉素养，并提出了其价值归趋和实施原则。同时提出了注重文化情景、引入公民意识教育、正视视觉功力性三项具体实施策略。

马小晗、马瑞君[6]认为在视觉文化时代，师范教育中应提高对视觉素养教育

---

[1] 杜爱慧、杨聚宝：《物理教师视觉素养的构成及其培养》，《物理教师》2013年第6期，第69—71页。
[2] 沈冠东：《我国视觉教育研究述评》，《上海教育科研》2018年第3期，第31—35页。
[3] 徐亚男、张舒予、蔡冠群：《浅论大学生视觉素养培养》，《重庆广播电视大学学报》2009年第1期，第18—20页。
[4] 王刚、张舒予、朱永海：《高师院校师范生视觉素养的培养策略探析》，《长春师范学院学报》2011年第10期，第79—81页。
[5] 冯红梅：《普通高中学生视觉素养及其培养》，《课程·教材·教法》2012年第7期，第103—106页。
[6] 马小晗、马瑞君：《论视觉文化时代师范生的视觉素养教育》，《大学教育》2015年第1期，第22—24页。

的认识，重视视觉素养教育；编写系列教材，专设视觉素养教育课程；将视觉素养教育融入各科教学中。要给予学生视觉表达的训练机会。对能以图形、图片、图像表达的内容则尽量少用文字。这样学生不仅有兴趣，而且通过画图可让学生厘清思路，把原来感到模糊的各要素间复杂的关系理解清楚，帮助学生简化学习信息，深刻领会和记忆知识点，促进学生语言符号与视觉符号的相互转换，有效地培养学生视觉信息的创作能力和表达能力。

张欣制订幼师生视觉素养培养策略，开展视觉素养教育教学实践研究；蒋福华、马恩伟、马艳将视觉素养知识融入日常教学的课程设计；王平[1]对山东某高校非视觉素养密切相关专业的1000余名大学生开展了线上问卷调查之后，从观念转变、政策引领及课程设置三方面提出提高大学生视觉素养认知—评判—应用三维能力的措施：转变视觉素养的观念需要；从上至下的引领和支持对于提升当下的视觉素养教育至关重要；探索建构基于电影赏析的视觉素养通识课程。

2. 以信息技术指导视觉素养培养

（1）以教育技术理论指导视觉素养教学设计

研究者针对不同类型视觉能力所对应的习得途径，基于教育技术基本理论开展了对视觉教学资源、课程、模式和环境的设计研究，其中，对教学资源和课程的设计研究居多。从理论角度，培养视觉素养的策略可以概括为视觉解读能力的培养和视觉表达能力的培养。从实践角度，有学者在研究中探索着自主开发了视觉素养训练软件《别以为你会看》，并通过实际应用的调研，对软件的功能模块设计、训练形式和使用效果进行了评析。[2]

（2）以信息技术手段创设视觉素养培养的支持环境

信息时代将视觉素养推上新的高度，研究者意识到信息环境下的视觉素养培养更有价值，充分利用各种数字资源、学习工具，以及支持混合式、移动式、泛在式学习的信息技术手段开展视觉素养培养策略研究。在视觉素养的培养方式方面，张舒予认为视觉文化研究与教育技术创新相结合，不仅可以拓宽教育技术发展的新空间，开掘教育资源建设的新视角，还可以实现教育中的道德价值追求和人文关怀实现，为振兴中华文化和提高国民素质作出贡献。胡盈基于建构主义学

---

[1] 王平：《数字时代大学生视觉素养的现状及提升对策》，《青岛农业大学学报（社会科学版）》2023年第2期，第111—115页。
[2] 朱静秋、张舒予：《信息技术支撑下的视觉素养培养（下）》，《电化教育研究》2005年第4期，第30—36页。

习理论提出数字博物馆情境下的教学模式POI教学法，为视觉素养的培养提供了新的方法。①

3. 以民族文化融合提升视觉素养培养

以民族文化融合提升视觉素养培养，既指民族文化元素适于融入视觉素养培养的过程，又指民族文化学习适于依托读图式的教育形式。张舒予团队认为观者文化心理在视觉素养培养过程是不可忽视的一点，有选择、有重点地将体现民族特色的视觉元素加以突出能够取得良好的效果，并进行了视觉文化课教学尝试。另一支强调民族文化与视觉教育相结合的研究力量——涂涛团队，认为对蕴含民族文化的文字画作为儿童识字的起点，对于培养具象思维和抽象思维能力均具有重要意义，并开发了多媒体字源识字软件和系统，取得一系列成果。②刘传杰开发传统的民族文化素材，挖掘民族文化符号，将这些富有视觉化设计的教育资源，运用到培养幼儿视觉素养的教育当中，培养其视觉观看能力；还可以帮助幼儿建立视觉意象，应用视觉符号创设视觉联想，利用视觉艺术形式创设文化背景培养幼儿的视觉想象能力；应用可视化表征方法组织教学内容，并从表征的角度评价幼儿绘画，培养幼儿的视觉表达能力。

研究的不足在于，教师的视觉素养培养更多是从教育技术的角度切入研究的，而学生方面，无论对象是大学生、中小学生、学龄前儿童，还是特殊儿童，在视觉素养的培育研究中，研究者提出的培养策略大同小异。

（三）视觉素养课程与教学实践

关于视觉素养教育的课程设计与教学研究主要集中在高校与中小学阶段，研究对象主要为大学生、中学生，也有部分涉及教师。

1. 中小学阶段的视觉素养教育往往融入相关课程

中小学阶段的视觉素养教育往往融入美术、地理、语文、英语、数学、思想品德、生物、化学等相关课程。相关研究以推动独立课程向兼具视觉素养培养功能的融合课程过渡的实践探索为主，课程选择上多为艺术类、语言类和信息技术类课程。插图教学以教材插图为据点，能帮助学生找到知识的落脚点并建立起知

---

① 胡盈：《数字博物馆情境下的视觉素养培养教学模式》，《中国文物科学研究》2023年第1期，第14—22页。
② 房敏、涂涛：《我国视觉素养研究发展述评（2002—2017）——基于共词与内容分析相结合的视角》，《图书馆理论与实践》2017年第12期，第34—39页。

识点之间的联系，培养学生用图像思考和学习的能力。[①]在融合课程建设上，冯红梅指出，视觉素养教育应当与美术课程目标协调统一，内容上整合共生。在教学效果上，黄滔通过教学实验得出在英语教学中融入视觉素养教育能够帮助学生精确表述视觉信息，同时也会提高学生的语言技能水平，并指出这一成果可以向其他语言类课程迁移。侯德娟、陈瑜玮[②]认为随着媒介教育的深入发展，地理视觉素养已成为"读图时代"中学生学习和生活的必备地理素养。他们对国内外地理课程标准、地理教育核心期刊、中学地理课堂教学视频片段进行研究，构建了中学生地理视觉素养认知模型。

2. 高校视觉素养课程与教学实践探索

视觉素养教育分化出两条路径，一是继续采用融合课程形式开展视觉素养教育，二是以独立设课形式对视觉素养进行专门教育。

赵丽结合后现代思潮的影响、视觉表征特点及视觉素养内涵等，提出视觉素养课程性质的"五性"——视觉性、实践性、人文性、批判性、创造性。[③]

响应读图时代的文化形态转变与视觉教育需求，南京师范大学张舒予在全国首开"视觉文化与媒介素养"公共选修课，成为视觉素养教育独立设课的先驱。课程建设历经十年，从无到有，从有到优，形成基于博雅理念的"视觉文化与媒介素养"国家精品课程。该课程的核心理念体现在理论研究与教学实践的互动、课程模型的分层与融合、课程资源的多元立体化体系三个方面。课程教材的教学设计思想也体现在三个方面：一是内容上注重理论基础与实践体验的结合，二是结构上重视内容模块的合理分类和引导，三是形式上突出立体化（文本＋多媒体课件＋专题网站）的特色。课程教学实践表明：学生通过学习能够提高对图像世界的认知与解读，同时提高自身的审美能力和媒介素养。随后西安交通大学依托网络平台面向全国推广"视觉素养导论"课，选课人数超过1万人，进一步推动了视觉素养教育的独立化发展。[④]

我国视觉素养培养实践路径多采用了融合课程教育的方法，基础教育阶段尤为突出，在融合形式上多采用直观形式获得直接经验的教学方法，文献呈现上多

---

① 刘锦圳、张贤金、孔祥斌：《基于双重编码理论的化学教材插图教学》，《教学与管理》2023年第28期，第51—53页。
② 侯德娟、陈瑜玮：《中学生地理视觉素养认知模型构建的实证研究——基于NVivo软件的文献质性研究》，《中学地理教学参考》2023年第23期，第21—25+29页。
③ 赵丽：《后现代语境下视觉素养课程研究》，南京师范大学2015年博士学位论文，第175页。
④ 房敏、涂涛：《我国视觉素养研究发展述评（2002—2017）——基于共词与内容分析相结合的视角》，《图书馆理论与实践》2017年第12期，第34—39页。

是某些知识单元上的结合案例，对于具体课程某一类别的知识与视觉素养融合教学的系统研究和实践还不够全面和深入。①

在虚拟学习社区以及远程学习的视觉资源建设方面，张舒予提出以文本、多媒体课件、专题网站相结合的立体化方式进行；白倩等对面向混合学习的学习支持服务体系进行设计与实践。张沿沿等对"内容营销"：中国传统文化学习资源开发的策略进行探析。

视觉素养教学实践。郑心宇②以"混合式"教学模式为视角，比较混合传统教学模式与数字化教学模式的优势，从教学目标、教学组织形式、教学结构、教学媒介四个方面进行阐释，探索大学生的视觉素养教育实践的有效路径。范银花、张梦甜③提出，高校通识教育重要组成部分的美术通识课程对视觉素养的三大功能，即视觉知识能力的提升、视觉感知的训练及视觉运用整合能力，进一步探讨如何围绕大学生视觉素养培养这一目标，从课程内容开发和教学方式更新等方面优化美术通识课程体系，提升其在视觉素养培养中的有效性。以"学会观看"为出发点进行高校公共美术课程内容设计，融合数学、物理学、心理学、历史学、考古学、社会学、教育技术学等视觉艺术跨学科研究的丰富成果，引导学生对视觉材料进行多角度、多层次、多维度的分析、解读、判断及评价，并利用知识可视化技术开展视觉思维的表达实践。陈阳④基于教学实证研究，发现"项目式学习"教学法对提升大学生视觉素养的认知、结构、评价均有促进作用，从知识获取的角度看，"项目式学习"的有效性在于调动了视听技术，以具身学习和具身教学带动了具身知识的习得。罗双兰、杨丽萍⑤结合"视觉传播"课程目标，确立整合中华优秀文化传承的视觉素养能力发展目标、课程内容及实施路径，开展教学改革研究。实践证明，整合教学作为中华优秀传统文化贯穿国民教育的一种模式，是文化传播、传承的有效途径之一，有利于当代学生树立文化传承的主体意识，提升视觉素养能力，促进中华优秀传统文化在新媒体环境有效传承与再生，为其他课程采用整合教学模式进行类似的实践，提供有益的借鉴与思考。

---

① 房敏、涂涛：《我国视觉素养研究发展述评（2002—2017）——基于共词与内容分析相结合的视角》，《图书馆理论与实践》2017 年第 12 期，第 34—39 页。
② 郑心宇：《大学生视觉素养培养径路研究——以"混合型"教学模式为视角》，《湖北第二师范学院学报》2014 年第 6 期，第 78—80 页。
③ 范银花、张梦甜：《视觉素养视野下关于高校美术通识课程设置的思考》，《美术教育研究》2019 年第 21 期，第 142—143 页。
④ 陈阳：《从"项目式学习"到"具身学习"：融媒体语境下大学生视觉素养培养的教学创新》，《教育传媒研究》2020 年第 2 期，第 36—41 页。
⑤ 罗双兰、杨丽萍：《中华优秀传统文化的视觉素养整合教学研究——基于〈视觉传播〉课程的教学实践》，《民族教育研究》2020 年第 5 期，第 147—153 页。

总的来说，研究者多聚焦于大学生的视觉素养研究，对于学龄前儿童的关注较少；多聚焦于学校、课堂、教师、学生，对家庭、家长关注很少。罗双兰、张舒予认为：我国视觉素养教育主要由三种形式，一是媒体进行视觉素养宣传，不过并没有固定的媒体渠道开展；二是高校开展选修课程，学生的整体参与度不高；三是增加艺术课程培养视觉素养能力，不过针对的是美术、音乐等艺术生。总体上来看，我国视觉素养培养的群体规模较窄，视觉素养培养整体现状不容乐观，还没有在全国普及，导致大多数教师、学生等群体对视觉素养的了解不足。从内容上看，我国视觉素养发展势头较好，研究广度与深度均达到了一定高度，但依然存在一些问题。如总体研究水平偏低，高水平研究与可推广成果不多，理论研究上尚未真正解决视觉素养内涵、评价指标等重要问题，实践研究视野相对较窄，融合课程的视觉素养教学研究深度不够，独立设课的视觉素养教学形式未能渗透基础教育。因此，推动视觉素养本土化研究，建立符合我国特点的视觉素养教育体系任重道远。[①]尤其，幼儿视觉素养的研究是一块亟待开垦的处女地。

第二节 基于 CiteSpace 的可视化分析

数字时代多媒体与互联网广泛应用，视觉信息猛增，在人们所接受的全部信息中83%是通过视觉获得的。[②]在当今这个信息爆炸的时代，幼儿从小就被各种各样的视觉信息所包围。因此，培养幼儿的视觉素养变得尤为重要，从图像中获取信息已经成为当代不可或缺的能力。

一、国外关于幼儿视觉素养综述

（一）数据来源与研究方法

研究以 Web of Science（WoS）为检索来源，以"幼儿视觉素养"为主题词进行检索，选择教育领域，文献时间范围为2010年1月—2024年3月，共检索出239篇文献，剔除其他学段和其他专业的文献之外，将剩余168篇作为研究样本。

针对国外幼儿视觉素养的研究仍是主要运用文献计量法对文献进行梳理与分析，通过对文献的计量分析，可以得到国外幼儿视觉素养研究的发文量、作者分

[①] 房敏、涂涛：《我国视觉素养研究发展述评（2002—2017）——基于共词与内容分析相结合的视角》，《图书馆理论与实践》2017年第12期，第34—39页。
[②] 张倩苇：《视觉素养教育：一个亟待开拓的领域》，《电化教育研究》2002年第3期，第6—10页。

布、机构分布等信息,并辅以 CiteSpace 软件对文献进行深入的可视化分析,解释相关特征,以帮助研究者了解幼儿视觉素养领域的发展现状,预测研究热点和研究趋势,以便找准研究方向。

(二)国外幼儿视觉素养研究的可视化分析

1. 发文量趋势分析

通过对 WoS 核心期刊库 2010 年 1 月至 2024 年 3 月"幼儿视觉素养"研究主题发文量的统计,从整体上来看,有关"幼儿视觉素养"的文献历年发文量呈现出波动增长趋势,并在 2023 年达到峰值(21 篇),并预测在 2024 年也将持续增长(见图 2-3)。

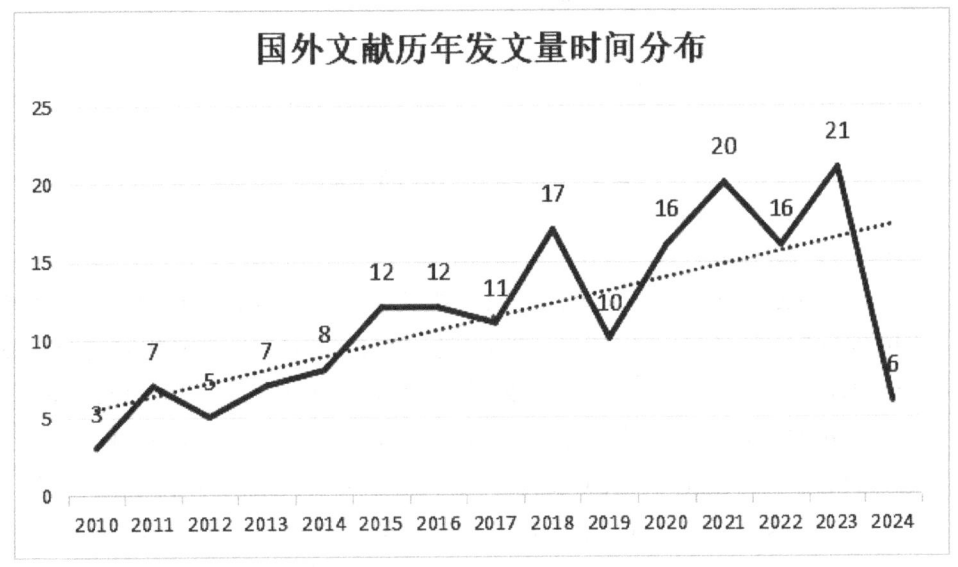

图 2-3 国外发文量时间分布图

2. 发文作者分析

在 CiteSpace 中,将节点类型设置为作者,运行 CiteSpace 得到发文作者共现网络知识图谱。图 2-4 表明,N=295,E=322,N 代表研究者数量,E 代表研究者间的合作数量,研究者姓名越大则表示该作者在 168 篇文献中出现的频率越高。从图 2-6 可以看出,作者麦克布赖德(Mcbride)、凯瑟琳(Catherine)出现的频率最高。此外,还可以看出大部分作者之间也有合作关系,通过合作共同研究幼儿视觉素养相关主题。

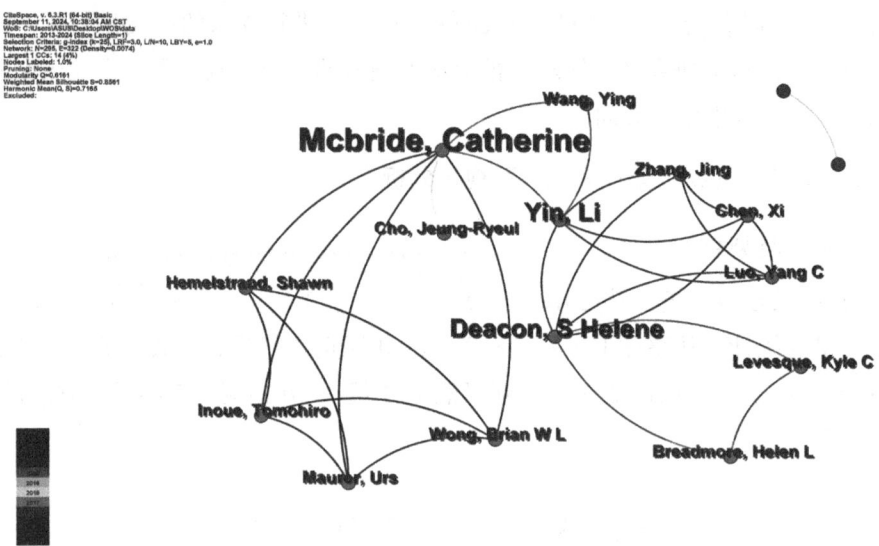

图 2-4 发文作者共现知识图谱

3. 发文机构分析

在 CiteSpace 界面，选择节点类型为机构进行可视化分析，从而得到结果（见图 2-5）。N=197，E=168，N 代表研究机构数量，E 代表机构间的合作数量。机构姓名越大则表示出现的频率越高，可以看出香港中文大学（The Chinese University of Hong Kong）、俄勒冈州立大学（Oregon State University）、纽约州立大学（State University of New York）、伦敦大学（University of London）、多伦多大学（University of Toronto）、普渡大学西拉法叶校区（Purdue University West Lafayette Campus）院校发文量较高，但各院校的研究主题存在差异。例如，香港中文大学中我国学者以探索儿童的文字阅读和写作的关系以及视觉技能、正字法知识、语音意识、快速命名、形态意识和汉字识别等挖掘任务主题的研究较多；而俄勒冈州立大学以执行功能和视觉运动整合与对阅读的科学指导的研究为主等。从连线来看，位居发文机构第二的俄勒冈州立大学也与纽约州立大学建立了合作关系，其他机构之间合作也较多，说明在国外的研究中也已形成比较具有代表性的研究团队。

第二章 视觉素养相关研究

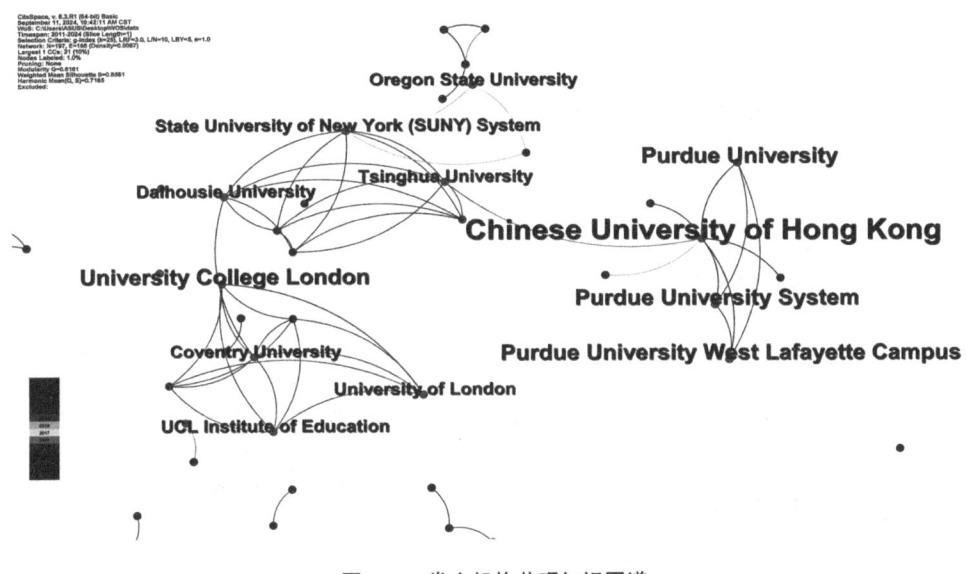

图 2-5 发文机构共现知识图谱

4.关键词分析

通过对国外幼儿视觉素养高频关键词共现网络的分析，可以了解幼儿视觉素养的相关研究热点，其中高频关键词指的是在某领域研究者使用最多的专业名词。运行 CiteSpace 软件得到关键词共现网络知识图谱（见图 2-6）。关键词出现的频率大小可以根据圆圈大小来判断，圆圈越大说明该关键词出现的频率越高，可以看出主要关键词有视觉素养（visual literacy）、幼儿（children）、儿童文学（children's literature）、幼童时期（early childhood）、素养（literacy）、媒体素养（media literacies）等。借助中心性来测量节点在网络中的重要性程度。一般说来，节点的中心性数值越大，则表明该节点在整个网络结构中越重要。根据关键词共现知识图谱对本研究的关键词中心性进行排序，将频次在 11 次及以上的关键词筛选出来，并且按照从高到低的顺序排列（见表 2-1）。图 2-7 和表 2-1 表明，对幼儿视觉素养的相关文献内容进行分析，总结出 2011 年 1 月—2024 年 3 月国外幼儿视觉素养的相关热门研究主题。

表 2-1 关键词频率与中心性排序对比表

序号	高频关键词	关键词频率	高中心度关键词	中心度
1	视觉素养（visual literacy）	31	素养（literacy）	0.43

续表

序号	高频关键词	关键词频率	高中心度关键词	中心度
2	素养（literacy）	29	儿童（children）	0.29
3	儿童文学（children's literature）	23	视觉素养（visual literacy）	0.22
4	媒体素养（media literacies）	21	知识（knowledge）	0.12
5	文学（literature）	17	幼童时期（early childhood）	0.11
6	阅读（reading）	15	儿童文学（children's literature）	0.09
7	多模态（multimodality）	15	认知（awareness）	0.09
8	数字化（digital）	11	技术（skills）	0.08

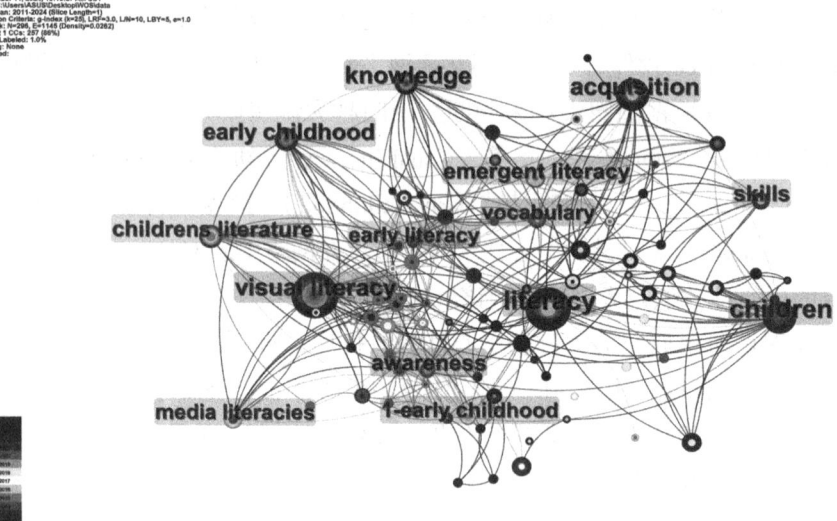

图2-6　文献关键词共现知识图谱

图 2-7　文献关键词聚类知识图谱

利用 CiteSpace 中的爆裂性（Burstness）检测该研究在短时间内出现或者使用频率较多的词，即突现词，再借助突现词的词频变化来判断该研究的前沿及趋势。图 2-8 表明，从时间跨度来看，儿童文学（children's literature）、教学策略（instructional strategies）这两个突现词是时间跨度最长的词。原因在于，在培养幼儿视觉素养方面，大多数采取阅读幼儿绘本、儿童文学作品读等方式和策略，因此，很多研究者将关注点放在日常规则的研究上。随着时间的推移，针对幼儿视觉素养的研究也逐渐聚焦于媒介素养、词汇等方面。

被引用次数最多的前9个关键词
(Top 9 Keywords with the Strongest Citation Bursts)

关键词 (Keywords)	年份 (Year)	强度 (Strength)	起始 (Begin)	截止 (End)	2011 - 2024
儿童文学 (children's literature)	2011	2.81	2012	2015	
教学策略 (instructional strategies)	2012	2.41	2012	2015	
教学策略 (teaching strategies)	2012	2.41	2012	2015	
媒体素养 (media literacies)	2012	2.35	2012	2013	
1岁幼儿 (1-early childhood)	2015	2.3	2015	2017	
素养 (literacy)	2011	3.58	2018	2020	
词汇 (vocabulary)	2018	2.31	2018	2021	
儿童 (children)	2014	3.53	2021	2022	
教育学 (pedagogy)	2022	3.01	2022	2024	

图 2-8　文献关键词突现图

（三）国外幼儿视觉素养研究现状

1. 幼儿多模态视觉素养

（1）模态与多模态

模态（modal）是个较为复杂抽象的概念，依据福尔维尔（Forceville）的定义，指的是"利用具体的感知过程可以阐释的符号系统"。[①] 在斯科伦（Scollon）和莱文（Levine）的研究中，模态是可对比和对立的符号系统。米尔斯（Mills）和昂斯沃斯（Unsworth）提出模态也被称为标志系统，是器官化的标志的集合。语言、视觉、听觉和手势模式是最常见的，味觉和嗅觉也是交流的模态。多模态表达可以分解为同时表达意义的两个或两个以上的单模态，如听觉模态、视觉模态、语言模态、触觉模态等。

可以看出，模态与感官关系密切，但又有不同之处。模态是指通过各种感官进行互动的形式，是一种信息交流的媒介。用单个感官进行互动交流的叫单模态，用两个的叫双模态，三个或以上的叫多模态。

（2）多模态素养

多模态素养与社会学不可分割。米尔斯和昂斯沃斯提出多模态素养一词起源于社会符号学，指的是"结合两种或多种意义模式的语言研究"，如视觉图像、手势和音乐。沃尔什（Walsh）将多模态素养（Multimodal literacy）定义为：通过阅读、观看、理解、回应、制作，并与多模态文本互动和通过多模态交流产生不同层次的意义。它可能包括听、说和戏剧化，以及此类文本的写作、设计和制作。[②] 它重视接受和输出，强调这一过程的两端，而有些研究强调这一过程的中间部分。例如，叶惠琴（Hui-Chin Yeh）和曾胜祥（Sheng-Shiang Tseng）[③] 提出多模态素养是指整合和操纵图像、文本、动画、音频等不同多媒体模式之间的关系，以建立有意义的沟通的技能。也就是说，多模态素养不仅强调与多模态文本理解互动的能力，也强调对其进行转化输出的能力。

（3）幼儿多模态视觉素养

阿里尔·弗里德曼（Arielle Friedman）进行了幼儿多模态视觉素养的研究。这项研究选取3—4岁的儿童为研究对象，开展以数码摄影为基础的教育项目，

[①] 董文明：《3-6岁儿童的隐喻认知及其教育应用研究》，浙江大学2014年博士学位论文，第89页。
[②] Arielle Friedman, "To 'read' and 'write' Pictures in Early Childhood: Multimodal Visual Literacy Through Israeli Children's Digital Photography", *Children and Media*, Vol. 12, 2018, pp. 312-328.
[③] Hui-Chin Yeh, Sheng-Shiang Tseng, "Using the ADDIE Model to Nurture the Development of Teachers'CALL Professional Knowledge", *Educational Technology&Society*, Vol. 22, No. 3, 2019. pp.88-100.

目的是促进多模态视觉素养与语言素养的有意识融合。研究发现，数码照片大大提高了幼儿感知细节的能力，并大大拓宽了他们的语言参数，提升运用词汇、使用复杂句子、提问和讲述关于图片的故事等能力。[①]

克雷斯（Kress）认为意义的世界一直都是多模式的，现在，由于各种原因，这种意识再次受到关注。儿童在日常生活中参与多模态文本实践，人们认为识字不能再仅以书面和口头语言为基础，应扩大识字的定义，以适应正规教育环境中的多模态媒体概念和实践，并相应地改变识字的教育方法。

幼儿多模态素养应该并且已经纳入幼儿教育。幼儿多模态视觉素养一是"阅读"图像的能力，赋予视觉图像语言意义的过程。这一过程将视觉转化成语言形式；二是"创造"图像的能力，将通过多种感官获得的信息，转化为视觉信息。幼儿多模态视觉素养就是幼儿运用印刷文字、口语文字、图画、积木、手势、数字、字母、歌曲、音乐、舞蹈、图表、气味等不同的符号或模式对外界进行感知、理解、创造、交流并获取所需信息的意识与能力。

2. 幼儿视觉素养的表现形式

国外研究中幼儿表现视觉素养的形式多种多样，具体可以体现在以下几个方面。

首先，绘画是幼儿表现视觉素养最直观的形式之一。通过绘画，幼儿能够表达他们对世界的感知和理解。他们可以运用不同的颜色、线条和形状来创造自己的艺术作品，展现自己的想象力和创造力。

其次，幼儿也通过拼贴和手工制作来展现视觉素养。他们可以使用各种材料，如纸张、布料、塑料等，进行剪裁、粘贴和组合，创造出富有创意的作品。这种过程不仅锻炼了他们的动手能力，也培养了他们的空间感和审美能力。

最后，幼儿在观看图画书、绘本等视觉材料时，也能够表现出视觉素养。他们能够通过观察画面中的细节，理解故事情节和角色关系，从而提升自己的视觉理解能力。

同时，幼儿在进行阅读时，对插图和文字的匹配能力也是视觉素养的体现。他们能够识别插图与文字内容之间的联系，通过插图更好地理解故事情节和人物关系。

3. 幼儿视觉素养的培养

研究表明，设计良好且适合儿童年龄的教育媒体可以传授知识。同时，也有

[①] Arielle Friedman, "To 'read' and 'write' Pictures in Early Childhood: Multimodal Visual Literacy Through Israeli Children's Digital Photography", *Children and Media*, Vol. 12, 2018, pp. 312–328.

研究者定义了媒体符号素养，认为它是解释儿童理解和学习媒体能力具有个体差异性的重要因素。

在数字化时代，电影、电视等媒体已经成为幼儿获取信息、认知世界的重要途径。它们以直观、生动的视觉形式，将知识、情感和价值观传递给幼儿，对他们的视觉素养发展起到了积极的推动作用。

数字新媒体的介入对幼儿成长产生重要的作用。尽管6岁以下的幼儿从出生起就被媒体包围，是活跃的媒体消费者，但现代媒体对他们的认知、社交、情感和身体发育的影响还不完全清楚。

数码相机在早期学习环境中有许多用途。摄影在教学上的应用越来越被重视，它被认为是一种令人愉快的、有吸引力的教育媒介，能吸引孩子们积极参与和学习。建构主义学家认为，幼儿需要在活动中有"动手"的机会，才能有效地从活动中学习和建构意义。

摄影和幼儿的个人世界有关，幼儿会密集地谈论和交流他们拍摄的照片，塔鲁利（Tarulli）发现，使用相机可以鼓励孩子们进行积极的语言表达，从而提高他们的学习能力和语言能力。德玛莉（Demarie）和伊斯里奇（Ethridge）[1]也提出，在教育中使用相机可以丰富儿童的口语对话能力。伯恩斯（Byrnes）和瓦西克（Wasik）[2]发现，在学前阶段摄影工作有效地发展了词汇、讲故事和故事重构的能力。此外，相机的存在使幼儿产生词汇领域的重要学习经验。也就是说，一旦幼儿有机会使用相机拍摄任何吸引他们的东西，他们就会更有动力去学习。

幼儿的照片和摄影是一个通过多模态媒体以"意义创造"为中心的学习过程，并了解摄影行为的媒体意图。鼓励幼儿在选择内容和设计图片时作出决策，还鼓励对自拍照片进行口头反思，并对朋友拍摄或其他来源获取的照片作出回应。

朱妮娅·伯恩斯（Junia Byrnes）和芭芭拉·A·瓦西克（Barbara A.Wasik）[3]发现，摄影能激发幼儿想象力，发展其社交技能、识别与表达情感等。另外，摄影能使幼儿与成人建立更加信任的关系琳达·古德（Linda Good）[4]指出摄影可以使幼儿形成归属感与安全感，帮助教师进行课堂管理，促进教师与家长的沟通交

---

[1] Demarie Darlene, Ethridge, "Children's Images of Preschool the Power of Photography", *Young Children*, 2006, pp.101-104.

[2] Junia Byrnes, Barbara A. Wasik, "Picture This: Using Photography as a Learning Tool in Early Childhood Classrooms", *Childhood Education*, Vol. 85, 2009, pp.243-248.

[3] Junia Byrnes, Barbara A. Wasik, "Picture This: Using Photography as a Learning Tool in Early Childhood Classrooms", *Childhood Education*, Vol. 85, 2009, pp.243-248.

[4] Good Linda A, "Snap it Up!: Using Digital Photography in Early Childhood", *Childhood Education*, Vol. 82, 2005, pp.79-85.

流,方便记录幼儿的成长,促进幼儿语言和读写能力的发展,有利于发展幼儿的其他课程。同时,特殊教育者可以利用照片为实施治疗的父母和教师提供参考。

卡兹(Katz)描述了摄影如何促进科学交流。为了创造性地使用计算机,改变传统的教学方法,帕斯特(Pastor)和克恩斯(Kerns)[1]利用摄影来实现"在不抑制幼儿创造力的情况下使用计算机"。幼儿可以快速记录场景,并且在裁剪和修改照片时学会了打开文件等技能。

总的来说,摄影能提高幼儿的学习能力和语言能力、反思拓展能力、激发幼儿想象力、发展社交技能、识别与表达情感等。这些都与幼儿视觉素养的提升有关,例如语言能力的发展可以促进幼儿视觉表达,摄影作为活动反思工具、提高幼儿识别与表达情感可以促进幼儿视觉理解,激发幼儿想象力可以促进幼儿视觉感知等。

以上研究表明新媒体技术能够丰富幼儿的视觉体验。通过多样化的影像内容,幼儿可以接触到不同的事物、场景和文化,从而拓宽视野,增强对世界的认知和理解。其次,这些新媒体也有助于提升幼儿的审美能力。优秀的影视作品往往具有独特的视觉风格和艺术表现力,能够激发幼儿的审美兴趣,培养他们的审美眼光和创造力。在观看影视作品的过程中,幼儿会不自觉地模仿和学习角色的行为、语言和情感表达方式,从而提升他们的叙事能力和情感表达能力。

当然,随着脑科学的发展,新媒体对幼儿潜在影响的研究也正在成为一种新兴的发展趋势。

二、国内幼儿视觉素养研究综述

研究通过对相关文献的综述和基于 CiteSpace 的可视化分析,旨在探讨幼儿视觉素养的研究现状、发展趋势及影响因素,探索提高幼儿视觉素养能力的途径,为提高幼儿视觉素养能力提供良好的环境。

(一)数据来源与研究方法

研究以中国知网(CNKI)的文献数据库为检索来源,以"幼儿视觉素养""幼儿视觉文化""幼儿视觉能力"为主题词进行检索,文献时间范围为 2004 年 4 月—2023 年 12 月,共检索出 47 篇文献,剔除其他学段和其他专业的文献之外,将剩余 42 篇作为研究样本。

研究主要运用文献计量法对文献进行梳理与分析,通过对文献的计量分

---

[1] Pastor Ella, Emily V. Kerns, "A Digital Snapshot of an Early Childhood Classroom", *Educational Leadership*, Vol. 55, 1997, pp.42-45.

析，可以得到幼儿视觉素养研究的发文量、作者分布、机构分布等信息，并辅以 Citespace 软件对文献进行深入的可视化分析，解释相关特征，以帮助研究者了解幼儿视觉素养领域的发展现状，预测研究热点和研究趋势，以便找准研究方向。

（二）幼儿视觉素养研究的知识图谱和基本状况的可视化分析

1. 发文量分析

通过对我国 2004 年至 2023 年"幼儿视觉素养""幼儿视觉文化""幼儿视觉能力"研究主题发文量的统计，可以整体把握发文数量变化趋势（见图 2-9）。从整体上来看，有关"幼儿视觉素养""幼儿视觉文化""幼儿视觉能力"的发文量总体呈上升趋势。

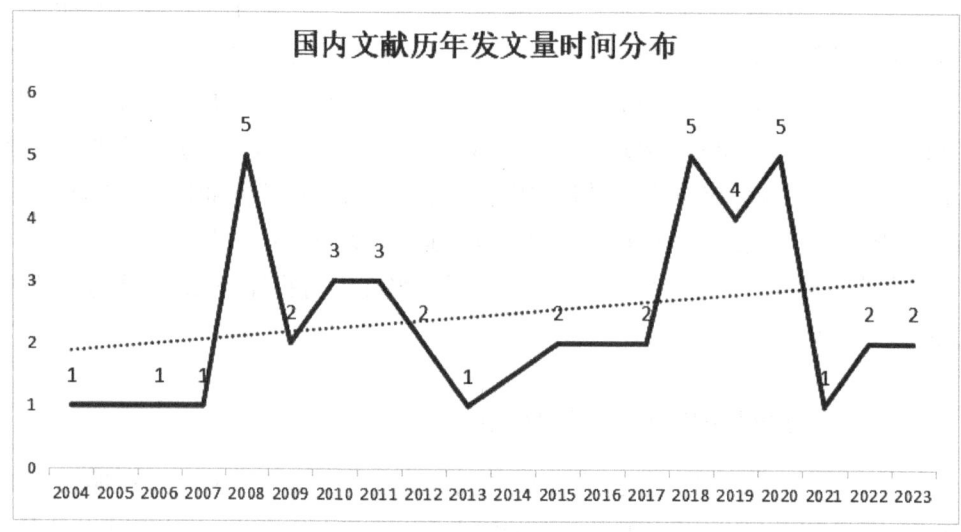

图 2-9　国内文献历年发文量时间分布图

2. 发文作者分析

首先，通过对发文作者的分析，我们可以了解该领域的主要研究者和核心专家，进而锁定领域内的研究"大咖"。其次，对作者的统计分析有助于掌握该研究方向的关键人物，使我们能够更深入地理解该领域的研究趋势和重点。从作者分布来看，幼儿视觉素养研究的主要作者集中在高校和研究机构中，这也反映了该领域的研究具有一定的学术性和专业性。

通过对研究机构的分析，可以了解到针对幼儿视觉素养这一研究领域研究力量和研究基地的分布。图 2-10 表明，与研究主题相关的文献发文数量普遍较少，且没有针对性，作者分布较为分散。图2-10和图2-11表明，关于幼儿视觉素养的研究处于零散化、碎片化的状态，研究团队的规模有待提高。如果能加强理论研究者与一线实践者之间的合作，将理论与实践相结合，那么对"幼儿视觉素养"的研究将会有更进一步突破。

图2-10 文献作者发刊文献数量

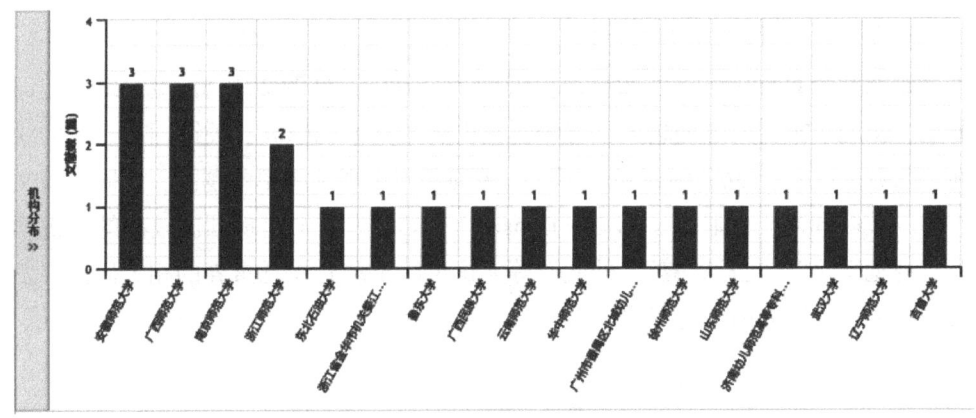

图2-11 发文作者的合作网络图

3. 文献来源分析

通过对文献来源进行分析，图2-12表明，发文量排名第一的是《早期教育（美术版）》，第二位是《美术教育研究》，其中《学前教育研究》《浙江师范大学》《软件导刊（教育技术）》三种期刊排列第三，数量均为两篇。在所有发文期刊中，核心期刊仅有一种，其发文量占总发文量的7%。在所有发表的期刊中，发刊量均为个位数。因此，针对国内幼儿视觉素养的研究应当进一步深入，帮助幼儿提升视觉素养能力。

文献来源分布图

- 早期教育(美术版)
- 美术教育研究
- 浙江师范大学
- 软件导刊(教育技术)
- 学前教育研究
- 新课程(上)
- 武汉大学
- 安徽师范大学
- 山东师范大学
- 试题与研究
- 新智慧
- 南京师范大学
- 考试周刊
- 成功(教育)
- 广西民族大学
- 甘肃教育研究
- 云南师范大学
- 四川体育科学
- 大众文艺
- 教学月刊(中学版下)
- 教育导刊(幼儿教育)
- 文教资料

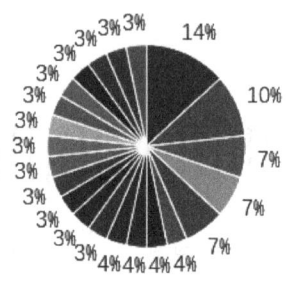

图 2-12　文献来源分布图

4. 文献关键词分析

研究利用 CiteSpace 6.3 软件对关键词进行分析（见图 2-13），检索出关键词节点（N）为 70。关键词越大，意味着其出现的频率就越高。关键词节点间的线性关联数（E）为 136，线越粗，不同关键词共同出现的频率就越高，即同一篇文献中的关联词之间的联系，密度（Density）0.0563。其中出现频次较高的关键词有"视觉文化""视觉素养""幼儿"等，这反映了幼儿视觉素养的相关研究在发展中所关注领域的侧重与变化。

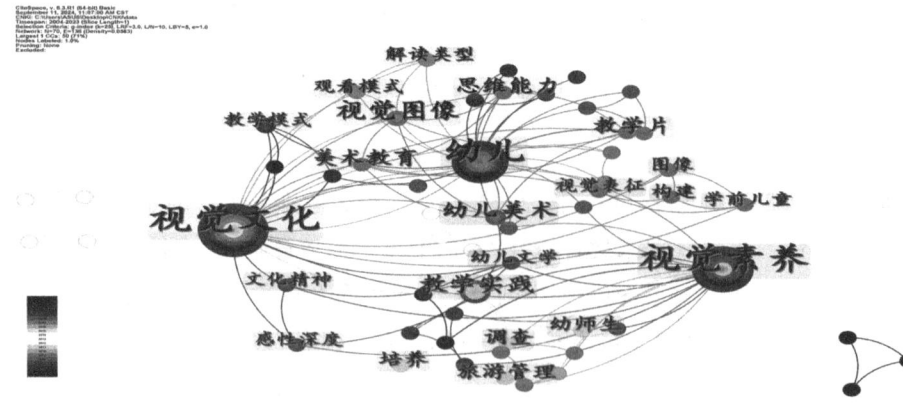

图 2-13　文献关键词共现分析

CiteSpace 的关键词聚类功能可以系统表现某研究领域的热点和发展趋势。关键词节点用圆来表示，圆越大越明显，说明对应主题出现的频率越高。对于 2004—2023 年符合主题的相关文献运用关键词聚类（见图 2-14）进行可视化分析，得到模块值（Q 值）为 0.6284，处于 0 与 1 之间且大于 0.3，意味着本研究划分出的聚类结构是显著的，模块边界较为清晰；平均轮廓值（S 值）为 0.8942，大于 0.5，说明对于幼儿视觉素养的相关研究的聚类结构是合理的，各模块间的独立性高。聚类编号越靠前，则相关研究越多，研究领域内关注度越高。图 2-16 表明，在关键词聚类图谱中生成"#0 视觉素养""#1 幼儿""#2 视觉信息""#3 调查"4 个聚类。由此可见，目前相关研究主要聚焦于运用调查研究了解幼儿视觉素养发展现状、根据视觉信息了解幼儿视觉素养等。

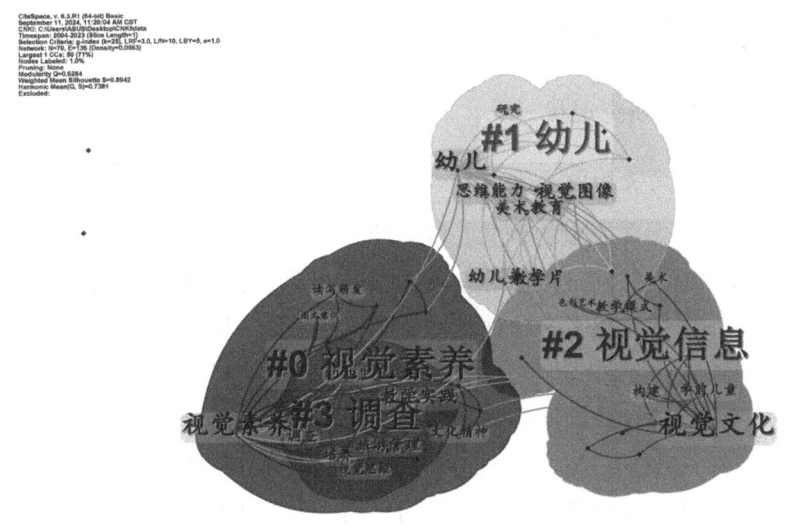

图 2-14　文献关键词聚类分析

利用 CiteSpace 中的 Burstness 检测该研究在短时间内出现或者使用频率较多的词，即突现词，再借助突现词的词频变化来判断该研究的前沿及趋势。图 2-15 表明，从时间跨度来看，"教学实践"（2011—2015 年）是时间跨度最长的词，"教学模式"（2021—2023 年）位居第二。原因在于，对于培养幼儿视觉素养方面，大多数采取通过幼儿视觉图像、幼儿美术等方式和策略，因此，很多研究者将关注点放在日常规则的研究上。随着时间的推移，针对幼儿视觉素养的研究也逐渐聚焦于培养幼儿视觉素养的教学模式等方面。

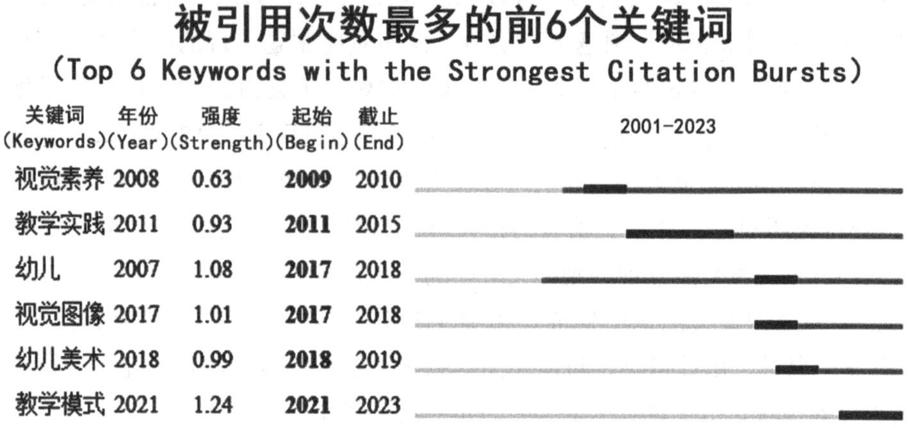

被引用次数最多的前6个关键词
(Top 6 Keywords with the Strongest Citation Bursts)

关键词 (Keywords)	年份 (Year)	强度 (Strength)	起始 (Begin)	截止 (End)	2001—2023
视觉素养	2008	0.63	**2009**	2010	
教学实践	2011	0.93	**2011**	2015	
幼儿	2007	1.08	**2017**	2018	
视觉图像	2017	1.01	**2017**	2018	
幼儿美术	2018	0.99	**2018**	2019	
教学模式	2021	1.24	**2021**	2023	

图2-15 文献关键词突现图

(三)幼儿视觉素养研究现状

1. 幼儿视觉素养的定义和内涵研究

幼儿视觉素养是一个多维度的概念，包括幼儿对视觉信息的感知、理解、记忆、想象和创造等方面。目前，国内外学者对于幼儿视觉素养的定义和内涵存在一定的差异。研究主要针对我国学者对幼儿视觉素养的看法和认识。

张祖忻在引入视觉素养概念时，将其翻译为"视觉文化"，并基于传播学的视角将其概括为"准确理解和创作形象信息的一类习得技能"。[1]

张倩苇[2]、王帆[3]、钱初熹[4]、刘羽[5]、侯宛莹、杨萍[6]等人将幼儿视觉素养定义为理解、传递、创造、表达视觉信息的一种能力。康立超等人将视觉素养定义为理解环境或图画中的视觉刺激，包括个体利用线条、形状、颜色等视觉元素来解释动作、识别对象并理解符号信息等一系列复杂过程。

张舒予、赵丽[7]等人提出了一种新的综合性素养概念，即视觉—媒介信息素

---

[1] 王静梅：《图文识读转换阶段汉语儿童早期阅读素养的发展》，浙江师范大学2022年博士学位论文，第19页。
[2] 张倩苇：《视觉素养教育：一个亟待开拓的领域》，《电化教育研究》2002年第3期，第6—10页。
[3] 王帆：《视觉素养和幼儿视觉学习》，《教育导刊（幼儿教育）》2008年第11期，第12—15页。
[4] 钱初熹：《视觉文化背景下幼儿美术教育的愿景》，《早期教育（美术版）》2008年第3期，第2—3页。
[5] 刘羽：《美术馆公共教育中儿童视觉素养培养的研究》，山东师范大学2020年硕士学位论文，第1—53页。
[6] 侯宛莹、杨萍、张蔚：《融入视觉素养的幼儿美术活动课程设计》，《甘肃教育研究》2023年第12期，第87—89页。
[7] 张舒予、赵丽、周灵：《视觉—媒介信息素养：新综合性素养的概念提出与教育实践》，《现代远程教育研究》2021年第6期，第32—39页。

养（V-MIL）。研究者从视觉文化的视角切入，创新性地将视觉、媒介、信息素养有机融合为视觉—媒介信息素养，强调了视觉素养作为综合素养培养的先导和切入点，以及媒介素养和信息素养作为综合素养培养的重要组成部分。

我国对于幼儿视觉素养没有统一的定义，但申灵灵将幼儿视觉素养定义为"对视觉信息不同层次的解读能力以及进行简单视觉信息创作的能力"。[①]

综上所述，针对幼儿视觉素养的概念并没有统一的界定，但是其主要指向，幼儿通过观察、感知、理解和创造视觉信息的能力。这种能力包括对图像、色彩、空间、动态等方面的认知和表达，是幼儿认知世界的重要手段之一。那么，在幼儿教育中，培养良好的视觉素养有助于提高幼儿的观察力、想象力、创造力和语言表达能力。

2. 幼儿视觉素养的研究方法研究

利用上述关键词聚类信息，再次梳理相关文献发现，有关国内幼儿视觉素养的研究主要以质性研究为主，如文献法、问卷调查法、观察法、访谈法、行动研究法、案例分析法等。在研究过程中，研究者一般是选取两种或两种以上的方法结合使用。

比如刘羽[②]的研究运用文献研究法、行动研究法、访谈法、个案研究法，以山东美术馆为例对美术馆公共教育中幼儿视觉素养培养进行个案研究，从山东美术馆目前开展的美术馆公共教育中发现幼儿视觉素养培养的优点及存在的问题，通过整合问题，提出更加真实有效的措施。杨蕾[③]的研究采用行动研究法，选取郑宗琼的《生日蛋糕》和大卫·威斯纳（David Wiesner）的《7号梦工厂》作为素材，通过对无字绘本的主题、叙事语言、基本元素进行分析，幼儿教师基于教师本位和幼儿本位分别运用《生日蛋糕》和《7号梦工厂》开展三轮大班幼儿的阅读活动教学。并通过观察法分析阅读教学中幼儿的表现，以访谈法了解教师教学的关注点和立足点。

梁杭[④]运用教育实验法和观察法，对大班幼儿的绘本阅读教学进行干预，设置实验组和对照组，实验组使用无字绘本，对照组使用有字绘本，通过组内前后测、组间对比结果得出结论。

---

① 申灵灵：《澳大利亚的"Show Me"视觉素养评价框架述评》，《上海教育科研》2012年第1期，第33—36+41页。
② 刘羽：《美术馆公共教育中儿童视觉素养培养的研究》，山东师范大学2020年硕士学位论文，第1—53页。
③ 杨蕾：《运用无字图画书开展幼儿园大班阅读教学的行动研究》，云南师范大学2020年硕士学位论文，第1—133页。
④ 梁杭：《无字绘本阅读教学对大班幼儿叙事能力的影响研究》，广西民族大学2023年硕士学位论文，第1—62页。

综上所述，各研究者大致采用多种研究方法，目的是获取更为丰富的信息，弥补单一研究方法的不足。

3. 幼儿视觉素养的影响因素研究

幼儿视觉素养的发展受到多种因素的影响，包括环境因素、教育因素等。环境因素是影响幼儿视觉素养发展的重要因素之一，例如，家庭环境、幼儿园环境等都会对幼儿的视觉素养产生影响。教育因素也是影响幼儿视觉素养发展的重要因素之一，研究表明，良好的教育环境和教育方法可以促进幼儿视觉素养的发展。诸如杨蕾[1]、王静梅等人[2]等人认为无字图画书是影响幼儿阅读理解力的主要原因。洪妍娜[3]认为随着当代社会和文化的发展，特别是媒体文化和视觉技术的进步，幼儿观看世界、认识生活的主要媒介为电视、电脑、手机及各类具备视觉传播功能的电子产品，因此网络环境也是影响幼儿所接受的视觉文化好坏的重要因素，也会进一步影响幼儿的视觉素养。

4. 幼儿视觉素养的培养策略研究

目前，对于幼儿视觉素养的培养主要采取的策略有：通过绘本、美术活动提供丰富的视觉刺激、利用多媒体技术开展各种视觉活动以及家长、教师利用有益的方法引导幼儿进行视觉思考等。

例如罗双红等人[4]提出将幼儿的视觉素养和语言素养进行整合起来，进行综合培养，并提出相应的整合培养策略和评价方法。杨春菊[5]、杨蕾[6]、康立超[7]、洪妍娜[8]、那朝霞[9]、梁杭[10]等人都主张通过绘本、无字图画书等为幼儿创造了丰富多元的意象世界，绘本阅读不仅能够促进幼儿读写意识和读写能力的萌芽，而且可以

---

[1] 杨蕾：《运用无字图画书开展幼儿园大班阅读教学的行动研究》，云南师范大学2020年硕士学位论文，第1—133页。
[2] 王静梅：《图文识读转换阶段汉语儿童早期阅读素养的发展》，浙江师范大学2022年博士学位论文，第1—148页。
[3] 洪妍娜：《论视觉文化视域中的中国幼儿文学》，浙江师范大学2020年博士学位论文，第1—174页。
[4] 罗双兰、于红卫、张舒予：《幼儿视觉素养与语言素养的整合培养》，《学前教育研究》2008年第6期，第34—36页。
[5] 杨春菊、张喜梅：《体验式幼儿绘本阅读的价值：从读写萌发到视觉素养》，《学前教育研究》2019年第8期，第93—96页。
[6] 杨蕾：《运用无字图画书开展幼儿园大班阅读教学的行动研究》，云南师范大学2020年硕士学位论文，第1—133页。
[7] 康立超、周萍、毛玉蕊：《儿童无字绘本阅读的研究启示及展望》，《陕西学前师范学院学报》2020年第6期，第74—81页。
[8] 洪妍娜：《论视觉文化视域中的中国幼儿文学》，浙江师范大学2020年博士学位论文，第1—174页。
[9] 那朝霞：《被忽略的价值：论图画书阅读中重复的力量》，《宝鸡文理学院学报（社会科学版）》2022年第5期，第125—130页。
[10] 梁杭：《无字绘本阅读教学对大班幼儿叙事能力的影响研究》，广西民族大学2023年硕士学位论文，第1—62页。

促进幼儿视觉素养的养成和发展，实现幼儿在绘本阅读过程中的全面成长。康立超等人[①]在幼儿阅读无字绘本时，利用眼动追踪技术来探索幼儿的兴趣。那朝霞[②]认为通过图画书重复的阅读帮助幼儿进行视觉理解、开启视觉思维、培养视觉素养。图画书重读阅读推进浅层阅读向深层阅读发展，帮助幼儿更深一步理解图画书，形成自身的视觉认知，进行视觉表达，还能促进重复获益效应的产生，引领幼儿追求指向精神层面的阅读意义。

刘传杰[③]、杨自香[④]、邓绍秋[⑤]都主张开发传统的民族文化素材、阅读经典作品等，挖掘民族文化符号，将这些富有视觉化设计的教育资源，运用到培养幼儿视觉素养的教育当中，提出了培育幼儿经典阅读素养的措施。

范小虎[⑥]等人对幼儿视觉素养的现状进行分析，认为视觉文化会给幼儿美术领域的教育带来一些机遇，当然也会带来诸多挑战。通过设计具备综合性的美术活动，选择适合幼儿身心发展规律且综合多样的内容，将美术领域活动与视觉文化相结合，秉承美术素质与人文教育相结合的方针，期望促进幼儿美术教育的发展，进一步推动视觉素养能力的发展。

杨自香[⑦]认为要促进幼儿视觉素养的发展，可以加大教育资源的投入，对在职幼儿教师开展教师视觉素养培训；则张欣[⑧]主张制订幼师生视觉素养培养策略，针对其策略，对视觉素养教育开展实践研究。

王海东[⑨]、王玄[⑩]认为利用动画培养幼儿的视觉素养是个不错的选择，动画中的人物形象大多造型可爱、夸张、拟人化、对话简单、故事线索单一，更加贴近幼儿所能接受的范围。教师要仔细观察幼儿的生活，将更多的视觉文化表现形式

---

① 康立超、周萍、毛玉蕊：《儿童无字绘本阅读的研究启示及展望》，《陕西学前师范学院学报》2020年第6期，第74—81页。
② 那朝霞：《被忽略的价值：论图画书阅读中重复的力量》，《宝鸡文理学院学报（社会科学版）》2022年第5期，第125—130页。
③ 刘传杰：《视觉表征在幼儿视觉空间智能培养中的应用研究》，南京师范大学2008年硕士学位论文，第1—31页。
④ 杨自香、张新明：《台湾地区幼儿园视觉素养教育的培养特色及启示》，《软件导刊（教育技术）》2009年第6期，第8—9页。
⑤ 邓绍秋：《视觉文化的本体诠释与儿童经典阅读"超融"素养》，《江西科技师范大学学报》2016年第3期，第103—108页。
⑥ 范小虎：《视觉文化背景下的苏州幼儿美术教育的研究》，苏州大学2008年硕士学位论文，第1—41页。
⑦ 杨自香、张新明：《台湾地区幼儿园视觉素养教育的培养特色及启示》，《软件导刊（教育技术）》2009年第6期，第8—9页。
⑧ 张欣：《幼师生视觉素养调查与培养研究》，辽宁师范大学2015年硕士学位论文，第1—58页。
⑨ 王海东：《将视觉文化融入幼儿美术欣赏活动——以动画〈猫和老鼠〉为例》，《早期教育（美术版）》2011年第1期，第2—3页。
⑩ 王玄：《视觉文化视域下的幼儿美术教学片研究》，东北石油大学2018年硕士学位论文，第1—57页。

运用到教学中，为开发幼儿的创造力提供丰富的资源。

刘羽[①]认为美术馆公共教育活动是幼儿逐步积累视觉经验，发展视觉感知能力和形象思维能力的重要过程，是培养幼儿视觉素养的重要途径。特别是在视觉文化时代下，更应该在拓宽视觉途径、提供更加多元的视觉材料配合公共教育的开展，可以建立"线上＋线下"相结合的美术馆公共教育对视觉素养的培养，美术馆公共教育是联系家庭教育、学校教育、社会教育三维的美育环境。

我国针对幼儿视觉素养的研究现状，主要体现在以上几个方面，但是由于起步较晚，仍然存在着一些问题，比如研究文献数量较少，缺乏专业的研究团队，跨学科研究甚少，同时，多媒体技术的应用不广泛，且大多数幼儿教师不具备使用多媒体技术培养幼儿视觉素养的能力。此外，我国并没有形成统一的幼儿视觉素养的评价体系，因此，对于幼儿视觉素养的研究任重而道远。

三、应用价值与评价

（一）视觉素养理论在学前教育领域的应用价值

1. 幼儿视觉素养培育是社会视觉素养教育的奠基

2019年2月，中共中央、国务院印发《中国教育现代化2035》，"教育现代化"也随之成为未来十五年的发展目标，视觉素养成为教育现代化进程中学生应具备的一种基本能力。

现代社会除了专业艺术工作者，还有相当多的行业需要从业者具备视觉素养能力，如教育、大众传媒、城市建筑、服饰产品、包装用品、广告影视、网页设计等，他们所具备的视觉素养能力将深刻而广泛地影响整个社会，普通民众对视觉信息的感受与处理能力也影响着自身的生活，幼儿视觉素养培育便成为社会视觉素养教育的奠基。

2. 培育视觉素养促进幼儿的学习与发展

幼儿学习、记忆的对象及获取的知识大多源于视觉信息。幼儿的年龄特点决定他们观察、解读能力会受视觉信息中干扰因素的影响，提高视觉素养可以使他们过滤干扰提高理解层次，为将来加强知识的理解程度、提高学习效果奠定基础。

当今社会信息爆炸，"数字原住民"一代接触的视觉信息更加丰富。幼儿的思维能力、分辨能力处于较低的层次，良好的早期阅读绘本能促进幼儿健康成长，

---

① 刘羽：《美术馆公共教育中儿童视觉素养培养的研究》，山东师范大学2020年硕士学位论文，第1—53页。

但如果不重视提高幼儿对视觉信息深层次的理解能力，也难以抵御无孔不入的不良视觉信息带来的负面影响，这就将影响他们对事物正确的认知态度。因此，"授人以鱼不如授人以渔"，提高幼儿的视觉素养变得刻不容缓。

视觉素养还能促进与整合语言素养、信息素养、艺术素养，对于偏爱视觉信息、耳聋及学习语言有障碍的幼儿尤为重要。另外，幼儿园教育小学化是顽疾，很多幼儿园采用"注入式教学"，提早教授小学知识，强调识字与算数。心理学家认为现代人普遍患有"大脑右半球功能匮乏症"，与过早、过分强调语言文字与数理逻辑知识有关。因此，开展幼儿视觉素养教育，对诊治幼儿园教育小学化也是一剂良药。

3. 促进幼儿视觉素养教学资源的开发

国务院 1999 年 1 月抛转、教育部制定的《面向 21 世纪教育振兴行动计划》将教学资源建设作为"重中之重"。图像阅读是人类普遍具有的能力，能够直接调动读者的感性经验和视觉思维，可以不受民族、地区、语言等的限制。对我国优秀传统文化融入幼儿视觉素养教学资源进行开发，提供可利用的资源库，从幼儿教育角度为我国民族文化的传承、弘扬和抵御西方霸权的殖民化另辟蹊径。无论是在加拿大还是在美国，他们都根据所开的视觉素养课程内容制订了相关教材，同时还极力开发相关的静态、动态资源，来辅助学生进行学习。比如制作一些图片、拼图、流程图等静态资源；同时还大量开发电视、电影课程，纪录片，动画短片，学习光盘等动态资源；并且还有一些网站面向教师、家长、学生提供了视觉素养的综观性介绍、教案与各种视觉教育资源。如 visual literacy K-8 网站就有对视觉素养的介绍，常见视觉素养概念的辨析及学生用书、教师教学用书及教师所用其他资料等。幼儿视觉素养教育可以借鉴其中的有益经验。[①]

（二）学前视觉素养研究现状——从学前教育角度介入较少

视觉素养的研究最早起源于美国，至今仍然是研究的前沿与热点，学者从不同的角度对视觉素养进行了阐释。总之，视觉素养首先是"阅读"能力，即通过理解视觉图像的意义并解码的能力；其次是"书写"能力，即表达和创造视觉上可传递的信息和图像的能力。

我国的视觉素养教育尚未获得足够的重视，中小学以及大学课程视觉素养教学很少被纳入其中，幼儿园几乎可以忽略不计。首先，在我国的教育体系中，幼

---

① 郭玉娟：《北美中学视觉素养教育的分析与启示》，《科技信息（科学教研）》2008 年第 17 期，第 174+195 页。

儿教育更多地关注幼儿的智力开发、语言能力和体能培养,而对于视觉素养的培养则相对忽视。尽管在一些幼儿园中,绘画、手工等课程被视为培养幼儿创造性的途径,但这些课程往往只被视为辅助性、娱乐性的活动,而非视觉素养培养的重要载体。其次,我国幼儿教育师资队伍的视觉素养水平参差不齐。许多幼儿教师并没有接受过系统的视觉艺术教育,因此在指导幼儿进行视觉创作和欣赏时,往往难以做到专业、深入。这使得幼儿在视觉素养方面的培养缺乏专业性和系统性的保障。此外,我国社会对幼儿视觉素养的认识和重视程度也不够。在很多家庭和幼儿园中,家长和教师更多地关注幼儿的学业成绩和技能掌握,认为视觉素养的培养可有可无。这种观念导致幼儿视觉素养的培养在我国社会环境中缺乏足够的重视和支持。然而,幼儿视觉素养的重要性不容忽视。在我国,一方面人们认为视觉素养是一种无须指导的自我发展的能力,另一方面人们认为视觉素养是一种模糊的、难以测评的能力。实际上较低的视觉素养能力可以自我发展,但复杂的、高层次的视觉素养技能需要培养。澳大利亚"Show Me"针对不同年级制订不同的视觉素养教育评价标准值得借鉴。

然而,大多数关于幼儿摄影的研究多与学龄儿童有关,少数研究设计针对2—4岁儿童。国内开展的视觉素养研究,大部分还只是一种广泛的教育,没有明确视觉素养教育的对象。学前教育领域是我国视觉素养研究有待开垦的处女地,因地制宜地制订符合我国幼儿的视觉素养评价标准亟待研究。

四、研究热点与发展趋势

(一)研究热点

通过 CiteSpace 的可视化分析,我们发现幼儿视觉素养的研究起步较晚,但近年来也呈现出较快发展的趋势。目前,该领域的研究热点主要集中在以下几个方面。

①幼儿视觉认知发展特点:研究幼儿对视觉信息的感知、记忆和理解能力的发展特点,为培养幼儿视觉素养提供理论依据。

②幼儿视觉表达能力的培养:探讨如何通过绘本阅读、美术、绘画等方式培养幼儿的视觉表达能力,提高其创造性和想象力。

③幼儿视觉素养与多媒体技术的结合:研究如何利用多媒体技术为幼儿提供丰富的视觉刺激,促进其视觉素养的发展。

（二）发展趋势

未来幼儿视觉素养研究的深度和广度将不断扩展，将更加注重跨学科的整合，如心理学、教育学、艺术学等。同时，研究的方法和技术也在不断更新，未来的研究将进一步探讨如何将科技与教育相结合，创新幼儿视觉素养的培养模式和方法，提高培养效果和质量。此外，对于幼儿视觉素养的评价体系也将进一步完善，为实践提供更加科学的指导。同时，对于不同地区、不同文化背景下的幼儿视觉素养培养研究也将得到更多的关注和重视。

第三章 幼儿视觉素养现状调研
——以山东省幼儿园为例

国外学者对有关视觉素养元素的研究进行了统计[①]，虽然分析的角度与研究的深度不同，但研究者一致认为，解释和分析图像的组成元素是视觉素养的基础。大部分视觉素养元素分类包括：①颜色：识别原色、颜色温度（冷/暖）和颜色值（浅/暗）的知识和能力。②形状：对形状的知识，识别图像中基本形状的能力，以及使用形状构建图像中对象的方式。③线条：图像中线条的不同类型和功能的识别。有些分类还包括更复杂的视觉元素：①透视：能够使用对象大小来确定距离（前景、中部、背景），并识别导致消失点或焦点的线。②显著性：识别主题中图像中最重要对象的能力。③其他元素通常包括平衡、对称、风格和节奏等。

发展幼儿视觉素养已经获得美国幼儿教育协会和艺术教育协会的认可。发展视觉读写技能有两种主要方法：第一种方法旨在发展学习者解释（解码）视觉信息的能力，第二种方法聚焦于以视觉形式创建（编码）视觉信息的能力。大多数研究基于第二种方法即探索和提高视觉素养技能的各种方式。如美国艺术博物馆将视觉素养教学纳入其教育项目。开发"婴儿之旅"项目，教成年人如何与婴儿谈论不同的视觉元素；"画廊狩猎"系列项目，帮助"寻找"跨越三个主题的基本视觉元素；为7岁以上幼儿提供电子游戏挑战如何发现经典艺术品的细微差异，提供具有不同难度的拼图游戏组装艺术品，"时间机器"还可以让幼儿探索超过5000年的艺术史。基于第一种方法的研究即旨在发展基本视觉素养层面的项目很少，并且许多研究都是针对7岁以上幼儿的视觉素养教育。因此，洛帕托夫斯卡（Lopatovska）等学者2016年的研究立足于研究4—6岁幼儿解释（解码）图像能力的发展，考察了幼儿视觉素养技能发展的基本元素，他们研究发现5岁幼儿已经熟悉颜色、形状和线条的元素，并可以在视觉艺术品中识别大多数这些元素。

---

① Lopatovska I, Hatoum S, Waterstraut S, et al, "Not Just a Pretty Picture: Visual Literacy Education Through Art For Young Children", *Journal of Documentation*, Vol. 76, No. 6, 2016, pp.1197-1227.

然而，幼儿需要通过指导来理解和识别更高级的概念。[①]在此，借鉴他们的研究，以山东省为例，开展国内幼儿视觉素养研究。

第一节　淄博市某幼儿园大班幼儿视觉素养现状

采用目的性抽样，对淄博市某幼儿园大班幼儿进行面对面访谈调查。选择梵·高的《夜间咖啡馆》，这幅作品色调较为明亮，画面内容也符合幼儿的认知水平。根据国外学者研究发现[②]，幼儿更喜爱抽象派画的风格，在多幅图画中梵·高的这幅作品更能引起幼儿兴趣，幼儿的喜爱程度较高。另外，抽象的画风能给幼儿带来更多的想象空间，图画中一些事物既有大概的形状，也有可以进行想象的模糊成分。

一、研究设计

（一）研究目的

研究目的是基于幼儿对视觉素养基本元素的理解调查大班幼儿的视觉素养水平。选择图像作品之后，根据作品的特点及需要考量的因素，从五个方面即绘画、颜色、形状、透视、创意思考对幼儿进行视觉素养现状调查，每个部分都会涉及开放性题目。

（二）研究对象

研究选择了山东省淄博市某所幼儿园的大班幼儿52名，其中男孩30名，女孩22名，年龄从5岁至7岁，其中6岁的幼儿最多，其次是7岁的幼儿。本次调查研究只对年龄做了限定。

（三）研究方法

主要采用了半结构式访谈法，利用面对面访谈的方式对淄博市某幼儿园52名大班幼儿进行视觉素养现状调查。采用洛帕托夫斯卡等学者的访谈提纲，经过专家咨询后确定。

[①] Lopatovska I, Hatoum S, Waterstraut S, et al, "Not Just a Pretty Picture: Visual Literacy Education Through Art For Young Children", *Journal of Documentation*, Vol. 76, No. 6, 2016, pp.1197-1227.

[②] Lopatovska I, Hatoum S, Waterstraut S, et al, "Not Just a Pretty Picture: Visual Literacy Education Through Art For Young Children", *Journal of Documentation*, Vol. 76, No. 6, 2016, pp.1197-1227.

二、大班幼儿视觉素养现状调查结果

（一）画面整体感知能力

第一部分为绘画，主要考察的是幼儿对画面的整体感知能力。这一维度的问题是对幼儿搜寻图片信息并转化成自己语言的能力，以及幼儿对图片感受的调查。在与52名幼儿的交谈中，观察到幼儿对于图画信息的搜集能力水平较高，对于图画中较为直观的主体物能够迅速说出来。

回答第一个问题"你能为我描述一下这幅画吗？"时，52份访谈中有效的回答为50份，其中大部分幼儿是直接指出作品中的物体（如指出图画中桌子、椅子、瓶子等），少部分幼儿可以用完整的句子来表达所看到的画面，如"我看到有人在站着"。大部分幼儿都指出图片中央的桌子（50名幼儿中有43名幼儿回答）、图片中的椅子（50名幼儿中有43名幼儿回答）、图画中的画（20名幼儿回答），以及钟表、花、瓶子等。在实际的交谈中，幼儿对于图画内容的概括从2至3个词汇到能够说出16个词汇，幼儿搜集的词汇平均在6个左右，可以看出大班幼儿的词汇量较为丰富。与此同时，幼儿在观察图画时，对于同一事物幼儿也有不同的见解，如在图片中间位置的大桌子，有的幼儿认为是麻将桌，有的幼儿认为是台球桌，有的幼儿则认为是吃饭用的桌子。大部分幼儿对于这幅图的印象是在饭店里，给予的回答也多是围绕着餐厅相关的话题。

在对问题"这幅画给你什么样的感觉呢？"的回答进行整理时发现，大部分幼儿的回答是正向的。52名幼儿中有26名幼儿和13名幼儿的回答是"快乐""激动"，没有幼儿表示"伤心"。但是仍有13名幼儿表示"没有感觉"，当问及原因时大部分的幼儿没有给出答案，给出回答的幼儿主要是因为喜欢这幅图片，而有些幼儿的回答则是根据自己当天的心情，如"今天早晨我很烦躁，所以我对这幅画没什么感觉"，而有些幼儿则是基于画面内容进行想象，如"他们在吃饭，所以我觉得很快乐"，可以看出幼儿对于画面的解释更多停留在对整幅画的感觉上（见表3-1）。

表3-1 关于"这幅画给你什么样的感觉呢？"的回答

感觉	百分比
快乐	50%
伤心	0

续表

感觉	百分比
激动	25%
没有感觉	25%

回答"你喜欢这幅画吗?"时,52 名大班幼儿中有 48 名幼儿表示喜欢这幅画,有 3 名幼儿表示不喜欢,另有一名表示没感觉(见表 3-2)。

表 3-2 关于"你喜欢这幅画吗?"的回答

感觉	百分比
是	92.31%
否	5.77%
没感觉	1.92%

(二)色彩感知能力

第二个部分为色彩感知内容,大班幼儿对于图画色彩的搜集水平较高,能够说出基本的颜色,并且部分幼儿能够说出一些较为复杂的混合颜色,但是在问及三原色及冷暖色的认知问题上,整体的回答都偏负向。

在幼儿回答"你从这幅画中看到了什么颜色?"时,访谈问卷中涉及的颜色提及率在 44% 以上,提及率从高到低为绿色、黄色、其他色(白色、棕色等)、红色、蓝色、黑色、橙色。幼儿在回答时不仅仅提到相对应的颜色,同时也会结合生活经验,如"在桌子旁站着的人是肉色的",但是从图片中我们可以看出人脸颜色并不是肉色,反而更偏向棕色(见表 3-3)。

表 3-3 关于"你从这幅画中看到了什么颜色?"的回答

颜色	百分比
蓝色	48.08%
红色	65.38%
橙色	44.23%

续表

颜色	百分比
黄色	76.92%
绿色	78.85%
黑色	48.08%
其他	73.08%

在询问幼儿喜欢的颜色时,喜欢红色、黄色的幼儿较多,其次是绿色、粉色,幼儿更偏向于较为积极的颜色。

在问到幼儿关于三原色问题时,52名幼儿中仅有10名幼儿给出了肯定的答案并能够在图片中找出来。(见表3-4)。

表3-4 关于是否知道三原色问题的回答

知道三原色	百分比
是	19.23%
否	80.77%

在问到冷暖色问题时,30名幼儿给出了否定的回答,22名幼儿给出了肯定的答案,并且能够指出图画中的冷色和暖色,在幼儿的解释中,幼儿会用具体的颜色进行解释,而无法用较为概念化的语言来说明(见表3-5)。

表3-5 关于是否能区分冷暖色的问题

区分冷暖色	百分比
是	42.31%
否	57.69%

在询问幼儿画这幅画时是否会选择与画面相同的颜色时,31名幼儿给出了"不同"的答案,然而在进一步询问会使用什么样的颜色时,幼儿给出的颜色几乎为图画中的颜色,也有少部分幼儿给出了不一样的答案,但也是基于自己所喜爱的颜色,如在问女生时给出的颜色多为粉色(见表3-6)。

表 3-6 关于是否会选择与画面相同颜色的问题

与画面颜色相同与否	百分比
相同	32.69%
不同	59.62%
不确定	7.69%

（三）形状感知能力

第三部分为形状感知内容，这一部分不仅需要信息搜集，同时还需要将所搜集到的信息提取出来，将自己看到的物品与具体的形状对应起来，与此同时还需要将提取出的形状进行再组合。

在幼儿所提取的形状中，长方形被提到 50 次，圆形被提到 46 次，正方形被提到 32 次，同时有一部分幼儿指出图片中还有半圆形、圆柱体等，较少的幼儿指出有三角形和菱形。幼儿对于图画中出现频率较高的形状基本能说出来，而对于一些较复杂的形状幼儿也会尝试用自己的语言表达出来（见表 3-7）。

表 3-7 关于能在图画中看到什么形状的问题

形状	百分比
圆形	88.46%
正方形	61.54%
三角形	21.15%
菱形	3.85%
长方形	96.15%
其他	48.08%

除了图片中提到的形状外，幼儿还提到了梯形、椭圆形、六边形等，幼儿能够说出很多形状。

当被问到是否知道这些形状还能做成什么东西时，幼儿的回答较为固定，多是认为可以做成小房子或者小车子等，几乎没有孩子说出其他事物（见表 3-8）。

表 3-8　关于是否知道这些形状还能做成什么东西的问题

知道形状的功用	百分比
是	69.23%
否	25%
不确定	5.77%

（四）空间感知能力

第四部分为透视内容，这一部分会考查到幼儿的空间感知力。通过画面中物体的位置关系，可以看出孩子能够感知出对于远与近的关系，但无法作出解释。

幼儿在回答"这幅画中哪些东西看起来距离你很近呢？哪些东西看起来距离你很远呢？"时，给出的答案较为一致，大部分幼儿的回答为"在画面左前方的椅子和中间的桌子看起来近，在画面后方的门或者钟表看起来远"，有小部分幼儿说得更为详细，提到了桌子的影子、地板等很近，瓶子、花等很远。

当问幼儿是如何看出来时，大部分幼儿的回答是"大的看起来近，小的看起来远"，有两名幼儿的回答则是根据物体的相对位置来进行判断（"椅子与灯距离远""钟表在屋顶上，椅子在地面"），还有一名幼儿提到"需要走好几步才能到"。

对于"请你告诉我你认为图片中最重要的是什么？为什么呢？"这一部分的回答，幼儿结合了自身的生活经验，有的幼儿回答的是"人，因为人有生命"，还有部分幼儿的回答是椅子、桌子、饭菜等，其原因都指向了人的需要。

（五）创意思考内容

第五部分为创意思考内容，在这里更多的是考查幼儿的创造力，看幼儿能否跳出对画面的评价，将自身置于想象之中。这一部分的问答更具有开放性，注重于幼儿的想象与思维，对幼儿的发散性思维有更多的考察。

在回答问题"你能为我描述一下图画中的人都在做什么？"时，一开始会让幼儿描述一下图画中的人都在做些什么，部分幼儿只是提到有人在站着，有人在坐着，也有部分幼儿的回答更为具体，如"有人在喝酒""有人在聊天""客人在等菜""有个人在去厕所的路上"等。只有少部分幼儿结合了自己的联想给出了更具体的答案，大部分的幼儿只看到了画面所反映的一种状态。

当问到是否想在图片中添加些什么时，有33名幼儿表示想要加一些东西，有18名幼儿表示不想，有一名表示不确定。当问及幼儿想添加什么并说说为什么，部分幼儿的回答结合了图画的场景和自己的生活经验，如添加一些饭菜或者加一个厨房、冰箱等，也有幼儿的回答是添加小孩（因为画中没有小孩、有小孩更热闹），还有部分幼儿的答案是添加装饰品来装饰这间屋子（见表3-9）。

表3-9 关于是否想在图片中添加东西的问题

在图片中添加东西	百分比
是	63.46%
否	34.62%
不确定	1.92%

对于"是否想出现在画中"这一问题，有24名幼儿给出了肯定答案，有27名幼儿给出了否定回答，还有一名幼儿给出了不确定答案。在问到肯定回答的幼儿想要做些什么时，答案与画面的主题切合度较高，如吃饭、喝点酒、吃点水果，有的幼儿提到了只是想坐一坐、欣赏一下花和照片，也有幼儿是根据自己的爱好（如在画里唱歌跳舞）来表达自己想要做些什么，同时，也有几名幼儿表示只想出现，不想做什么（见表3-10）。

表3-10 关于"是否想出现在画中"的回答

出现在画面中	百分比
是	46.15%
否	51.92%
不确定	1.92%

在这一部分就最后一个问题"如果需要你和画中的人交谈，你想对他们说些什么呢？"作答时，有32名幼儿表示不想说，其中有一名幼儿提到了不想说的原因是不想和喝醉酒的人说话，幼儿的这句回答其实也是在经过联想后才给出的拒绝答案，另有20名幼儿给出了想要交谈的回答。在这20名幼儿的回答中，大致可以分为询问（11名幼儿）、问候（5名幼儿）、评价（4名幼儿）。幼儿常询问的是"你们在干什么？""你们在吃什么饭呢？"，有两名幼儿问图画中的人"你们饿不饿呀？""请问你可以帮我装饰一下吗？"；表示出问候的5名幼儿中，有3名幼儿只是提到"你好！"，而另两名幼儿在说完"你好"之后也会介绍自己或

者询问对方；4名评价的幼儿给出了"你做的饭好香呀！""他们家真干净！""去其他餐厅不好吗，非要来这家？""这幅画真好！"的回答。

三、调查结果分析

通过调查发现，幼儿在回答时更倾向使用单个词汇而不是较为完整的句子，只有在作出要求时会进行完整描述，或者问到幼儿感兴趣的话题时幼儿的反应会较为积极。另外，幼儿对于空间方位、远近关系等都能有所感知但无法对其进行解释。

从绘画、颜色、形状这三方面来看，幼儿的回答较好，且当问到幼儿"你喜欢什么""你想怎样做"这类能将主动权交给幼儿的问题时，幼儿的积极性较高，有更多的话想要说，也能够用较为完整的话语表述自己。

在涉及透视、创意思考这类需要进行信息加工的回答中，幼儿的表现较为一般，幼儿只能根据作品画面进行问题回答，不能将回答延伸至画外。例如，问到"你能为我描述一下图画中的人都在做什么"时，大多幼儿只能说出有人在站着，有人在坐着，很少有幼儿会给画中的人物添加准确的角色，也很少有幼儿说出画中的人物具体在做些什么。且在实际的调查中，部分幼儿对于这类需要进行想象或者创造的问题回答积极性不高。综合来看，幼儿信息搜集的能力较好，但是对于创造、思考类的问题幼儿的整体回答较为一般。总的来说，幼儿对简单的视觉素养元素如颜色、形状等理解较好，而对透视、创意思考等更抽象的元素理解有限。

第二节 烟台市某幼儿园大班幼儿视觉素养现状

遵循方便取样的原则，有目的性地选择了烟台市某幼儿园，继续对幼儿视觉素养水平进行调研。这次仍然针对大班幼儿视觉素养的发展现状进行调查，与淄博某幼儿园不同的是，这次不仅对烟台市某幼儿园120名大班幼儿进行了调研，也对其家长进行了调查。针对幼儿的调查工具选择的观察图片依然是梵·高的《夜间咖啡馆》。

第三章 幼儿视觉素养现状调研——以山东省幼儿园为例

一、研究设计

（一）问卷调查设计

研究者设计了《幼儿视觉素养调查问卷》幼儿版和家长版两份问卷，对烟台市Y幼儿园120名大班幼儿及其家长进行调查。幼儿期是视觉素养迅速发展的时期，发展水平仍处于初级阶段。视觉信息的感知与理解能力指向低层次认知能力。梵·高的《夜间咖啡馆》，颜色鲜明、结构简单，适合幼儿观察，且能满足调查需要。由于幼儿无法自行填写调查问卷，因此幼儿调查问卷采用的是与幼儿一对一问答和绘画的方法。家长调查问卷则由对应幼儿的家长带回家自行填写。

（二）调查对象的基本情况

1. 幼儿

本研究选择的是山东省烟台市Y幼儿园的大班幼儿，随机抽取了四个班级，共120名幼儿。其中男孩63名，占全部被调查幼儿的52.5%；女孩57名，占全部被调查幼儿的47.5%。幼儿年龄处于5岁到7岁之间，其中6岁幼儿最多，占比44.2%；5岁幼儿最少，占比20%。

2. 家长

调查对象为被调查幼儿的家长，《幼儿视觉素养调查问卷》（家长版）共发放120份，收回120份，填写调查问卷的家长有幼儿的母亲、父亲、祖父母或外祖父母、其他亲人，详细的样本分布情况如下（见表3-11）。

表3-11 样本的构成情况统计

变量	类别	频数	百分比
幼儿年龄	5岁	24	20%
	6岁	53	44.2%
	7岁	43	35.8%
与幼儿关系	母亲	61	50.83%
	父亲	27	22.5%
	祖父母或外祖父母	25	20.83%
	其他亲人	7	5.83%

二、幼儿视觉素养现状调查结果

（一）针对幼儿视觉素养现状的调查

1. 对画面的整体描述

调查结果显示，有 87 名幼儿能较为详细地描述画面内容，占全部被调查幼儿的 72.5%；有 21 名幼儿对画面内容描述较为模糊，占全部被调查幼儿的 17.5%；12 名幼儿无法进行描述，占全部被调查幼儿的 10%。

由数据可知，大班幼儿多数能描述出画面内容，较少数幼儿在描述方面存在问题。

2. 对画面中人物心情的描述

调查结果显示，有 73 名幼儿感觉画面中的人物心情较好，占 60.8%，幼儿在描述时使用的词汇主要有开心、高兴、幸福；有 41 名幼儿感觉画面中的人物心情不好，幼儿在描述时使用的词汇主要有不开心、不太高兴；有 6 名幼儿不能描述画面中人物的心情。

3. 对这幅画喜欢与否感受的描述

调查结果显示，91 名幼儿表示喜欢这幅画，占 75.8%；29 名幼儿表示不喜欢，占 24.2%。在表示不喜欢这幅画的 29 名幼儿中，有 4 名描述画面内容较为模糊，在描述画面内容较为模糊的 21 名幼儿中占 19%；4 名幼儿不能描述画面内容，在所有不能描述画面内容的 12 名幼儿中占 33.3%。

由数据可知，多数幼儿喜欢这幅画；描述画面内容较为模糊的幼儿与是否喜欢无明显关系；在不能描述画面内容的 12 名幼儿中，存在部分幼儿因为不喜欢这幅画而拒绝描述。

4. 颜色感知

调查结果显示，有 22 名幼儿能找出八种颜色，46 名幼儿能找出七种颜色，38 名幼儿能找出六种颜色，能找出六种及以上颜色的幼儿共 106 名，占 88.3%；有 14 名幼儿只能找出五种及以下的颜色，占 11.7%。在幼儿观察的这幅画中，整幅画面由八种颜色及他们的相近色构成。

在被问及"你知道什么是冷色和暖色吗"问题时，有 73 名幼儿表示可以，占全部被调查幼儿的 60.8%；47 名幼儿表示不可以，占全部被调查幼儿的 39.2%；在表示可以的幼儿中能真正辨别出来的有 63 名幼儿，10 名幼儿未能辨别出。当对 47 名表示不可以和 10 名未能辨别出的幼儿进行语言提示"冷色就是让你感到寒冷的颜色，暖色就是让你感到温暖的颜色"后，有 31 名幼儿辨别出了冷暖色；有 25 名幼儿仍未能分辨出，占全部被调查幼儿的 20.8%。

在被问及"你知道什么是深色和浅色吗"问题时，有 107 名幼儿表示知道，占全部被调查幼儿的 89.2%；有 13 名幼儿表示不知道，占全部被调查比例的 10.8%。在被要求指认时，表示知道的幼儿全部都可以正确指认出深色和浅色。

由数据可知，大班幼儿识别颜色能力较强，88.3% 的幼儿能够找出六种及以上的颜色。辨别冷暖色时，在没有语言提示的情况下，约四成幼儿不能分辨；但是在给予语言提示后，比例有了明显下降。在辨别深色和浅色时，约九成幼儿都能分辨出来。

5. 形状感知

调查结果显示，17 名幼儿找到了四种形状，82 名幼儿找到了三种形状，21 名幼儿找到了两种形状。被提到最多的是正方形、长方形和圆形，找到四种形状的 17 名幼儿，除这三种形状外还找出了三角形。在被问及"你知道的形状有哪些"时，有 23 名幼儿说出了六种形状，有 53 名幼儿说出了五种形状，33 名幼儿说出了四种形状，11 名幼儿说出了三种及以下的形状。被提及次数由多到少的形状依次是长方形、正方形、圆形、三角形、椭圆形、扇形、梯形、多边形（见图 3-1）。

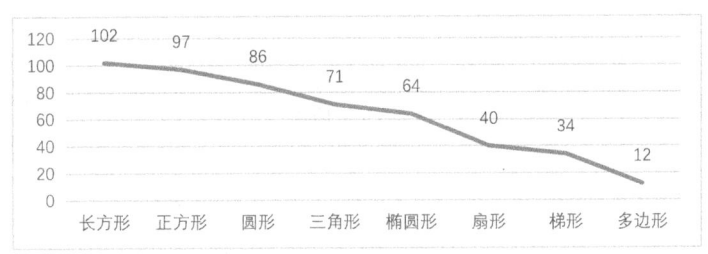

图 3-1 形状提及次数

6. 透视感知

调查结果显示，115 名幼儿能够分辨出画面中物体的远近关系，占全部被调查幼儿的 95.8%。在被问及"你是怎么区分近和远的呢"时，幼儿回答主要有"因为它在它的前面""因为这个比那个大"。除极少数幼儿外，大班幼儿基本可以辨别物体的远近关系，基本的透视能力发展较好。

7. 绘画表达

调查结果显示，44 名幼儿在观察后画出的杯子是平面图形，占 36.7%，在这

44名幼儿中，有个别幼儿并没有参照杯子的具体形象绘画，而是根据以往经验随意画出了一个杯子的形状；72名幼儿参照实物画出了立体形状的杯子，占60%；另有4名幼儿拒绝绘绘画。

对相应班级的教师咨询后得知，被调查班级中的幼儿本学期没有组织过绘画立体图形的专门活动。由数据可知，尽管幼儿的透视能力发展较好，但在对立体图形进行绘画时，只有60%的幼儿能够画出立体形状的杯子，其余幼儿表现欠佳。

（二）针对幼儿视觉素养面向家长的调查

针对幼儿在家庭中的生活习惯及亲子互动方式，研究者共设计了6个问题，从电子产品的使用时间、绘本的阅读量等方面进行了调查（见表3-12）。

表3-12 样本的构成情况统计

变量	类别	频数	百分比
电子产品使用时间	小于1小时	41	34.17%
	1—2小时	54	45.00%
	2小时	25	20.83%
绘本阅读数量	5本以下	36	30.00%
	5—10本	58	48.33%
	10本以上	26	21.67%
是否参加过课外辅导	是	76	63.33%
	否	44	36.67%
是否喜欢在纸张、墙壁等地方涂画	是	93	77.5%
	否	27	22.5%
是否赞同幼儿在墙上或地板上涂画	是	85	7.83%
	否	35	29.17%
是否会教孩子认识广告、路牌等	是	87	72.5%
	否	33	27.5%

三、调查结果分析

（一）视觉感知能力

研究者从颜色、形状、透视等三个方面对大班幼儿的视觉感知能力进行了调查。

在视觉感知能力方面，相同年龄的幼儿在颜色、透视方面的能力与性别无明显关系。但是，女孩知道的图形更多，例如：在被问及"你知道的形状有哪些"时，有 15 名七岁幼儿说出了六种形状，在这 15 名幼儿中，女孩有 10 名，男孩有 5 名。分析家长调查问卷后发现喜欢在纸张、墙壁等地方涂画的幼儿在"你在这幅画中看到了什么形状"题目中表现稍好于不喜欢的幼儿，表明幼儿对形状的感知能力与兴趣存在关联。

在不同年龄的幼儿之间，视觉感知能力随年龄的增加明显增强。例如：在 17 名找到了四种形状的幼儿中，有 6 名 6 岁的幼儿和 11 名 7 岁的幼儿，5 岁的幼儿均未能找到四种形状；在 44 名画出平面图形的幼儿中，有 15 名 5 岁的幼儿，21 名 6 岁的幼儿，8 名 7 岁的幼儿。

（二）视觉理解能力

研究者从描述画面、描述人物情感和是否喜欢三个方面对幼儿视觉理解能力进行了调查。

在视觉理解能力方面，相同年龄幼儿对画面的描述能力和对人物心情的描述能力与性别无明显关系。但当被问及"是否喜欢这幅画"时，表示不喜欢的 29 名幼儿中，男孩有 21 名，女孩有 8 名，男孩明显多于女孩。一方面是因为不同性别的幼儿喜好不同；另一方面在被问及这类问题时，女孩更偏向于顺从，而男孩的自我意识更强。处于同一年龄的幼儿，由于不同的亲子互动方式，视觉分析能力也有所不同，例如：使用电子产品为 1—2 小时和 2 小时以上的幼儿，对画面及人物心情的描述能力相对较强；每学期绘本的阅读数量为 5 至 10 本和 10 本以上的幼儿，对画面的描述更为详细。经常阅读绘本的孩子具有更多图像处理经验，绘本是图画和文字的结合体，幼儿根据故事情节对图画进行更深层次的加工，也由此锻炼了视觉理解的能力。

在不同年龄的幼儿之间，视觉理解能力随年龄的增长有明显增强，例如：在描述画面内容较为模糊的 21 名幼儿中，有 13 名是 5 岁的幼儿，7 名 6 岁的幼儿，1 名 7 岁的幼儿。

(三)视觉表达能力

研究者采用了绘画的方法对幼儿视觉表达能力发展水平进行了调查。分析幼儿在"请仔细观察放在桌子上的杯子,然后在纸上画出来"题目中画出的作品后发现,在视觉表达能力上,参加过课外美术类辅导班的幼儿表现相对较好,这表明幼儿的视觉表达能力与幼儿的绘画能力和已有经验有关。一方面,经过培训的幼儿绘画能力较强,有更好的视觉表达能力,能够把杯子的具体形象更为完整地呈现在纸上;另一方面,有的辅导机构给幼儿教授了绘画立体图形的方法,这些幼儿在该项测试中就会有更好的表现。

第三节 烟台市某幼儿园幼儿绘本阅读视觉素养及培育现状

通过对幼儿园家长进行问卷调查,了解幼儿在绘本阅读过程中的视觉素养现状。在此基础上,通过对幼儿园教师进行问卷调查,了解教师在绘本阅读教学中对幼儿视觉素养的关注情况,从而制订出更有针对性的培养策略,将其运用到日常的教学中,以期能有效提高幼儿的视觉素养水平,并促进其他素养的发展及能力的提高。

一、研究设计

(一)研究对象

依据均衡性与随机性的原则进行"目的性抽样",选择烟台市某幼儿园的幼儿家长和教师作为研究对象,对绘本阅读中幼儿视觉素养的现状及培养进行调查和分析。在研究中向3—6岁幼儿教师和家长分别发放与回收了63份和235份问卷,以此来了解幼儿在绘本阅读过程中视觉素养现状,以及教师在绘本阅读教学过程中对幼儿视觉素养培养的关注情况。

(二)研究方法

1. 问卷设计

基于绘本阅读,问卷内容从视觉感知、视觉理解与视觉表达三个维度进行设计,以此来调查绘本阅读中幼儿的视觉素养水平,以及教师对幼儿视觉素养培养的关注。绘本阅读中视觉素养的测查内容包括。

①绘本阅读中相似性和差异性辨别：幼儿能够在绘本阅读中区分相似和差异之处。

②绘本阅读中结构识别：幼儿能够按照从上到下、从左到右的顺序形成阅读习惯，并形成对前后远近的不同空间的感知。

③绘本阅读中图片序列编排：幼儿按照一定的逻辑顺序，重新组织编排相关图片。

④绘本阅读中视觉记忆与细节辨认：幼儿看过绘本中的图像以后，能够根据局部细节回忆起大部分或者全部图像内容，形成视觉记忆。

⑤解释图像：幼儿能从绘本图像本身辨析其颜色、形状、明暗、色调等基本组成要素。

⑥批判性思考：幼儿不需要成人的指导，能通过批判性思考来理解绘本。这种能力不仅仅单独存在，与其他技能也相互关联。

⑦绘本阅读后对语言和图像进行互译：通过语言和图像的交互，幼儿能通过描述和绘制图像来理解和传递信息。

2. 研究工具

编制了《基于绘本阅读幼儿视觉素养的调查问卷（家长版）》和《基于绘本阅读幼儿视觉素养培养的调查问卷（教师版）》两个问卷，并经过专家的集体审议，最终确定了问卷的维度及内容。《基于绘本阅读幼儿视觉素养的调查问卷（家长版）》包括幼儿基本情况、视觉感知、视觉理解、视觉表达能力相关内容；《基于绘本阅读幼儿视觉素养培养的调查问卷（教师版）》涉及三个部分，包括如何培养视觉感知、视觉理解、视觉表达能力等相关内容。

二、现状调查结果

（一）家长对绘本阅读中幼儿视觉素养的评价

调查问卷从幼儿的性别、年龄、与填写人之间的关系等了解研究对象的基本情况，从中发现本次问卷填写人多为女性，多达76%，即为幼儿的母亲。母亲在家庭教育中观察绘本阅读情况更多。

通过了解幼儿阅读绘本的情况发现，有30.21%的家长认为孩子很喜欢阅读绘本，有29.79%的家长认为孩子偶尔会喜欢阅读绘本，有17.87%的家长认为孩子有些喜欢绘本阅读，有17.45%的家长认为孩子不太喜欢阅读绘本，甚至有4.68%的家长认为孩子不喜欢阅读绘本。

"孩子能否从绘本中获取有效信息的情况"见下表（见表3-13），有57.45%的家长认为孩子能获取有效信息，而有42.55%的家长认为孩子不能。

表3-13 孩子能否从绘本中获取有效信息情况

内容	频数	百分比值	累计频数	累计百分比值
是	135	57.45%	135	57.45%
否	100	42.55%	235	100%
合计	235	100%	235	100%

在阅读绘本时，家长认为幼儿对绘本中的图形最感兴趣的占比36.6%；其次是色彩，占比21.7%；内容占比26.38%；均感兴趣的占比15.32%（见表3-14）。

表3-14 孩子对绘本中的色彩、图形、内容哪一方面感兴趣

内容	频数	百分比值	累计频数	累计百分比值
色彩	51	21.70%	51	21.70%
图形	86	36.60%	137	58.30%
内容	62	26.38%	199	84.68%
都感兴趣	36	15.32%	235	100%
合计	235	100%	235	100%

"在回答孩子对绘本中的图像、颜色、形状、明暗、色调的关注情况"时，有23.4%的家长认为非常关注，有37.02%的家长认为有些关注，有28.09%的家长认为不太关注，有11.49%的家长认为不关注（见表3-15）。

表3-15 孩子对绘本中的图像、颜色、形状、明暗、色调的关注情况

内容	频数	百分比值	累计频数	累计百分比值
非常关注	55	23.40%	55	23.40%
有些关注	87	37.02%	142	60.42%
不太关注	66	28.09%	208	88.51%
不关注	27	11.49%	235	100%
合计	235	100%	235	100%

在"幼儿能否从绘本图片中找出相似的图片及其相互差异"问题回答中,有54.47%的家长认为幼儿总是或者经常可以找出相似的图片以及其相互差异,显然幼儿在绘本阅读中有一定的视觉感知能力(见表3-16)。

表3-16 幼儿能否从绘本图片中找出相似的图片及其相互差异

内容	频数	百分比值	累计频数	累计百分比值
总是	56	23.83%	56	23.83%
经常	72	30.64%	128	54.47%
有时	27	11.49%	155	65.96%
很少	60	25.53%	215	91.49%
从不	20	8.51%	235	100%
合计	235	100%	235	100%

幼儿有从左到右、从上到下的依次进行的读图习惯是幼儿视觉感知能力的一种体现。25.53%的家长认为孩子具有总是从左到右、从上到下依次进行的读图习惯,有26.81%的家长认为孩子具有经常有从左到右、从上到下依次进行的读图习惯。这说明有一半的幼儿在绘本阅读中具有空间阅读逻辑顺序,养成了良好的读图习惯(见表3-17)。

表3-17 幼儿是否有从左到右、从上到下的依次进行的读图习惯

内容	频数	百分比值	累计频数	累计百分比值
总是	60	25.53%	60	25.53%
经常	63	26.81%	123	52.34%
有时	31	13.19%	154	65.53%
很少	66	28.09%	220	93.62%
从不	15	6.38%	235	100%
合计	235	100%	235	100%

在"幼儿是否能阅读绘本、理解图像信息并简单描述其意思"的问题回答中,家长认为孩子自己能的占比16.60%,在家长指导下能的占比26.38%,而不能的多达57.02%。显然,幼儿在视觉理解方面需要进一步提升(见表3-18)。

表 3-18　幼儿是否能阅读绘本、理解图像信息并简单描述其意思

内容	频数	百分比值	累计频数	累计百分比值
儿童自己能	39	16.60%	39	16.60%
在家长指导下能	62	26.38%	101	42.98%
不能	134	57.02%	235	100%
合计	235	100%	235	100%

在回答"幼儿是否能从绘本中通过收集大量信息，进行有意义的联想和思考"这个问题时，依然有 57.87% 的家长持否定回答。幼儿在深层次的视觉理解方面有所不足（见表 3-19）。

表 3-19　幼儿是否能从绘本中通过收集大量信息，进行有意义的联想和思考

内容	频数	百分比值	累计频数	累计百分比值
儿童自己能	42	17.87%	42	17.87%
在家长指导下能	57	24.26%	99	42.13%
不能	136	57.87%	235	100%
合计	235	100%	235	100%

在回答"绘本中的内容是否会影响幼儿的语言和行为"时，有 61.28% 的家长回答"不会"，绘本阅读对幼儿起到的效果没有充分体现（见表 3-20）。

表 3-20　绘本中的内容是否会影响幼儿的语言和行为

内容	频数	百分比值	累计频数	累计百分比值
经常	42	17.87%	42	17.87%
偶尔	49	20.85%	91	38.72%
不会	144	61.28%	235	100%
合计	235	100%	235	100%

在回答"绘本阅读后对相关内容进行交流，幼儿是否能理解绘本内容"这个问题时，有 76.17% 的家长认为基本理解，有 37.02% 的家长认为幼儿能够清楚理解，说明幼儿需要帮助和指导来获得绘本信息和内容的理解，而不是通过自主阅读获得的（见表 3-21）。

表3-21 绘本阅读后对相关内容进行交流，幼儿是否能理解绘本内容

内容	频数	百分比值	累计频数	累计百分比值
清楚理解	87	37.02%	87	37.02%
一般理解	31	13.19%	118	50.21%
基本理解	61	25.96%	179	76.17%
不太理解	56	23.83%	235	100%
合计	235	100%	235	100%

家长在回答"幼儿在绘本阅读中能否借助语言描述图画"中，有53.62%的家长认为幼儿总是或经常借助语言描述绘本，结合之前的数据可以看到视觉表达能力明显要优于视觉理解能力；有17.87%的家长认为幼儿很少借助语言描述绘本；有9%的家长认为幼儿从没有进行借助语言描述绘本的视觉表达（见表3-22）。

表3-22 幼儿在绘本阅读中能否借助语言描述图画

内容	频数	百分比值	累计频数	累计百分比值
总是	49	20.85%	49	20.85%
经常	77	32.77%	126	53.62%
有时	46	19.57%	172	73.19%
很少	42	17.87%	214	91.06%
从不	21	8.94%	235	100%
合计	235	100%	235	100%

在回答"幼儿能否从自己的视角以不同的观点解释绘本"时，有74.47%的家长认为幼儿可以总是或经常从不同的视角以不同的观点解释绘本。显然，家长认为视觉理解不充分，却认为幼儿有较好的视觉表达能力，主要是因为幼儿经过了成人的帮助和指导（见表3-23）。

表 3-23　幼儿能否从自己的视角以不同的观点解释绘本

内容	频数	百分比值	累计频数	累计百分比值
总是	49	20.85%	49	20.85%
经常	77	32.77%	126	53.62%
有时	46	19.57%	172	73.19%
很少	42	17.87%	214	91.06%
从不	21	8.94	235	100%
合计	235	100%	235	100%

（二）教师通过绘本阅读活动培养幼儿视觉素养的现状

教师基于绘本阅读活动开展幼儿视觉素养的培养，前提是教师能积极进行绘本阅读教学尝试。绘本阅读教学情况如下（见表 3-24），所有教师都进行绘本阅读教学，这为通过绘本阅读开展幼儿视觉素养的培养创造了良好的环境。

表 3-24　绘本阅读教学情况

内容	频数	百分比值	累计频数	累计百分比值
经常进行	40	63.49%	40	63.49%
偶尔进行	23	36.51%	63	100%
不太进行	0	0%	63	100%
合计	63	100%	63	100%

在对教师进行调查时发现，教师虽对幼儿进行绘本阅读教学，但 11.11% 的教师不太注重绘本阅读中视觉素养的培养，甚至有 7.94% 的教师不注重视觉素养的培养（见表 3-25）。

表 3-25　日常教学幼儿视觉素养培养注重情况

内容	频数	百分比值	累计频数	累计百分比值
非常注重	30	47.62%	30	47.62%
有些注重	21	33.33%	51	80.95%
不太注重	7	11.11%	58	92.06%

续表

内容	频数	百分比值	累计频数	累计百分比值
不注重	5	7.94%	63	100%
合计	63	100%	63	100%

在调查"绘本阅读中是否引导幼儿从绘本图像本身辨析其颜色、形状、明暗、色调等基本组成要素"时,有41.27%的教师经常引导,有6.35%的教师很少引导,甚至有12.7%的教师对幼儿并不进行引导(见表3-26)。

表3-26 在绘本阅读中是否引导幼儿从绘本辨析其颜色、形状、明暗、色调等基本组成要素

内容	频数	百分比值	累计频数	累计百分比值
经常引导	26	41.27%	26	41.27%
偶尔引导	25	39.68%	51	80.95%
很少引导	4	6.35%	55	87.30%
不引导	8	12.70%	63	100%
合计	63	100%	63	100%

视觉顺序记忆是一种非常重要的能力,它可以帮助我们更好地理解和掌握事物和图像的正确排列,有助于提高我们的视觉素养。有49.21%的教师经常引导幼儿进行视觉感知能力中的视觉顺序记忆,但仍有22.22%的教师很少引导甚至不引导(见表3-27)。

表3-27 在绘本阅读中是否引导幼儿重新编排相关联的一组照片

内容	频数	百分比值	累计频数	累计百分比值
经常引导	31	49.21%	31	49.21%
偶尔引导	18	28.57%	49	77.78%
很少引导	7	11.11%	56	88.89%
不引导	7	11.11%	63	100%
合计	63	100%	63	100%

在绘本阅读中，有47.62%的教师经常引导幼儿进行视觉记忆和细节辨认，有33.33%的教师偶尔引导幼儿进行视觉记忆和细节辨认，也就是超过80%的教师注重视觉感知能力的培养（见表3-28）。

表3-28　教师在绘本阅读中是否引导幼儿视觉记忆和细节辨认

内容	频数	百分比值	累计频数	累计百分比值
经常引导	30	47.62%	30	47.62%
偶尔引导	21	33.33%	51	80.95%
很少引导	6	9.52%	57	90.47%
不引导	6	9.52%	63	9.52%
合计	63	100%	63	100%

在对幼儿视觉素养的培养过程中，教师主要是对幼儿的视觉感知进行引导，而在视觉表达和视觉理解方面，尤其是视觉理解方面缺乏有效引导。比如，在绘本阅读中，对这些问题：是否引导幼儿将图片、形状与文字联系、对应；是否引导幼儿根据局部细节回忆起绘本中的大部分或全部内容；是否引导幼儿借助语言描述图画并反过来能根据图像表达意思；是否引导幼儿从自己的视角以不同的观点解释绘本等的正向回答占比很少，均不超过50%。这与家长问卷中陈述的幼儿视觉素养的表现相一致。

三、结果及存在问题分析

（一）教师重视幼儿视觉感知能力的培养

教师在绘本阅读活动中重点关注了对视觉感知能力的培养。视觉感知是一种理解、分析和传达所看到的事物意义的能力，能够识别和整合视觉刺激，并将其与过去的经验结合，形成对世界稳定、可预测、熟悉的把握。教师在绘本教学中重点关注幼儿的视觉感知，包括视觉辨别能力、记忆能力、顺序记忆能力、空间关系辨别能力、主题背景分辨能力、视觉闭合能力及形状一致性等方面。但视觉素养应包括视觉感知、视觉理解、视觉表达三个基本维度，由于教师对视觉素养概念的理解比较片面，导致对视觉理解和视觉表达能力的培养比较忽视，影响幼儿视觉素养能力的全面发展。

（二）教师自身需要提升深层次的视觉理解力

由于教师很少获得视觉素养相关知识的培训，或者在培训中获得这方面的知识较少，自身视觉素养水平没有得到相应的提升，所以缺乏深层次的视觉阅读理解力。在视觉感知、视觉理解和视觉表达三方面中，幼儿教师更倾向于关注相对浅层次的视觉感知力，而对深度的视觉理解的过程缺乏引导，比如，教师很少在绘本阅读教学结束后让幼儿自己对绘本内容、情节等进行反述。因此，幼儿视觉素养提升的前提是教师要提升自身的视觉素养。

（三）从视觉素养培育的角度设计绘本阅读活动

在教学活动中，通过有目的地指导幼儿分析视觉资料，可以帮助他们更快地学习并提高他们的视觉感知、理解和表达能力。但基于绘本阅读对幼儿视觉素养进行调查时发现，针对色彩、内容、形状等阅读环节有不合理的安排，因活动设计不合理会导致幼儿出现在绘本阅读结束后重复翻找等现象，最终幼儿不能很好地进行视觉表达。合理设计并针对视觉素养的维度进行依次、有序地引导幼儿观察，是开展绘本阅读活动时教师需要重点关注的。

第四节　滨州市某幼儿园大班幼儿无字绘本阅读视觉素养现状

当前幼儿园开展绘本阅读活动比较普遍，但无字绘本投放量相对较少，且对无字绘本的指导相对欠缺，本研究旨在调查无字绘本阅读中幼儿视觉素养水平的现状，在此基础上指导无字绘本阅读活动，促进幼儿视觉素养的提升。

一、研究设计

（一）研究对象

依据目的性取样，研究选取滨州市的一所省级示范公立幼儿园（简称A园）。A园十分重视绘本的阅读并为幼儿提供了丰富的阅读材料和充足的阅读时间。每周都有一下午的时间可自行进入阅览室进行绘本阅读，每天幼儿在班内的区角活动中也可自由地阅读，近期投放了无字绘本。

(二)研究方法

1. 问卷法

通过问卷调查法分析三个大班幼儿的视觉素养水平现状,分别从视觉图像感知、视觉图像理解及视觉图像表达分析幼儿的视觉素养水平,揭示在无字绘本阅读中存在的问题,以便在幼儿阅读无字绘本时对其进行有针对性地指导。

(1)问卷维度划分

家长调查问卷采用选择题的形式,旨在调查滨州市某幼儿园三个大班幼儿绘本阅读的视觉素养水平现状,共有 15 题。其中第 1 题至第 8 题旨在调查幼儿阅读无字绘本时的视觉图像感知情况,第 9 题至第 13 题旨在调查幼儿阅读无字绘本时视觉图像理解情况,第 14 题和第 15 题旨在调查幼儿根据无字绘本主题进行视觉图像表达的情况。

(2)问卷信效度

问卷信度分析:利用 SPSS 24.0 对大班幼儿视觉素养水平现状调查问卷的整体项及三个维度进行内部一致性检验,获得整体的 Alpha 的系数为 0.912,并且视觉图像感知、视觉图像理解、视觉图像表达三个维度的 Alpha 系数均大于 0.7,该问卷内部一致性较高,具体数据如下(见表 3-29)。

表 3-29 各维度克隆巴赫 Alpha 系数分布表

维度	克隆巴赫 Alpha 系数	项数
视觉图像感知	0.866	8
视觉图像理解	0.773	5
视觉图像表达	0.715	2
量表整体	0.912	15

表 3-29 表明,问卷的整体和各个维度克隆巴赫 Alpha 系数在 0.7 以上,此问卷信度良好。

问卷效度分析:用 SPSS 24.0 对大班幼儿视觉素养水平现状的调查问卷进行效度检测(见表 3-30)。

表 3-30 问卷 KMO 和巴特利特检验

算法	指标	值
KMO 取样适切性量数	KMO	0.885
巴特利特球形度检验	近似卡方	734.342
	自由度	120
	显著性	0.000

对问卷数据进行效度检测后,结果显示 KMO 值为 0.885>0.5,说明该问卷的结构效度良好。

(3)问卷的结果统计与分析

表 3-31 表明,幼儿在阅读无字绘本时,其在视觉图像感知、视觉图像理解方面处于"一般"稍高水平,但是在视觉图像表达方面尚未到达"一般"水平。

表 3-31 视觉素养各维度描述统计

	个案数	最小值	最大值	平均值	标准差
视觉图像感知	100	1.25	5.00	3.1825	0.70317
视觉图像理解	100	2.00	5.00	3.1680	0.69032
视觉图像表达	100	1.00	5.00	2.9700	0.85818

2. 访谈法

访谈法是研究者通过口头谈话的方式从被研究者那里收集第一手资料的一种研究方法。研究采用半结构式访谈,针对班级内幼儿的视觉素养具体情况向教师展开访谈,深入了解幼儿个体的具体情况并明确特别需要提高的幼儿作为本次研究的对象(见表 3-32)。

表 3-32 访谈教师基本信息

教师代码	年龄班	学历	教龄
教师 1	大一班	本科	6 年
教师 2	大二班	专科	12 年
教师 3	大三班	本科	8 年

(三) 资料收集与分析

在本研究中采用问卷星收集家长关于幼儿阅读现状的调查问卷，采用 SPSS 量化分析软件进行分析。

1. 资料的收集

关于调查问卷的收集，在征得家长同意与支持后发放问卷，家长实事求是作答。关于对教师的访谈进行录音记录。在完成访谈之后，对收集的材料转译成逐字稿。

2. 资料的分析

对于大班幼儿视觉素养水平现状问卷，采用 SPSS 进行描述性分析。描述性分析主要是用 SPSS 统计分析软件对视觉素养的三个维度进行描述性统计分析。

二、大班幼儿视觉素养现状调查

(一) 视觉图像感知

视觉图像感知是在幼儿阅读绘本特别是无字绘本的阅读过程中，调动幼儿的视觉等感官经验，提升幼儿的视觉感知能力。幼儿期是对视觉图像信息最为敏感的时期，应注重对他们认识和感受视觉信息的能力进行培养。

由于幼儿的思维水平处于具体形象思维阶段，对图画非常感兴趣，对文字的认识水平较低。所以在幼儿的认知世界里，绘本特别无字绘本符合幼儿的兴趣、需要和认知发展特点。本研究中涉及的图像元素包含图像基本元素、构图取景和图像叙述方式三方面。幼儿对无字绘本中图像的初步的感知能力，将影响其对无字绘本的深入掌握及个人的视觉素养。了解幼儿对无字绘本各元素的认识现状，以便教师精准地指导无字绘本阅读。

如表 3-33 所示，幼儿视觉图像感知的各个要素的水平总体在"一般"稍偏上水平。在基本元素方面，主要测量的名称和含义的理解均大于 3，标准差均小于 1，数据较为集中，这表明幼儿之间的水平差异不是很大。在构图取景方面，主要测量了幼儿对细节区域的观察、远近景的区分与理解以及观察视角的区分，这三个方面，其中观察细节区域的标准差为 1.008，数据较为分散，因此幼儿在这一方面的差异性较大。区分观察视角的标准差为 1.102，数据分散程度较大，表明幼儿之间的差异也较大。幼儿在远近景方面标准差均小于 1，这表明幼儿远近景的感知水平相差较小。在叙述方式方面，主要针对分割小图和序列成像方面进行了概括性的测量，对于多幅小图的阅读平均值为 3.19，这表明幼儿没有养成按照顺序阅读的良好习惯，对于小图中反复出现的角色观察的平均值为 3.10，方差为 1.078，数据较分散，幼儿水平存在较大差异。

表 3-33 视觉图像感知各要素描述性统计

	个案数	最小值	最大值	平均值	标准差
基本元素名称	100	1	5	3.26	0.939
基本元素含义	100	1	5	3.18	0.881
观察细节区域	100	1	5	3.07	1.008
辨别远近景	100	1	5	3.31	0.929
理解近大远小	100	1	5	3.26	0.960
区分观察视角	100	1	5	3.09	1.102
顺序阅读小图	100	1	5	3.19	0.918
观察小图角色	100	1	5	3.10	1.078

由问卷调查可以看出，三个班级幼儿对于图像基本元素名称的感知不是共有的难点，他们对基本元素含义的理解还不够深入。三个班级幼儿的细节区域观察能力呈现出较大的差异，有的幼儿对细节区域感知能力较强，有的幼儿还需进一步的引导。有的教师对观察视角这一问题引导比较少，有的教师注重引导，但是幼儿亲身体验机会少的其理解仍然会存在困难，在教师的反馈中，我们也了解到该园需要进一步提升的幼儿。对于分割小图和序列成像这样的多幅小图的阅读，还有很多幼儿不注意按照一定的顺序进行阅读，所以对小图中的角色观察也不够细致仔细，其水平需提升。

（二）视觉图像理解

视觉图像理解是指幼儿在具备一定视觉图像感知能力的基础上，深入理解图像信息中的含义，发展其视觉图像的理解能力，既包括深入理解绘本的内容，建立画面与故事内容的联系，也包括推测故事情节或续编故事。无字绘本能够培养幼儿对作品内涵的理解能力，提升其视觉素养。

绘本故事元素是无字绘本的暗线，无字绘本虽然没有文字，但是凭借着图画的叙事性，幼儿可以从中理解完整的故事情节。[①]幼儿对绘本中的背景、角色、情节的理解水平，将直接影响其对绘本的理解，从而对幼儿视觉图像理解能力产生影响。

表3-34表明，幼儿在视觉图像理解方面平均值均大于3，表明处于"一般"稍高水平。在视觉图像理解方面主要从背景、角色、情节这三方面测量，在背景方面主要测量了幼儿在理解故事时间与地点的水平，平均值均为3.09，这表明大部分幼儿对故事的背景理解还不深入。标准差接近1，离散趋势较大，幼儿水平存在较大差异。在角色方面主要测量了描述角色外貌与想象对话，其中想象角色对话平均值为3.18，标准差为1.067，数据较分散，幼儿水平存在差异较大。在情节方面主要测量了幼儿能否准确讲述故事的情节，平均值为3.16，标准差为0.918，接近1，差异也较显著。

表3-34 视觉图像理解各要素描述性统计

	个案数	最小值	最大值	平均值	标准差
描述故事时间	100	1	5	3.09	0.933
描述故事地点	100	1	5	3.09	0.944
描述角色外貌	100	1	5	3.32	0.898
想象角色对话	100	1	5	3.18	1.067
讲述故事情节	100	1	5	3.16	0.918

由问卷调查可看出，幼儿对时间和地点的认识理解能力有限，这影响了幼儿对无字绘本中背景元素的理解。对于时间和地点的判断，个别幼儿还需进一步提高。幼儿想象角色之间的对话不仅需要语言表达能力也需要理解能力。幼儿之间的差距还是比较大的，个别幼儿在这一问题上还需要进一步提升。

（三）视觉图像表达

视觉图像表达是幼儿在具备了视觉图像的感知和视觉图像理解的基础之上，培养幼儿的动手实践能力，即在已有的知识经验基础上根据一定的主题在内心酝酿出视觉图像，形成审美意象，通过这种形式创造出具有美感能够传达一定含义的视觉图像的过程。

[①] 李辉辉：《幼儿对无字绘本解读的研究》，西南大学2015年硕士学位论文，第7页。

绘本主题绘画是以绘画为主叙述事情,具有独特的视觉美感。无字绘本相较于以文字为主要载体的书籍而言,具有明显的不同之处,即直观形象性。在绘本主题绘画中,引导幼儿注意绘画表现的技法,提升幼儿视觉图像表达能力。了解幼儿根据绘本主题进行绘画的情况,为后续有针对性地指导幼儿主题绘画做准备。

表 3-35 表明,幼儿在视觉图像表达方面的能力较低,幼儿能够自觉进行主题绘画的平均值为 2.92,这表明幼儿平时动手绘画的频率较低。在绘画过程中注意构图和色彩的平均值为 3.02,标准差为 1.025,数据较分散,幼儿之间的差异较大。

表 3-35 视觉图像表达各要素描述性统计

	个案数	最小值	最大值	平均值	标准差
自觉主题绘画	100	1	5	2.92	0.918
注意构图色彩	100	1	5	3.02	1.025

由问卷调查及教师反馈可知,幼儿缺乏自主绘画的意识主要是幼儿园环境的局限性和教师的引导较少。在主题绘画方面,还需要在主题绘画的意识和表现技法方面进一步加强,需要特别提升的幼儿主要是琪琪和石头。

根据以上问卷调查及教师的反馈,可以明确幼儿视觉素养水平偏低的典型个案。

三、调查结果分析

通过对大班幼儿视觉素养现状的调查分析,反映了在无字绘本阅读中存在一些问题,主要分为以下几个方面。

(一)幼儿对视觉图像感知水平较低,对无字绘本图像元素感知表面化

在阅读中虽然有些幼儿知道无字绘本中的颜色、线条、形状等基本元素的名称,但是不能准确理解基本元素的含义。一部分幼儿不能正确地区分事物的远近景也不能够理解近大远小的含义。虽然能够意识到细节区域,但不能仔细观察并准确指出这些细节区域。对于画面中观察视角问题不能正确区分,对于按照一定的顺序观察多幅小图的频率也较低,对于小图中的角色变化的观察频率也较低,只是"有时"观察。总之,幼儿对视觉图像感知的意识与能力尚需教师加强引导。

（二）幼儿的视觉图像理解能力较差，对无字绘本故事元素的理解不深入

幼儿在无字绘本阅读的过程中主要存在以下问题：有的幼儿不能非常清楚地理解故事的背景，不能准确表达故事发生的时间和地点；有的幼儿对角色的理解不深入，不能用准确的语言描绘角色外貌，不能根据故事情境想象角色对话；有的幼儿不能正确全面地理解故事情节，不能做到准确讲述。总之，幼儿的视觉图像理解能力还需教师进一步的引导提升。

（三）幼儿对视觉图像表达能力较差，对无字绘本主题绘画的意识不足

在调查中发现，很大一部分幼儿不能经常根据一定的主题或情节进行自主绘画，进行绘画的主体意识较差，不注意绘画的构图与色彩。这与幼儿园的环境创设和教师的指导是分不开的。总之，对幼儿视觉图像表达的能力需教师进一步加强引导。

第四章 幼儿视觉素养的评价体系构建

本章内容为幼儿视觉素养的评价体系构建，具体从三个方面展开了论述，分别是世界各国学前儿童核心素养评价体系、世界各国视觉素养评价标准以及我国幼儿视觉素养评价指标体系。

第一节 世界各国学前儿童核心素养评价体系

21世纪是一个国际化、科技化、信息化的时代，各国政府纷纷进行教育及课程改革，提升教育质量以应对不断提高的社会需要。早期幼儿教育作为基础教育的重要组成部分，实现高质量的早期幼儿教育已经成为各国政府的共同愿望和行动。

许多发达国家率先制订早期幼儿学习与发展标准，力图提升早期幼儿的教育质量。比如，英国2000年出台了《基础阶段课程指南》(Curriculum Guidance for the Foundation Stage)，后又于2007年将此课程指南与《0—3岁标准》(Birth to Three Matters Framework)及《8岁以下托幼标准》(National Standards for Under 8s Daycare and Childminding)进行整合，修订成《幼儿基础阶段法定标准》(Statutory Framework for the Early Years Foundation Stage)，出台了英国的0—5岁幼儿学习与发展标准。德国政府也提出要制订面向早期幼儿的国家教育标准，并将其转化为幼儿的学习表现标准。这一改革得到了联合国儿童基金会的认同与推进，联合国儿童基金会通过"遍及全球"项目(Going Global Project)推进了这项标准制订的运动，许多发展中国家也顺应早期幼儿教育改革的潮流，开始了制订本国早期幼儿学习标准的行动，并有多个国家完成了早期幼儿学习与发展标准的制订。[①]

[①] Gerhard.S, "One Law for All Schools: PISA and Its Implications for the German School System", *European Education*, 2003, pp.13–20.

一、中国《3—6 岁儿童学习与发展指南》

2002 年，联合国儿童基金会启动了名为"遍及全球"的项目，旨在从保护幼儿的权利出发，通过帮助发展中国家制订明确的早期儿童学习与发展标准，来促进其学前教育质量的提高，帮助幼儿做好进入小学的准备，进而推动教育的"起点公平"。

我国社会发展、教育发展的实际需求与国际项目的推动，促成了教育部与联合国儿童基金会在制定中国的《3—6 岁儿童学习与发展指南》（以下简称《指南》）项目上的合作。借助"遍及全球"项目的契机，教育部基础教育司从 2005 年起，组织我国幼儿发展与教育方面的专家，着手研制以家长和教师为主要使用对象的《指南》。①

《指南》中主要强调：幼儿的学习是以直接经验为基础，在游戏和日常生活中进行的。要珍视游戏和生活的独特价值，创设丰富的教育环境，合理安排一日生活，最大限度地支持和满足幼儿通过直接感知、实际操作和亲身体验获取经验的需要。

《指南》分为健康、语言、社会、科学、艺术五大领域，以下节选与视觉素养紧密结合的相关领域及内容。

（一）健康领域

在健康领域中提出，帮助幼儿养成良好的生活与卫生习惯，提高自我保护能力，形成使其终身受益的生活能力和文明生活方式。幼儿身心发育尚未成熟，需要成人的精心呵护和照顾，但不宜过度保护和包办代替，以免剥夺幼儿自主学习的机会，养成过于依赖的不良习惯，影响其主动性、独立性的发展。

健康领域"生活习惯与生活能力目标 1"要求幼儿具有良好的生活与卫生习惯。健康习惯中提到，养成良好的用眼习惯，如阅读距离和光线要适当，定期进行视力检查，关注视力健康。在数字化背景下，更应培养幼儿安全使用电子设备的习惯，了解保护视力的重要性。

（二）语言领域

在语言领域中提出，幼儿的语言学习需要相应的社会经验支持，应通过多种活动扩展幼儿的生活经验，丰富语言的内容，增强理解和表达能力。应在生活情境和阅读活动中引导幼儿自然而然地产生对文字的兴趣，用机械记忆和强化训练

---

① 李季湄、冯晓霞主编：《〈3—6 岁儿童学习与发展指南〉解读》，人民教育出版社 2013 年版，第 13 页。

的方式让幼儿过早识字不符合其学习特点和接受能力。

语言领域"倾听与表达目标2"要求幼儿愿意讲话并能清楚地表达。其中，4~5岁要求能基本完整地讲述自己的所见所闻和经历的事情；讲述比较连贯。5~6岁要求能有序、连贯、清楚地讲述一件事情；讲述时能使用常见的形容词、同义词等，语言比较生动。在教育建议中提到，鼓励和支持幼儿与同伴一起玩耍、交谈，相互讲述见闻、趣事或看过的图书、动画片等。

语言领域"阅读与书写准备目标1"要求幼儿喜欢听故事、看图书。其中，4~5岁要求对生活中常见的标识、符号感兴趣，知道它们表示一定的意义。5~6岁要求对图书和生活情境中的文字符号感兴趣，知道文字表示一定的意义。

语言领域"阅读与书写准备目标2"要求幼儿具有初步的阅读理解能力。其中，3~4岁要求会看画面，能根据画面说出图中有什么、发生了什么事等；能理解图书上的文字是和画面对应的，是用来表达画面意义的。4~5岁要求能根据连续画面提供的信息，大致说出故事的情节；能随着作品的展开产生喜悦、担忧等相应的情绪反应，体会作品所表达的情绪情感。5~6岁要求能说出所阅读的幼儿文学作品的主要内容；能根据故事的部分情节或图书画面的线索猜想故事情节的发展，或续编、创编故事；对看过的图书、听过的故事能说出自己的看法；能初步感受文学语言的美。

语言领域"阅读与书写准备目标3"要求幼儿具有书面表达的愿望和初步技能。其中，4~5岁要求愿意用图画和符号表达自己的愿望和想法。5~6岁要求愿意用图画和符号表现事物或故事；会正确书写自己的名字；写画时姿势正确。在教育建议中提到，让幼儿在写写画画的过程中体验文字符号的功能，培养书写兴趣。鼓励幼儿将自己感兴趣的事情或故事画下来并讲给别人听，让幼儿体会写写画画的方式可以表达自己的想法和情感。把幼儿讲过的事情用文字记录下来，并念给他听，使幼儿知道说的话可以用文字记录下来，从中体会文字的用途。在绘画和游戏中做必要的书写准备，如：通过把虚线画出的图形轮廓连成实线等游戏，促进手眼协调，同时帮助幼儿学习由上至下、由左至右的运笔技能。

（三）社会领域

社会领域"人际交往目标1"要求幼儿愿意与人交往，幼儿根据所观看到的图像能够愿意与人交流、沟通，分享自己的想法和意见；"目标2"要求幼儿能与同伴友好相处，同伴之间沟通和交流时，要能够和谐相处；"目标3"要求幼儿具有自尊、自信、自主的表现；"目标4"要求幼儿关心尊重他人；社会领域的"社会适应目标1"要求幼儿喜欢并适应群体生活;"目标2"要求幼儿遵守基本的行为规范;"目标3"要求幼儿具有初步的归属感。

(四)科学领域

科学领域"科学探究目标1"的教育建议中提到,可以通过拍照和画图等方式保留和积累有趣的探索与发现。科学领域"科学探究目标2"提到,4~5岁能用图画或其他符号进行记录。5~6岁能用数字、图画、图表或其他符号记录。同时,教育建议提到,鼓励幼儿用绘画、照相、做标本等办法记录观察和探究的过程与结果,注意要让记录有意义,通过记录帮助幼儿丰富观察经验、建立事物之间的联系和分享发现。

(五)艺术领域

艺术领域"感受与欣赏目标1"要求幼儿喜欢自然界与生活中美的事物。其中,5~6岁要求乐于收集美的物品或向别人介绍所发现的美的事物。同时,教育建议提到,支持幼儿收集喜欢的物品并和他一起欣赏。艺术领域"表现与创造目标2"要求幼儿具有初步的艺术表现与创造能力。同时,教育建议提到,鼓励幼儿在生活中细心观察、体验,为艺术活动积累经验与素材。如,观察不同树种的形态、色彩等。提供丰富的材料,如图书、照片、绘画或音乐作品等,让幼儿自主选择,用自己喜欢的方式去模仿或创作,成人不做过多要求。

二、美国《早期儿童学习与发展标准》

美国对早期儿童教育的重视由来已久,美国所思考的重点不再是早期儿童教育的普及问题,而是如何提高教育质量,以使每位儿童都能享受到高效优质的早期儿童教育。美国各州相继出台《早期儿童学习与发展标准》,使得标准化运动向下延伸至5岁以下,即以政策文件形式规定早期儿童"应该知道什么、会做什么",从而达成对其学习期望的共识,指导教师有目的地开展教育教学活动,以提升早期儿童的学习效果。

笔者美国访学期间在密歇根州幼儿园拍摄到的儿童早期学习标准包括10个领域:学习方式、身体发展与健康、语言与早期识字发展、使用技术的早期技能、社会和情感发展、创造性的发展、社会研究的早期学习、科学的早期学习、数学的早期学习、智力发展。使用技术的早期技能包括:①儿童探索和使用各种技术工具;②儿童能命名计算机系统的各种部件并使用各种输入设备;③儿童能与其他人合作使用技术工具;④儿童能够负责任地操作技术设备。

HighScope 课程关键指标包括 8 个领域：学习方式、社会和情感发展、身体发展和健康、语言识字和交流、数学、创造性艺术、科学与技术、社会研究。第 52 条关键经验是指工具和技术：儿童探索和使用工具和技术。

美国《共同核心州立标准（CCSS）》中，涉及幼儿视觉素养的相关内容主要是对图像和视觉信息的理解与分析。

①阅读理解：强调培养从视觉材料中提取和理解信息的能力。

②图像分析：鼓励分析和解释图像和图表，这种技能的培养有助于理解视觉元素如何传达意义，以及它们与文本内容的关系。

③技术整合：鼓励将技术整合到教学中，这意味着幼儿可能会通过使用多媒体资源来提高他们的视觉素养，例如通过视频和电子图书来辅助学习。

④批判性思维：虽然批判性思维的培养贯穿于整个 K-12 教育阶段，但在学前教育中，幼儿已经开始学习如何批判性地分析视觉材料，评估图像的可信度和准确性。

⑤媒体素养：虽然不是 CCSS 的直接部分，但与之相关的 P21 框架提出了 21 世纪核心素养，其中包括媒体素养，这对于幼儿来说，意味着学会理解和分析他们在媒体中接触到的视觉信息。

⑥跨学科学习：支持跨学科的学习方式，这为幼儿提供了在多个学科领域中学习视觉素养的机会，如在艺术和科学领域学习观察和描述图形和自然现象。

三、英国《早期基础阶段法定框架》

进入 21 世纪的英国对学前课程的改革更是紧跟时代发展的步伐。2000 年英国教育与就业部和资源与课程局联合出台了《基础阶段课程指南》(*Curriculum Guidance for the Foundation Stage*)，对 3—5 岁幼儿的教育活动设计提出了指导；2002 年又出台了《0—3 岁幼儿教养方案》(*Birth to Three Matters：A Framework to Support Children in Their Earliest Years*)，2008 年由从原来的教育与就业部独立出来的儿童、学校与家庭部（Department for Children, Schools and Families）颁布了《早期基础阶段法定框架》(*Statutory Framework for the Early Years Foundation Stage*)，同时停止使用 2000 年的《基础阶段课程指南》和 2002 年的《0—3 岁幼儿教养方案》。

2012 年 3 月，政府公布了修订版，修订版将六个发展领域增加为七个，并且划分为三个主要领域和四个具体领域，2014年和2017年教育部也进行了部分的更新。英国结合当时的政治经济意识形态与学前教育自身发展困境，2017年4月，颁布了最新版《EYFS框架》，[①] 其中心目标是使所有幼儿都能接受高质量的学前教育，EYFS力求为幼儿制订科学有效的学习和发展标准，致力于教育中文化的多样性和反歧视做法，加强父母与孩子之间的互动，并且在幼儿的早期阶段有效地对他们进行及时的评估，并且帮助他们成长。其中所确定的七个学习与发展领域是相互关联的，必须形成科学有效的教育方案，其中有三个主要领域被认为对激发幼儿好奇心和学习热情、建立人际关系和形成能力非常重要。剩下的四个领域可以加强这三个领域的发展。除了以上这些要求以外还提供了指导，说明如何通过有计划、有目的的游戏，以及将成人主导和幼儿主体结合起来，来安排和实施教育方案。

2023年重新修订，9月正式施行。以下是2023年版《早期基础阶段法定框架》的具体内容。

（一）《早期基础阶段法定框架》三个主要领域

1. 交际与语言（Communication and Language）

交际与语言领域要求提供给幼儿丰富多彩的语言环境，提升他们的表达能力和培养他们自我表达的信心，以及锻炼他们在各种不同情况的听说表达能力。经常给幼儿读书，通过对话、讲故事和角色扮演，幼儿在教师的支持下分享他们的想法，引导他们自如地使用丰富的词汇和语言结构。

2. 个人、社会和情感发展（Personal、Social and Emotional Development）

个人、社会和情感发展领域支持幼儿管理情绪，培养积极的自我意识，帮助他们为自己设定简单的目标。通过成人示范和指导，使他们学习如何照顾自己的身体，包括健康饮食和独立管理个人需求。通过与其他幼儿的互动，使他们学会如何建立良好的友谊、合作并和平解决冲突。

3. 身体发展（Physical Development）

身体发展领域要求通过创建并提供室内和室外游戏的机会，发展幼儿粗大和精细动作。支持幼儿发展他们的核心力量、稳定性、平衡性、空间意识、协调性和敏捷性。提供反复练习和多样化的机会去探索艺术和手工艺、开展拼图及使用

[①] 赵梦雅，武翠红：《英国学前教育的再出发——基于2017年〈早期基础阶段法定框架〉的分析》，《外国教育研究》2019年第4期，第49—62页。

小工具的练习，让幼儿发展熟练技能、控制力和自信心。

（二）儿童学习与发展的四个具体领域

1. 读写能力（Literacy）

阅读包括两个维度：语言理解和单词阅读。语言理解从出生就开始了，只有当成年人与幼儿谈论他们周围的世界以及共同阅读的书籍，一起欣赏诗歌和歌曲时，它才会发展。在潜移默化中发展单词阅读，包括单词的发音和识别。

2. 数学应用（Mathematics）

能够自信地数数，对 10 以内的数字、它们之间的关系及这些数字中的模式有深刻的理解，提供频繁和多样化的机会来建立和应用这种理解。提供丰富的机会，让幼儿在数学的所有领域（包括形状、空间和度量）发展空间推理技能。培养幼儿对数学的积极态度和兴趣。

3. 理解世界（Understanding the World）

理解世界包括引导幼儿理解他们的物质世界和社区。幼儿通过个人经历和体验，聆听各种故事和诗歌，来促进其对文化、社会、技术和生态多样化世界的理解，并增加对周围世界的了解和感知。

4. 表达艺术和设计（Expressive Arts and Design）

幼儿艺术和文化意识的发展支持他们的想象力和创造力。提供定期接触艺术的机会，使幼儿能够探索各种媒体和材料。幼儿所见、所闻及参与活动的质量和多样性对于发展他们的理解、自我表达和通过艺术进行交流的能力至关重要。

四、日本《幼儿园教育要领》和《保育所保育指针》

《幼儿园教育要领》和《保育所保育指针》的基本思想，就是重视孩子自身的各种感受（视觉、听觉、嗅觉、味觉、触觉），重视游戏和生活的体验，重视大人和儿童的关系。它们从"健康""人际关系""环境""语言""表现"五个领域规定比较具体的目标和内容，就是为了确保儿童在这各个方面都能够"体验""感受""享受"各种各样的事情，以此形成生存的基础，逐步养成生存所需要的各种能力。其中反复强调了游戏的重要性。当然其中的许多内容是在学前教育工作者的保育和指导下才能够完成的。所以，《幼儿园教育要领》等规定幼儿园和幼儿园教师的作用就是布置环境、创造条件，以支持幼儿自由自在地游戏，通过指导幼儿的游戏，完成所规定的相关目标。

《幼儿园教育要领》与《保育所保育指针》作为日本学前教育的纲领性文件，对学前教育的"教育的目标及内容"的表述基本一致，具体内容也是一致的，分为"健康""人际关系""环境""语言""表现"五个领域。每个学前教育机构都应该围绕这些内容开展工作，这是学前教育机构开展工作的基本标准。五个领域没有规定授课时间的标准，而是灵活的、模糊的指标。这五个方面都规定了幼儿通过每天的游戏和活动逐步实现的目标，但不是用授课时间能够量化的内容。①

五个领域的具体内容主要包括两方面：①目的，这是《幼儿园教育要领》和《保育所保育指针》共有的内容，就是保育和教育的目标，是希望幼儿能够养成的心情、意愿和态度等；②内容，这是《保育所保育指针》的内容（《幼儿园教育要领》稍微有些不同），就是为了实现目标和目的而希望幼儿能够参加的活动和获得的体验。以下列举五个领域的目的。

（一）健康

培育健康的精神和身体，培养自身创造健康且安全的生活的能力。目的：①开朗舒心地活动，体味充实感；②充分活动自己的身体，具有继续运动的意愿；③养成健康且安全的生活所必需的习惯和态度。

（二）人际关系

养成自立能力，培养与他人交往的能力，亲近他人，相互支撑、共同生活。目的：①享受保育所的生活，体味用自己的力量行动的充实感；②以爱心和信赖感亲近身边的人，并加深联系；③养成适应社会生活的习惯和态度。

（三）环境

培养对周围各种环境的好奇心和探求心，以及将周围环境与自己的生活紧密联系的能力。目的：①爱护周围的环境，接触自然，由此关心各种各样的事物，并对此感兴趣；②自己主动接触周围的环境，享受发现的乐趣，善于思考，并努力将其与自己的生活相联系；③在观察、思考、接触周围事物的过程中，丰富关于事物的性质、数量和文字的感觉。

（四）语言

养成用自己的语言表达自己经历的和思考的事情、愿意听取对方讲话的意愿

---

① 李季湄：《从日本幼儿园教育大纲的修订看日本幼教的发展趋势》，《学前教育研究》2000年第5期，第69—72页。

和态度，培养对语言的感觉和运用语言表达的能力。目的：①体验用语言表达自己心情的乐趣；②认真听他人讲话，表达自己经历的和思考的事情，体验语言交流的喜悦；③理解日常生活必要的语言，同时喜欢读画册和听故事，与保育士等人及朋友心意相通。

（五）表现

通过表现自己感受的和思考的事情，培养丰富的感性和表现能力，丰富创造性。目的：①对各种各样美好的事物，持有丰富的感性；②享受表现自己感受的和思考的事情的乐趣；③在生活中丰富感受，享受丰富多彩的表现。

五、新西兰早期教育课程框架

进入21世纪后，新西兰政府加大了对学前教育的改革力度。2017年，新西兰教育部修订了国家学前教育课程标准《编席子：学前课程》（*Te Whāriki Early Childhood Curriculum*，下文简称《编席子》），更好地反映了当下幼儿的学习内容、兴趣和愿望，支持幼儿的终身学习和全面发展，促进学前教育课程质量的提升，确保国家教育目标的实现。[①]

"Te Whāriki"是毛利语译为编席子，常用来指垫子、蜘蛛网。新西兰早期教育课程中把四原则（赋权、全面发展、家庭与社区、关系）和五条线索（幸福健康、归属感、贡献、交流、探索）编织在一起，将知识、技能、态度融入五大领域。意味着幼儿的学习来源于各种知识、技能、态度相交叉的活动，幼儿的成长是全面的成长；还意味着谁都能坐在垫子上，体现了课程的开放性和灵活性。编织的席子供所有人站在上面，使用这一隐喻，意指学习过程是编织幼儿经验的过程。

21世纪对人才提出了新的发展要求，课程标准需要培养幼儿的探究、思考、推理、创新等能力，关注幼儿核心素养的发展；新西兰学前课程标准关注幼儿技能的获得、知识的建构、态度的培养，尤其关注能力的发展。玛格丽特·卡尔（Margaret Carr）将"学习倾向"定义为幼儿的学习动机与学习能力的结合，且学习倾向这个概念已经融入新西兰国家中小学课程，用来建构"关键能力"，"关键能力"即"21世纪核心素养"的别称。在新西兰学前课程中学习倾向（参与、兴趣、责任、沟通、坚持）与课程的五条线索（幸福健康、归属感、贡献、交流、

---

① 徐鹏、胡恒波：《新西兰学前教育课程标准的价值取向与改革趋势》，《外国中小学教育》2018年第1期，第73—79页。

探索）是一一对应的，都注重知识、技能、综合能力的发展。每条线索的学习成果可以归纳为知识、技能、态度的集合，其中就包括推理能力、交流能力、创新能力、思考能力，这也是21世纪核心素养所要求的能力。每条线索都有相应的目标，目标是教师给幼儿提出在教学中要达到的水平，以便支持不同年龄段的幼儿在不同的线索中学习和发展自己。每条线索都有对应的目标和学习结果，幼儿在不同的线索中发展的能力有所不同，将每个领域侧重发展的能力概括起来，包含了认知、身体、情感、精神四个方面（见表4-1）。

表4-1 五条线索的目标

线索	目标1：认知	目标2：身体	目标3：情感	目标4：精神
幸福健康	孩子的健康得到提升	培养孩子健康的情绪	——	
归属感	孩子知道家庭和世界的关系	孩子知道有早期教育机构这个地方	孩子在日常活动和习俗活动中感受到被尊重	孩子遵守规则
贡献	每个孩子有公平的学习机会	孩子学会接受自己	鼓励孩子与他人一起学习	——
交流	发展孩子非语言交流技巧	发展孩子的沟通能力	孩子能识别数学符号，知道符号的意义	孩子知道创造使生活变得不同
探索	游戏对孩子的重要意义	孩子能够有效地控制自己的身体	孩子会使用策略解决问题	孩子构建对自然、社会、物质、材料的认知

六、澳大利亚《早期学习框架》

2009年9月澳大利亚政府教育、就业和工作场所关系部颁布了《归属、存在、形成：早期学习框架》（Belonging, Being&Becoming: The Early Years Learning Framework for Australia）（以下简称《早期学习框架》），由教学原则、教学实践、学习目标三大部分组成。

《早期学习框架》的每个学习目标包括相关要点，为了让一线教师更好地了解这些要点，针对这些要点列举了幼儿日常学习的相关案例，并提出了一些教育建议。它特别强调基于游戏的学习，认识到交流和语言（包括早期识字和计算）及社会情感发展的重要性，十分注重培养幼儿的灵性，强调幼儿的"归属、存在与形成"，主张培养幼儿的社会能力。它是全国第一个统一的学前课程纲要，同时又允许全国各地区、各联邦在此基础上修改并完善各自的课程纲要。特别注重建设和完善《早期学习框架》的支持系统,从政府层面、社区层面、出版社层面针对不同的群体制订并实施《早期学习框架》的指南。

《早期学习框架》指出在早期幼儿所有的机构中,学前课程意味着发生在一个环境中的所有的互动、经历、活动、日常和事件、计划的和没有计划的,都旨在促进幼儿的学习和发展。作为一种课程指导策略,《早期学习框架》[①]被视为国家质量议程的第一要素。《早期学习框架》是澳大利亚有史以来第一个为幼儿教师制订的课程框架,旨在帮助0至5岁及将要向小学过渡的幼儿更好地学习。根据《早期学习框架》的描述,幼儿时期是归属感、存在感和认同感形成的时期。归属感是满足人生的基础,由于幼儿与家庭、社区、文化和地点等建立了联系,因而他们有很强的归属感;存在感是与当下生活息息相关的,幼儿时期是生命中的一段特殊时期,幼儿需要时间适应存在,即幼儿应该有体验游戏、尝试新事物和感受快乐的时间;认同感指的是幼儿对体验的学习和发展,幼儿在出生不久就开始建立他们的身份认同,这关系到他们长大后成为哪一类型的成年人。归属感、存在感和认同感贯穿《早期学习框架》的始终。框架坚持以幼儿的健康发展为核心的教育理念,强调以游戏为主导活动,引导幼儿认知世界、关爱世界、融入世界,培养他们对生活和学习的一种积极的态度,促进幼儿幸福、快乐地成长。围绕着让幼儿体验并获得归属感、存在感和成就感,整个《早期学习框架》包含三个相互联系的要素:原则、实践和学习目标。这三个要素是幼儿教育教学和课程决策的基础。

《早期学习框架》没有规定幼儿在知识、技能、情感态度学习的具体内容,没有把幼儿学习的内容划分为几个具体领域,不是一个详细的教学大纲,没有确切地告诉早期教育工作者每天每周应该教授的内容。而是通过提出教学工作原则、教学实践方法、学习目标为早期教育工作者对幼儿的学习与发展提供指导方向或指南,指导早期教育工作者制订和实施课程计划,同时也要求早期教育工作者应该遵守这些教学工作原则,掌握这些教学实践方法。《早期学习框架》的主要内容是由五大教学工作原则、八大教学实践方法、五大学习目标组成。

《早期学习框架》的五项学习目标旨在使所有的幼儿获得整体的、复杂的学习和成长。具体如下。

---

① 王芳:《澳大利亚〈早期幼儿教育与保育国家质量标准〉研究》,西南大学2015年硕士学位论文,第29页。

①幼儿有强烈的身份认同感。幼儿感到安全、受保护和支持，获得初步的自主意识和适应性，形成自信的自我认同感，在与他人互动中学会关心、同情和尊重他人。

②幼儿与外部世界建立联系。幼儿获得对群体和社区的归属感，了解自己参与社区活动的权利与义务，尊重多样性，并建立初步的公平意识和社会责任感，热爱周围环境。

③幼儿拥有强烈的幸福感。

④幼儿成为自信的、参与式的学习者。

⑤幼儿成为有效的交流者。

总体来说，各国对3—6岁幼儿核心素养的评价都注重幼儿的全面发展，包括知识、技能、情感、社交等多个方面。不同国家的教育理念和文化背景会影响对幼儿核心素养的理解和定义，但核心的目标都是帮助幼儿健康成长，成为有素质、有能力的未来公民。

第二节 世界各国视觉素养评价标准

一、中国视觉素养标准及相关指标体系

我国视觉素养教育的研究起步较晚，在基础教育阶段，视觉素养的培养和教育主要是通过开设美术课程来实施的。美术课程作为九年义务教育阶段全体学生必修的艺术课程，其目标是让学生通过对美术知识的学习，理解和运用视觉语言，更多地介入信息交流，从而丰富视觉、触觉和审美经验，激发创造精神，提高美术实践能力，形成基本的美术素养。

随着视觉素养关注度的提高，许多大学也开设了相应的课程，使得视觉素养教育的规模日渐增加。这些课程不仅培养学生对视觉文本的解读能力，例如色彩构成、平面构成、立体构成等形式美要素，还要求学生能够批判地看待视觉文本的信息，从多种视角看待大众传媒，获取生活的基本技巧，并激发其创意思维。

我国视觉素养研究对象较为集中，多聚焦于大学生，对学前儿童的关注较少，对学前儿童的研究相对缺乏。

(一)艺术设计专业大学生视觉素养标准

在读图时代,只有具有高视觉素养,才能迅速地从错综复杂的图像中获取积极的、有效的信息,才能帮助我们更好地理解视觉信息,恰当地接收、利用和创造各种视觉信息,才能适应读图时代的生存方式。为将视觉素养教育与传统课程整合,宗世英制订了艺术设计专业大学生视觉素养标准。[①]其中,一级指标包括视觉感知能力、视觉认知能力、视觉应用能力。二级指标,视觉感知能力包括视觉感觉、视觉思维;视觉认知能力包括视觉理解、视觉批判;视觉应用能力包括视觉交流、视觉创造(见表4-2)。

表4-2 艺术设计专业大学生视觉素养标准

一级指标	二级指标	指标描述
视觉感知能力	视觉感觉(素养意识)	(1)认识到视觉素养的重要性,在工作、生活和学习中对视觉信息高度重视与关注 (2)意识到视觉图像易于接受 (3)意识到视觉素养后天培养的重要性
	视觉感觉(需要)	(4)具有与专业学习有关的视觉需求和行为的倾向,愿意了解、查询自己需要的视觉信息 (5)根据任务主题或问题寻找恰当的视觉信息源
	视觉感觉(选择)	(6)对视觉信息的接收具有选择性 (7)遵守视觉信息的道德规范,具有自我控制、约束能力
	视觉思维	(8)通过看与观察能够瞬间抓住物象的形状、颜色等特征 (9)善于运用视觉思维,感知和创造心理图像 (10)掌握空间与背景的关系,可以用新的方式或观点审视视觉图像
视觉认知能力	视觉理解	(11)对视觉符号的掌握程度 (12)视觉想象能力 (13)视觉信息的深层理解与思考能力 (14)艺术设计语言的理解能力 (15)视觉信息的分析与以往知识的整合能力

---

① 宗世英:《艺术设计专业大学生视觉素养培养研究》,东北师范大学2012年博士学位论文,第74页。

续表

一级指标	二级指标	指标描述
视觉认知能力	视觉批判	（16）判断信息的真假能力 （17）判别视觉信息是否具有价值的能力 （18）对视觉信息能用一定的标准进行评价和能力 （19）视觉信息评价方法和途径掌握能力 （20）将对视觉信息的分析和评估技能应用于自己的推论性判断
视觉应用能力	视觉交流	（21）能够运用恰当视觉形式提高学习效果 （22）运用思维导图将学习内容可视化 （23）有效地将获取的视觉信息进行传播和交流
	视觉创造	（24）对视觉信息知识产权的理解与掌握能力 （25）视觉元素的熟练运用及恰当组织 （26）色彩设计的正确理解和运用能力 （27）将视觉语言以及先前的知识经验进行联想，创造新的形象或图形 （28）视觉信息创造的道德规范遵守程度 （29）视觉图像的创造工具掌握程度 （30）视觉信息的创新能力

（二）小学生美术表现素养标准

美术素养与视觉素养作为基本素养，二者在能力结构、目标维度、人文特性和学习内容等方面各有偏重，但同时表现出较大范围的渗透融合，主要特征极其相似，有很多相通点。二者的要求不仅仅是对基本知识与技能的掌握，更重要的是具备基本的艺术态度。这些态度主要包括以下几个方面：第一，有敏锐的视觉意识，对视觉现象和美术作品能作出积极的反应；第二，能自觉而大胆地运用美术的媒材和方法表达自己的观念和情感，追求艺术化的生存；第三，能不断追求更高的审美品位，又保持自己独特的审美趣味。

李健提出，构建小学生美术表现素养测评模型，解决当下小学生美术表现素养测评缺乏规范性与科学性的问题，纠正美术表现素养教学中的误区，提高小学美术表现素养教育质量。[1]他将小学生美术表现素养划分为两级指标，其中一级指标包括感知识别、审美表达和创意联结，二级指标中，感知识别包括信息获取、

---
[1] 李健：《小学生美术表现素养测评模型构建研究》，西南大学2020年博士学位论文，第37页。

感知转换；审美表达包括主题内容、形式表达；创意联结包括知识建构、创意应用（见表4-3）。

表4-3 小学生美术表现素养评价标准

一级指标	阐述	二级指标	美术课程标准要求
感知识别	通过对日常生活的观察、体验、想象等，能根据自己的兴趣和爱好发现美的事物，运用感觉、知觉、表象等感性形式描摹与把握事物的感觉要素。凭借已有的视觉经验从整体与局部对美术作品、图形、影像及其他视觉符号进行感知与识别转化。	信息获取	感知、观察、认识等
		感知转换	运用对称、均衡、重复、节奏等将基本造型元素整合转换
审美表达	能基于已有经验，通过理解、想象等过程，形成基于视觉的结构化创作意象，运用线条、形状、形体、空间、色彩、明暗、质感等视觉元素和美术形式原理，形成可视化的图形图像。	主题内容	表达自己的意图、思想、情感
		形式表达	运用传统与现代媒材、技术，结合美术语言，创造有意味的视觉形象
创意联结	能将分析、综合、对比等思维方式与其他知识技能相融合，解决其他的学习问题，形成视觉思维框架，创造性地解决生活中的实际问题。	知识建构	能联系现实生活，结合其他学科知识

二、美国视觉素养能力标准

2003年，美国北方中央教育实验室（North Central Regional Educational Laboratory）公布了相关研究报告《面向21世纪学习者的21世纪能力：数字时代的基本素养》。在该报告中，视觉素养被作为21世纪高校学生的基本素养，和信息素养、科学素养等并驾齐驱。2010年，美国大学与研究图书馆协会（ACRL），在当时的多学科和新技术背景下对视觉素养进行了重新定义，强调对学习者综合素质的影响。[①]2011年，ACRL出台了《高等教育视觉素养能力标准》，这一标准实际上是对多年来各国概念的归纳和延展：视觉素养是一组能力，具有视觉素养的人能够有效地发现、阐释、评价、使用并创建图像与视觉媒体。其中包括七个标准：

---

① 蓝玉娟：《国外视觉素养标准对高校图书馆建设的促进与借鉴》，《图书馆学刊》2016年第3期，第137—142页。

标准一：确定所需视觉材料的特征和范畴：①界定并能阐明所需的一幅图像；②认识丰富多样的图像资源、材料和类型。

标准二：找到并获得所需的有效的图像与视觉媒介：①选择最恰当的资源和检索系统来找到和获得所需的图像和视觉媒介；②有效检索图像；③获得并组织图像、资源信息。

标准三：理解并分析图像意义及视觉意义：①能确认一幅图像意义的相关信息；②将一幅图像置于它所处的文化、社会及历史语境中；③认识到一幅图像的物理的、技术的设计元素；④通过与他人的交流来有效地理解和分析图像。

标准四：批判地评价图像及相关资源：①评价图像作为视觉传播的有效性、可靠性；②评价图像的审美特征与技术特征；③评价与图像相结合的文字信息；④判断图像资源的可靠性与正确性。

标准五：有效地运用图像和视觉媒介：①有效地运用图像于不同的目的；②有效地运用技术来处理图像；③运用问题解决、创造和实验的方式将图像加入项目中；④有效地运用图像来交流。

标准六：设计和创造有意义的图像和视觉媒介：①为项目和学术应用制作各种视觉材料；②在图像和视觉媒介生产中运用设计策略和创造力；③运用多种多样的工具和技术来制作图像；④评价自己所制作的图像作品。

标准七：理解许多与图像、视觉媒介制作及运用有关的伦理、法律、社会和经济问题，并能合理合法地运用视觉材料：①理解图像和视觉媒介中有关的许多伦理、法律、社会和经济问题；②在评价、运用和制作图像的时候，遵循伦理和法律进行最佳的实践；③在论文、报告和方案中引用图像。

三、澳大利亚相关视觉素养标准

澳大利亚较早开始了在视觉素养方面的教育实践，并且在全球范围内具有一定的领导地位。视觉素养教育在澳大利亚经历了从最初的质疑到现在的重视，这一过程包括：理解为什么需要发展学生的视觉素养（"Why"阶段），明确视觉素养包含哪些内容（"What"阶段），以及如何评估学生的视觉素养（"How"阶段）。此外，澳大利亚的视觉素养教育还强调了一些主要原则，这些原则不仅为本国的教育提供了指导，也为其他国家的视觉素养教育提供了理论借鉴和实践参考。澳大利亚的视觉素养教育注重培养学生的数字思维、关注数字伦理，并且在课程设计和教师培训方面也有所创新。这些做法对于其他国家和地区在推进视觉素养教育方面具有重要的启示作用。

2008年,澳大利亚的研究者约翰·凯勒(John Callow)提出针对K2~K6学生的视觉素养评价标准,称之为"Show Me"框架,可译为"展示自我"框架。该框架广泛应用于澳大利亚的各个州和地区,框架中的评价标准能够为我国视觉素养教育与评价带来启示并提供新的研究视角。[①]

(一)"Show Me"框架介绍

"Show Me"框架基于视觉素养与图画书教学的整合,通过提问引导学生回答,从中得到反馈来判断学生是否达到学习目标,该框架也可以为其他视觉素养评价提供参考。

1. 理论基础

"Show Me"框架从情感、结构和批判三个维度评价视觉素养,这种维度划分依据为约翰·凯勒提出的图像环境下的阅读模型,该模型包含情感、结构和批判三个方面的内容。情感方面指与图像交互时观者产生的反应,包括感知的和即刻的反应、美学欣赏、创造性选择、观看和创作视觉对象等。结构方面关于图像如何被构成,包含哪些符号的、组织的与环境的元素,这些元素如何组成图像并产生意义,以及这些元素所处的社会背景与文化背景等。批判方面确定了批判性理解在图像阅读中的重要性,对图像的批判理解基于意识形态领域,提高观者的批判能力有助于他们深入理解图像。阅读图像时,情感、结构和批判三个方面是相互叠加并循环上升的过程,它们之间没有明显的界线。这三个维度的提出符合艺术史学家肯尼斯·克拉克(Kenneth Clark)提出的观看者鉴赏视觉艺术作品的四个阶段:第一,将图画作为一个整体,从中获取对图画的大体印象;第二,聚焦于图画中具有吸引力的部分;第三,将对图画的理解与已有的先前经验建立联系;第四,获取图画的意义,产生自己的理解。情感纬度建立在观看的第一阶段,从图像的大体印象中获取情感体验;结构纬度建立在观看的第二阶段,聚焦于图像的不同元素以及它们之间的关系;批判纬度建立在观看的第三和第四阶段,形成对图像的理解并与先前经验建立联系,从而批判性地获取图像意义。

2. 框架结构

"Show Me"框架根据情感、结构和批判三个维度划分为三部分。第一部分评价学习者观看图像时情感的融入,主要通过观察学生的面部表情、肢体语言、对图像的讨论等进行评价。第二部分评价学习者对图像结构的理解,主要对元语

[①] 申灵灵:《澳大利亚的"Show Me"视觉素养评价框架述评》,《上海教育科研》2012年第1期,第33—36+41页。

言的使用进行评价,例如动作、符号、近景、颜色、布局、线条等反映了关于视觉文本的元语言知识。第三部分评价学习者对图像内容的批判分析,不同阶段的学习者会从不同角度批判理解视觉信息。

(二)"Show Me"框架在 K-3 年级的应用

第一,依据情感维度评价学生对故事的初步认识和理解。

第二,依据结构维度表格评价学生对构图的理解,通过分析图画的大小和角度判断角色的特点。

第三,依据评价维度表格评价学生对故事和图画的深层认知。

第四,为学生提供一些实践活动从而进一步发展和评价他们的视觉素养。

第三节 我国幼儿视觉素养评价指标体系

随着信息时代和视觉文化的发展,视觉素养教育逐渐成为社会研究的热点,我国目前还没有符合社会与教育现状的学前儿童视觉素养评价标准。在借鉴其他国家幼儿视觉素养标准体系的基础上,致力于探索符合学前儿童发展的幼儿视觉素养评价指标体系。

幼儿视觉素养指标体系是一个综合性的评价框架,旨在全面衡量和促进幼儿在视觉领域的能力发展。主要从以下四个关键维度构建这一体系:视觉图像审美、视觉图像感知、视觉图像理解和视觉图像表达,并根据学前儿童的年龄阶段划分不同的标准(见表4-4)。

表4-4 幼儿视评价指标体系

一级指标		二级指标		年龄段标准		
指标	内涵	指标	内涵	3—4岁	4—5岁	5—6岁
视觉图像审美(情感维度)	将图画作为一个整体,从中获取对图画的大体印象	视觉吸引力	视觉元素,如色彩、形状、构图等,激发幼儿的好奇心和探索欲	容易被图画书或者多媒体材料中美的事物所吸引。(乐于观看图画书或者多媒体材料中美的事物)	能够从图画书或者多媒体材料中评价喜欢的图像	能够说出被图像的哪些方面所吸引

续表

一级指标		二级指标		年龄段标准		
指标	内涵	指标	内涵	3—4岁	4—5岁	5—6岁
视觉图像审美（情感维度）	将图画作为一个整体，从中获取对图画的大体印象	审美感受力	能够理解和接受所传递的美的信息的能力。（对美的独特追求和表达，还涉及对美的需求和价值判断）	能够讨论最喜欢的事物，能够用图像帮助讨论	对喜欢或不喜欢的图像分别说明原因	解释为什么一些特殊的图像能吸引自己，却不能吸引别人
视觉图像感知（结构维度）	聚焦于图画中具有吸引力的部分，聚焦于图像的不同元素以及它们之间的关系	色彩与图案识别	对颜色的感知和辨识，通过分析图画的元素判断角色的特点	能够辨认基本的颜色，能够认出常见的物体和动作等	能够更加精确地区分颜色，能够简单说明图像中展示的角色是如何被表现成不同的形式的	能够进行更复杂的视觉辨别，比如区分相似的图案和颜色，能够解读更加复杂的图像内容，包括比喻、寓言和象征性的表达等
		位置与造型感知	对物体的大小、形状、方向、位置等属性的感知，以及对物体的整体结构和空间关系的感知	对事物的大小、远近、位置和形状等有初步的辨认能力	对空间关系有更加深入的理解，能够描述视觉图像中的各种线条或者形状等所传达的情感元素	能够使用准确的词语描述图像中事物的空间关系
		焦点与阅读路径	对视觉图像中核心焦点的识别，并依据视觉图像的焦点、内在逻辑、故事线索或空间布局等进行的解读轨迹	能够确定一幅图画中突出的元素（例如最大的物体、最突出的颜色）。在教师的指导下，找出观看图像发展的路径	能够确定图像中突出的元素特点，并说明为什么这个元素突出。确定复杂图画中的简单的阅读路径	能够确定更加复杂的阅读路径，讨论阅读路径如何依赖于观看者发生变化
视觉图像理解（批判维度）	将对图像的理解与已有的先前经验建立联系	图像理解	对图像中物体的识别、整体布局和概念的理解	能够开始理解简单的视觉图像代表的物体或者概念	视觉图像的理解能力增强，能够理解更复杂的概念和情境	能够理解抽象概念在视觉图像中的表示

续表

一级指标		二级指标		年龄段标准		
指标	内涵	指标	内涵	3—4岁	4—5岁	5—6岁
视觉图像理解（批判维度）	将对图像的理解与已有的先前经验建立联系	情节理解	通过观察和分析图像中的物体、人物、场景等元素，以及它们之间的相互关系和变化，来推断出图像所表达的故事或事件的过程	指出并解释一幅图画或系列图画中的行为事件。解释一幅图画正在传递的简单的观点或者概念	能够使用元语言解释视觉文本中的情节。能够解释视觉图像的各种概念：例如美丽、健康、邪恶、富有	能够使用更加复杂的符号或者概念解读图像情节。能够解释视觉文本如何既有情节又有概念表征
		文化理解	通过观察和分析图像中的视觉元素，如色彩、形状、符号等，来理解和解释图像所传达的文化信息和文化背景。可以了解不同文化之间的差异和相似之处，形成民族文化认同感	能够了解图像中的事物具有民族风格	能够理解和解释图像所传达的文化信息和文化背景	能够了解不同文化之间的差异和相似之处，形成民族文化认同感
视觉图像表达（批判维度）	获取图画的意义，产生自己的理解	联想创作	在观察和分析一幅图像时，通过与自己的经验和知识相联系，产生新的想法、概念和情感，并将其转化为新的视觉元素或形式的创作过程	能够尝试使用涂鸦和简单的图形来表达自己的想法和感受	能够通过独特的视角、形式和表现手法，将图像元素转化为具有艺术性和表现力的作品	在观察和分析一幅图像时，通过与自己的经验和知识相联系，产生新的想法、概念和情感，并将其转化为新的视觉元素或形式的创作过程

续表

一级指标		二级指标		年龄段标准		
指标	内涵	指标	内涵	3—4岁	4—5岁	5—6岁
视觉图像表达（批判维度）	获取图画的意义，产生自己的理解	创意应用	通过独特的视角、形式和表现手法，将图像元素转化为具有艺术性和表现力的作品	能够使用手指、画笔等工具进行简单的绘画活动。（能用简单的线条和色彩大体画出自己想画的人或事物）	能够用自己的话复述故事，并通过绘画或其他艺术形式表达对故事的理解	能够使用多种方式和材料，能够更准确地表达自己的想法和感受，制作出自己满意的作品。能够进行更复杂的艺术项目，如制作自己的绘本，展示自己对故事的深入理解。能用多种工具、材料或不同的表现手法表达自己的感受和想象

这套指标体系不仅为家长和教育者提供了幼儿视觉素养发展的参考标准，也为课程设计、教学活动和评估方法提供了指导。通过这些指标，可以更有针对性地促进幼儿在视觉方面的全面发展，为其未来的学习和生活打下坚实的基础。

通过以上幼儿视觉素养评价指标体系，我们可以更好地了解幼儿在不同年龄阶段的视觉素养发展水平，为幼儿的视觉艺术教育提供参考。同时，幼儿视觉素养评价指标体系也可以作为幼儿视觉艺术教育效果的评估工具。

总之，幼儿视觉素养指标体系是一个涵盖面广、内容丰富的评价框架，旨在全面促进幼儿在视觉领域的能力发展。应用这套体系，可以帮助家长和教育者更好地了解幼儿的视觉发展水平，制订更有效的教育计划，并提供更具针对性的指导和支持。

第五章 幼儿视觉素养培育策略

近年来由于信息技术的发展、数字化时代的到来,视觉信息更为普及,图像存在于我们的生活中的方方面面,学会理解图像、辨别图像、评价图像变得更为重要,在这样的时代背景下,不仅需要具备对视觉信息的处理能力,还需要具备区分视觉信息优劣的能力,因此培育视觉素养对幼儿的长远发展显得尤为重要。下面从创编幼儿视觉素养绘本、幼儿视觉素养主题活动开发与设计、提升幼儿视觉素养的无字绘本阅读指导、适当介入电子媒介提升幼儿视觉素养等方面阐述培育幼儿视觉素养的策略。

第一节 创编幼儿视觉素养绘本

绘本在幼儿教育中具有独特的地位。绘本是一种独立的图书形式,特别强调文与图的内在关系。文字与图画共同担当讲故事的重要角色,图画不再仅仅起辅助和诠释文字的作用。通过图片和文字的结合,绘本能够引发幼儿的兴趣,帮助他们建立语言能力和认知能力。绘本有助于提高儿童的视觉读写能力,图文结合共同为读者创造视觉的体验。视觉读写能力由三方面组成,即视觉思维、视觉学习、视觉传播,体现在美术文本中,表现为对视觉信息的观察与接收能力、对视觉图像的设计与创造能力、对视觉图像的传播能力,以及运用视觉图像解决问题的能力。[①]

一、关于幼儿视觉素养绘本的概述

(一)绘本的发展

对于中国的读者来说,绘本在 20 世纪 90 年代才走进大众的视野,逐渐成为

---

① 马丹:《"视觉图像"与"文化意蕴"的融合——美术鉴赏课程核心素养的建构研究》,《东北师大学报(哲学社会科学版)》2022 年第 6 期,第 174—181 页。

人们熟悉和接受的新兴的儿童文学。与此同时，在作为儿童绘本发源地的欧美，儿童绘本已经有着几百年的发展历史。

"绘本"一词起源于西方，也是源于日本对"picture book"的翻译，在中国"绘本"也被称为"图画书"，在本章中，"绘本"等同于"图画书"的含义。最早的一本带插画的儿童书可以追溯到 1658 年夸美纽斯出版的《世界图解》，它被公认为欧洲插图儿童书的雏形。19 世纪彩色印刷技术发明后，伦道夫·凯迪克（Randolph Caldecott）构筑了现代图画书的基础，被人赞誉为"现代图画书之父"，他积极探索图文关系并进行实践，强调只有图文在视觉上变为一个整体，彼此之间才能真正融合。爱德蒙·埃文斯（Edmund Evans）采用红、蓝、黄和肉色四种颜色，并以版画的形式出版了凯特·格林纳（Kate Greenaway）创作的《窗下》，使之大受欢迎。20 世纪初英国出现了以比阿特丽克斯·波特（Beatrix Potter）为代表的图画书画家，到了 20 世纪 30 年代，英语圈图画书的主流渐渐地移向了美国，天才画家纷纷出现，图画书迎来了黄金时代。

近些年，中国各地也陆续出现了"绘本热"，大量西方优秀的图画书被翻译介绍至国内，如大卫·香农（David Shannon）创作的《大卫》系列绘本、安东尼·布朗（Anthony Browne）创作的《我爸爸》《我妈妈》等无字图画书，引起了幼儿的喜爱，社会及教育工作者对原创图画书的关注也在持续升温，如国内的"丰子恺儿童图画书奖"和"信谊图画书奖"等奖项，都是鼓励、推动图画书创作的重要奖项。值得我们注意的是，日本画家在西方图画的影响中逐渐摸索出了一条自己的道路。日本作家宫西达也创作的《我是霸王龙》《你看起来好像很好吃》《好饿的小蛇》，以及佐野洋子创作的《活了 100 万次的猫》等都受到了广大儿童的喜爱。

松居直是日本知名度颇高的儿童文学作家，他对于绘本有较深刻的研究。他强调绘本的出现和起因在于近代社会开始承认幼儿的人格，认识到幼儿具有与大人不同的独特的内在世界。他将绘本定义为"图画书 = 文 × 图"，而有插图的书 = 文 + 图，他对绘本的定义现在已被广泛使用。这一定义也进一步阐释了绘本图文互动的特性，图画并不是去诠释、配合文字，而是让图画本身也"说话"，文图通过各自的方式表达信息，完美地合奏，使主题充分表现出来。[①]2000 年在日本"绘本·儿童文学研究中心"主办的一次研讨会上，来自日本的三位名人河合隼雄、松居直与柳田邦男分别从各自的专业领域来谈绘本的力量，在 21 世纪，

[①] [日]松居直：《我的图画书论》，郭雯雯、徐小洁译，新疆青少年出版社 2016 年版，第 241—245 页。

绘本将变得越来越珍贵，绘本能够给大人和孩子同时带来乐趣，从绘本中可以得到的东西无法估量。①

（二）绘本的特性

1. 图画的叙事性

绘本中的图画确实是一种强大的表达方式。它们不仅仅是装饰性的插图，而是故事的重要组成部分。通过精心设计的图画，我们可以感受到情感、体验冒险，甚至理解复杂的概念。即使不阅读文字，只凭图画，我们也能理解这个故事的主题：神秘、探索、有趣、想象力。此外，图画中的细节给故事的叙事增添了趣味性，如故事中角色视线的方向、周围环境的细微变化等，都为我们提供了更深层次的理解。因此，绘本中的图画不仅仅是装饰，它们是故事的灵魂，让我们沉浸其中，与角色一同成长。绘本中的图画不仅是插图或配图，它本身就可以表达一个完整的内容。即使只看图画，也可以理解故事的内容。

2. 图文互动性

对绘本的研究一直被严格分为两类：一类是由艺术史学家进行的研究，另一类是由儿童文学专家进行的研究。第一组关注的是线条、颜色、明暗、形状和空间等方面，不仅忽略了文本成分，而且经常忽略绘本叙事的顺序性质，第二组将绘本视为儿童读物，采用文学或教育方法，但往往没有考虑到文本和图像交互的重要性。在某种程度上，讨论绘本而不特别注意文字和图片如何合作创造意义是有问题的。柳田邦男也将自己喜欢的绘本分为两类，一类是绘画和语言融为一体，来表现一个出色的故事的作品；另一类是故事性也很好，但是绘画更有魅力，让人就像欣赏喜欢的画家的画集一样，对画反复地、认真地进行品味的作品，即只是看画就令人很感动、很激动的优秀的"绘"本。② 无论是哪种分类，都强调了绘本的图文互动性。而正是这种图文互动性才能揭示绘本的真正的意义，让幼儿愿意去阅读，去探索绘本中的趣味与奥秘。

此外，有研究者曾指出两种绘本阅读倾向的片面性：要么忽略绘本里的视觉元素，要么把图像当成传统形态的艺术欣赏对象，而忽略图像本身的叙事性。他

---

① [日]河合隼雄、松居直、[日]柳田邦男：《绘本之力》，采自强译，贵州人民出版社2018年版，第5—13页。

② [日]河合隼雄、松居直、[日]柳田邦男：《绘本之力》，采自强译，贵州人民出版社2018年版，第5—13页。

们推崇以"符号理论的某种形式"来阅读图像,倡导把绘本作为独特的视觉语法体系和语境,并强调图像和文字互动一体化的叙事艺术。[①]由此可见,绘本不同于插画、连环画等图书形式,它的图文互动性能够更加突出绘本的特点,能够让读者从图像中进行思考,理解故事情节,从而让读者产生不同的阅读体验。

3. 文学性和艺术性

绘本是一种独特的艺术形式,融合了文学性和艺术性。虽然绘本中的文字寥寥无几,但正因如此,才具有独特的文学性和艺术性。

绘本的文学性体现在绘本的文字简单而精确。绘本的文字必须精炼、简洁,点到为止,用最少的笔墨勾勒出丰富的情感和故事。作者需要巧妙地运用语言,构建跌宕起伏的情节,让孩子们在有限的文字中感受到无限的想象空间。绘本的文学性不仅在于文字本身,还体现在如何用简短的句子传达深刻的情感和人生哲理。

绘本的艺术性体现在一幅幅图画当中。绘本的图画是其灵魂所在,每一页的图像都是插画家用心绘制的艺术作品。这些图画不仅是故事的视觉表达,更是一种独创性的艺术。每一幅画都有其风格、技法和情感。绘本中的图画不仅仅是装饰,它们是故事的一部分,与文字相互呼应,共同构建丰富的阅读体验。绘本的艺术性还在于用简单的图画和文字就可以描绘出风趣活泼的故事。绘本中的文字和图画共同营造出一个充满趣味和惊喜的世界,让幼儿沉浸其中,享受阅读的乐趣。

(三)从幼儿视觉素养的角度研究绘本的特性

对于所有绘本来说,它们都具有图画的叙事性、图文互动性,以及文学性和艺术性的特性,但对于幼儿视觉素养绘本来说,它具备其他绘本所不具备的特点,它更加强调幼儿的视觉特点,发展幼儿对视觉信息的观察与接受能力、对视觉图像的理解能力、运用视觉图像解决问题的能力,以及对视觉图像的设计与创造能力。绘本也是由一个个插画组成的,因此,下面以一些幼儿插画举例说明幼儿视觉素养绘本的特性。

1. 凸显绘本的基本元素

绘本的基本元素包括颜色、线条和形状等,每一种基本元素对于图像的表达都有特殊的含义。而幼儿视觉素养绘本能够将颜色、线条和形状等发挥出最大的

---

① 尤呈呈:《当代绘本研究概述——从叙事艺术到视觉素养》,《昆明学院学报》2015年第4期,第10—14+30页。

作用，以加强幼儿对绘本基本元素的感知与感受。如图 5-1 所示，创作者擅长利用色彩进行创作，图中的胡萝卜在色彩的对比下显得尤为突出，从而给人带来强烈的视觉冲击。幼儿本身更倾向于被色彩鲜艳、对比强烈的事物所吸引，且没有色阶意识，因此这幅作品会对幼儿有较大的吸引力，而且画作中包含了不同饱和度和明度的绿色、橙色，有利于幼儿增加对颜色的认知，提升幼儿对颜色的感知。此外，同一种颜色也可以画出一幅画作，整幅画面背景与胡萝卜的叶子使用了不同饱和度的绿色，胡萝卜主体使用了不同饱和度的橙色，营造了胡萝卜茂盛的长势。

图 5-1　栗原由子《胡萝卜》

幼儿视觉素养绘本同样也注重线条和形状的运用和表达。幼儿由于手部肌肉的力量不足，难以控笔，因此他们绘画作品中的线条总是不平稳的，形状也是不规则的，有些插画家就会利用幼儿绘画的特点来进行创作，以此引起幼儿的共鸣。

2. 强调空间构图的表达

构图是组成和谐且完整的画面的一种手法，它能够表现出一定的空间感，也能表现出画面的重点等，绘本中构图的表达有利于幼儿对空间的感知和对不同视角的识别。在幼儿的画作中，他们是没有构图的概念的，事物全部散落在画面的各个地方，而且也不能表达出画面的重点，同时，他们的一幅作品中会多次出现造型一样的事物或人物，并将它们并列在同一个画面中，这体现了幼儿是没有透视的概念的。

因此，许多插画家也抓住了幼儿此种构图的特点来进行创作，如图 5-1 所示，这幅图的画面以胡萝卜的排列来表现,整幅画面也没有什么特殊的事物,但也表现出了画面的重点,胡萝卜的中心位置及强烈的色彩对比,吸引着人们的视线,从而训练幼儿对画面重点的感知和对细节的感知能力。

此外,还有多种多样的构图方式,不同的构图方式都是要表现一定的空间关系以及不同的视角。如图5-2所示,这幅图表现出了平视的角度,而图5-3则是以仰视的角度来进行绘画的,不管以什么样的角度,这两幅画面都很好地表现出了空间感,不同的视角也传达出了画面不同的氛围,帮助幼儿感知不同的视角带来的感觉,以及感知画面中的远近关系、遮挡关系,从而提升幼儿对图像的感知能力。

图 5-2　冷沁《三叶草》

图 5-3　杰米·格林《蘑菇雨》

3.运用多样的叙述方式

大部分绘本的叙述方式都是通过图文合奏来进行的,每一页都只有一幅图像,图像与图像之间连成一个完整的故事。其中,创作者很重视视线的作用,通过人物的视线来叙述故事,画面中的视线能够帮助我们将关注点集中在画面的某一个地方,以便更好地感知画面和理解故事。如图5-4所示,画面所有动物的视线都向右下方熊猫和鳄鱼的身上集中,我们的视线也会被画面中动物们的视线所引导,将目光集中在熊猫和鳄鱼的身上,进而发现这两个角色之间发生的事情,原来这家餐馆的桌椅是由竹子制作的,熊猫把鳄鱼坐的板凳给吃掉了。

图5-4 安德鲁·乔伊娜《换弟弟》

而有些绘本中,一张页面中有多幅图像,被称为分割小图,这些图像是为了突出或强调某个事物,还有一种情况叫做序列成像,也是一张页面中包含了多幅图像,其目的是突出一个连续的过程。特别的叙述方式更能突出情节的跌宕起伏,有利于锻炼幼儿阅读图像的理解能力。

4.呈现特别的背景

虽然在看一张图像时,我们的视线总是会被画面中的主要物体所吸引,但是背景的作用也同样重要。在幼儿视觉素养绘本中,画面背景可以通过一定的手法来表现时间和空间,有助于理解故事和情节。如图5-5所示,我们的关注点可能会被拿着手电筒的小孩所吸引,但我们需要结合背景来解读这张图片,漆黑的环境和手电筒的光照告诉我们这是在夜晚,楼梯和一个开着门的房间告诉我们这个小孩在某一个可以居住的环境。由此可见,背景可以帮助我们解读故事,从而训练对图像的理解能力。此外,画面背景较简洁,更能突出画面的主体。

图 5-5 《The good night star》Jane Massey（简·梅西《晚安星》）

5. 突出角色的特点

一本绘本的角色会给人留下最深刻的印象，当人们回想起一本绘本时，最先想到的应该就是这本绘本的角色。幼儿视觉素养绘本会以一定的手段突出角色特征，如通过夸张的表情和动作，表现角色个性，帮助幼儿感知角色，理解角色的心情和故事情节，从而提升幼儿对图像的感知与理解。

（四）绘本的价值

绘本是一种很好的图像媒介语言，它融合了精美的图画和简洁的文字，通过故事、情节和角色，向读者传达知识、情感和价值观。对于幼儿来说，绘本具有独一无二的意义和价值。

第一，影响幼儿的阅读兴趣和阅读能力。韩映虹等人综述了采用眼动技术探讨学前儿童图画书阅读的规律的国内外研究，分析了影响儿童对图画和文字关注的因素，以及特殊儿童群体的图画书阅读特点。研究者认为图像能够引起幼儿的注意力和兴趣，促进其视觉认知水平的提高。图像能够帮助幼儿进行故事推理和理解，增强其叙事能力和记忆力。图像还能够与文字相互配合，促进幼儿的文字意识和阅读能力的发展。[1] 此外，幼儿有能力自主阅读无字绘本，他们不仅清楚多数图像元素的工具意义，而且能够透过对图像的猜测、思考串联起画面的主要事件进而建构故事的主要情节。图像可以帮助幼儿建立成就感和阅读自信，促进幼儿的观察和推测能力，充分发挥幼儿的想象力和创造力。还可以丰富幼儿的美感经验和审美能力，培养幼儿的视觉鉴赏力，让幼儿细细品味图画中隐藏的细节和故事。[2]

---

[1] 韩映虹、刘妮娜、乌日嘎等：《学前儿童图画书阅读的眼动研究综述》，《天津师范大学学报（基础教育版）》2017 年第 1 期，第 75—80 页。
[2] 李辉辉：《幼儿对无字绘本解读的研究》，西南大学 2016 年硕士学位论文，第 1 页。

第二，提升幼儿的审美。西尔维娅·潘塔里奥（Sylvia Pantaleo）基于一项课堂的研究，得出绘本中的视觉艺术和设计元素有利于幼儿批判性思维和审美的发展，还能够提高幼儿在创作中的表达和沟通能力。绘本中的图画往往具有艺术性，包括色彩、线条、构图等。[①]幼儿在欣赏这些图画的同时，也在潜移默化中培养了审美意识和对美的感知，从而提升他们对绘画、图像等的艺术鉴赏能力。

第三，有利于幼儿视觉读写能力的发展。绘本阅读对幼儿发展也有重要的作用，绘本阅读可以促进幼儿读写意识和能力的萌发，提高幼儿的视觉素养，打造全方位的阅读体验。[②]绘本通过图画和文字两种媒介来讲述故事，吸引幼儿的注意力和兴趣，激发幼儿的观察能力、想象能力和认知能力，培养他们的逻辑思维和连贯性。绘本中的图画和文字相互补充、相互联系，形成协同效应，提升幼儿的阅读深度和难度，提升幼儿的综合理解能力，从而使其具备一定的读图的能力。

然而，绘本的魅力并不局限于图画。页面的构图和设计同样起着关键的作用，它们有助于建立故事的场景、定义人物角色、发展故事情节，并从不同的视角提供视觉体验。视觉素养是幼儿学习的第一步，因为幼儿的具体形象的思维特征决定了他们通过观看图像和实物来解读和表达信息。同时，视觉素养教育在幼儿园早期阅读尤其是图画书阅读中具有重要地位，因为图画书是一种多模态文本，需要特定的视觉阅读能力和专门的阅读策略。这些视觉元素的巧妙运用，使得具备高度视觉素养的幼儿能够从中领略到故事的深层含义，从而进一步增强他们的阅读体验。

由此可见，绘本中的图画、页面构图和设计都有助于幼儿对图像理解，增加他们对阅读图像的兴趣，从而促进他们视觉读写能力的发展。绘本还通过插画和页面设计的完美结合，为幼儿提供了一个丰富多彩、寓教于乐的阅读世界，激发了他们的想象力和创造力，同时也培养了他们的视觉素养和文化素养。这就是绘本的魅力，也是绘本的价值所在。

（五）基于幼儿视觉素养的绘本价值

幼儿视觉素养绘本同样能够影响幼儿的阅读兴趣和阅读能力、提升幼儿的审美，尤其能够提升幼儿的视觉素养，绘本中的图像构图巧妙、色彩优美，对幼儿具有很大的吸引力。通过观察绘本中的图画，幼儿可以培养良好的图像概念，提

---

① Pantaleo S, "Critical Thinking and Young Children's Exploration of Picturebook Artwork", *Language and Education*, Vol.31, 2017, pp.152–168.
② 杨春菊、张喜梅：《体验式幼儿绘本阅读的价值：从读写萌发到视觉素养》，《学前教育研究》2019年第8期，第93—96页。

高思考连贯性，丰富想象力，从而促进幼儿的读写意识和读写能力的萌发，培养幼儿的视觉素养。

第一，幼儿视觉素养绘本有利于幼儿视觉辨识能力的发展。绘本中的图画丰富多样，可以帮助幼儿识别不同的形状、颜色、纹理和图案。通过观察绘本中的图像，幼儿可以培养对物体的辨识能力，从而更好地理解周围的世界，而且在信息错综复杂的当今时代，视觉素养绘本能够训练幼儿分辨图像优劣的能力，从而更好地适应时代的发展。

第二，幼儿视觉素养绘本还有利于幼儿对图像解读能力的发展。绘本中的图画与文字相互配合，共同构成一个完整的故事。幼儿通过观察图画，理解故事情节、人物关系和事件发展。这有助于培养幼儿的故事理解能力和逻辑思维能力，绘本中的图画往往隐含着丰富的信息和象征意义，幼儿需要通过观察、思考和对比，理解图画中的细节和隐含的故事。而且绘本中的图画是一种图像符号，幼儿需要理解其中的意义，幼儿通过了解符号的意义来增加认知和理解世界。例如，一个笑脸图标代表快乐，一只鸟的图画代表自由。通过绘本，幼儿可以逐渐理解这些图像符号，并将其应用到其他情境中。

第三，幼儿视觉素养绘本有利于幼儿视觉表达的发展。绘本不仅是被动接受的阅读材料，也是激发幼儿创造力的工具。幼儿可以学习绘本中的创作手法，在潜移默化中学习如何使颜色搭配看起来更和谐、如何构图、如何突出画面重点等等，以提升自身的绘画功底。此外，幼儿可以通过绘本中的图画进行想象、模仿和创作。例如，他们可以画出自己喜欢的故事情节或角色，表达自己的想法和情感。

二、绘本作为视觉素养培育的载体

由于现代技术的快速发展，大量图像的诞生与时代特点强调了人类发展对视觉素养的需求。虽然创造、传播和解释视觉效果的方法因个人、专业和学术背景而异，但视觉素养使学习者能够批判性地创造、分析、使用和分享视觉信息。众多研究者都强调了绘本在培育视觉素养中的重要作用，因此，应充分利用好绘本这一工具，深入了解绘本中图像的意义，以此作为视觉素养培育的载体之一。

图画作为绘本中不可或缺的元素，扮演着至关重要的叙事角色。它们以独特的视觉语言，为幼儿打开了探索世界的新窗口，促进他们视觉读写能力的发展。在一本图画书中，图画是其核心要素，它们的存在不仅赋予故事以生命和力量，更能将故事从平凡的现实状态提升至全新的艺术高度。图画以其丰富的色彩、独特的风格和生动的形象，为故事注入了无限的想象空间和深远的内涵，从而给幼儿更大的想象空间与表达空间。在《3—6岁儿童学习与发展指南》明确提出了幼儿应具备初步的阅读理解能力，能够看懂连续画面中的主要信息。

研究者将绘本与视觉素养的培育相联系。唐娜·里德（Donna Read）和亨丽埃塔·M.史密斯（Henrietta M. Smith）从无字图画书的角度来阐明了视觉素养的重要性及教育方法。他们认为视觉素养是指理解环境中的视觉刺激的能力，包括使用线条、形状和颜色等元素来解读动作、识别物体和理解符号的信息，以及欣赏非语言表达的美感。无字图画书是一种可以培养视觉素养的教育材料，它们不依赖文字来讲述故事，而是通过艺术元素如线条、形状、颜色、空间和符号等来传达信息和情感。[1]

对于幼儿来说，绘本既是符合幼儿年龄特点的一种书籍，也是通过图像认识外界世界的一种工具，许多研究者都将绘本与视觉素养相联系，绘本对于培养幼儿的视觉素养具有积极的影响。读写能力是视觉素养的一个方面，绘本能够促进幼儿读写能力的发展，而丹尼丝·I.马图卡（Denise I.Matulka）指出一个人的读写能力不仅仅是他的阅读和写作能力，还包括理解交流信息和想法的能力，也包括通过探究和分析形成思想的能力。2001年美国公共图书馆协会（PLA）与美国儿童健康与人类发展研究院（NICHD）合作成立了"儿童早期读写推广计划"这个项目将儿童的早期读写能力分为了词汇量、阅读兴趣、阅读意识、叙述能力、文字知识与语音意识六个方面，绘本对于幼儿这六个方面的发展都有很重要的作用。因此绘本是提升幼儿视觉素养的有效工具。

申灵灵还介绍了澳大利亚以视觉素养教育理论与实践为基础，提出评价学习者视觉素养的"Show Me"框架。该框架将视觉素养教学与图画书教学相结合，从情感、结构和批判三个维度评价学生的视觉素养，针对不同年级制订了具体的评价问题和标准。[2]因此，绘本可以帮助教师对幼儿进行视觉素养训练和评价。杨春菊、张喜梅认为绘本通过图画来引导幼儿观察、记忆、想象和判断推理能力发展的视觉素养是促进幼儿发展的重要手段，绘本也因为其独特的图画表达而在促进幼儿视觉素养发展过程中起着重要作用。[3]

---

[1] Read D, Smith H M, "Teaching Visual Literacy Through Wordless Picture Books", *The Reading Teacher*, 1982, pp.928-933.
[2] 申灵灵：《澳大利亚的"Show Me"视觉素养评价框架述评》，《上海教育科研》2012年第1期，第33—36页。
[3] 杨春菊、张喜梅：《体验式幼儿绘本阅读的价值：从读写萌发到视觉素养》，《学前教育研究》2019年第8期，第93—96页。

总的来说，很多研究者都探讨了图像对于幼儿视觉素养发展的影响，因此在进行幼儿绘本创作时，从视觉素养的角度进行绘本创作研究，将适合幼儿发展的图像元素设计到绘本中，更有利于幼儿的阅读及提高绘本的质量。

三、创编幼儿视觉素养绘本的原则和方法

柳田邦男说过："现在是所谓的IT革命，人们通过电脑和手机获得各种信息，或者无聊时就不停地传送画面，在这样的失去了闲暇的信息化时代里，如果说到真正能拥有深刻地感动心灵的时间和空间的媒体，最好的也许就是绘本。"[①] 绘本承载着各种精美的图像，为孩子带来别样的视觉刺激，使幼儿对图像更加敏感，并提升他们的视觉素养，同时绘本以各种有趣的故事为载体，吸引孩子们的兴趣，在理解图像与故事的过程中让孩子感受真善美。

（一）创编幼儿视觉素养绘本的原则

1. 符合幼儿的年龄特点和绘画特点

绘本创编首先要符合幼儿的主体性。幼儿的主体性是指幼儿在其对象性活动中所表现出来的自主性、能动性和创造性。符合幼儿的主体性就要考虑幼儿的年龄特点和认知水平。绘本的故事内容需要简洁明了，易于理解，使幼儿能够轻松读懂。主题的选择应贴近幼儿的生活经验，能够引发他们的共鸣和兴趣。同时，绘本的语言表达要生动有趣，符合幼儿的阅读习惯和审美需求，通过生动的故事情节和有趣的角色塑造，吸引幼儿进入故事的世界。

此外，还要考虑到幼儿的绘画特点，考虑幼儿对颜色、形状和图案的敏感度和喜好，绘本的图像设计要充分利用这些元素。通过运用鲜艳的色彩、简洁的形状和富有想象力的图案，可以创造出符合幼儿审美趣味的绘本图像。这样的绘本不仅能够加强幼儿的视觉图像感知能力，还能使他们在欣赏绘本的过程中感受到美的熏陶。在上文中提到，幼儿的绘画具有控笔难、构图形式散、喜欢排列事物、没有透视等特点，此外，儿童的绘画作品颜色的使用也较为单一，已具备简单的方向感，画出的造型呈现出符号化的特点，笔触较为凌乱，用笔较为情绪化。因此，在创编幼儿视觉素养绘本时，可模仿幼儿绘画的特点，以此呈现出的图像更能够引起幼儿的共鸣。

---

① [日]河合隼雄、松居直、[日]柳田邦男：《绘本之力》，朱自强译，贵州人民出版社2018年版，第5—13页。

在绘本的创编过程中，还应注重幼儿的参与性和主体性。可以鼓励幼儿参与绘本的创作过程，让他们用自己的想象力和创造力来构建故事情节和角色形象。这样不仅能够激发幼儿的创造力和表达能力，还能使绘本更加贴近幼儿的生活和心灵。

因此，基于幼儿主体性创编幼儿视觉素养绘本，需要充分考虑幼儿的年龄特点和绘画特点，选择合适的故事主题和语言表达方式，同时注重图像设计的趣味性和审美性。通过这样的绘本，可以培养幼儿的视觉素养和审美能力，为他们的全面发展打下坚实的基础。

2. 以培育幼儿的视觉素养为主

儿童绘本的价值不仅是描绘故事中的情节，还要通过图画传递感情，引起大家的共鸣。因此，儿童绘本还担当了比一般图画多的教育功能。[①]创编幼儿视觉素养绘本旨在培养幼儿的视觉素养，培养幼儿的视觉感知能力、视觉理解能力与视觉表达能力，进而发展幼儿的审美。

第一，创编幼儿视觉素养绘本应充分利用图像元素来提升幼儿的视觉感知能力。绘本以精美的插图和丰富多彩的色彩，吸引幼儿的注意力，更为他们提供了一个丰富多彩的视觉世界。在这个世界里，幼儿得以更加深入地感知形状、色彩、空间等视觉元素，进而提高对这些元素的敏感度与辨识能力。这种感知能力的提升，对于他们的认知发展以及艺术修养的培养都具有深远的影响，为他们未来的学习和生活打下了坚实的基础。

第二，创编幼儿视觉素养绘本应注意图文之间的融合，以及绘本的文化传播功能，这有利于发展幼儿的视觉理解能力。绘本中的文字与插图是相互补充、相得益彰的。文字为插图提供了背景与情境，而插图则为文字注入了生命力与形象感。这种图文结合的方式，使得幼儿在阅读绘本的过程中，能够更加轻松地理解故事情节和人物形象，进而增强他们的阅读理解能力。同时，这也为他们提供了一种全新的阅读体验，使他们在享受阅读乐趣的同时，不断提升自己的阅读能力。

同时，绘本承载着一个国家的文化，因此可以通过绘本引导幼儿认识与理解多样的文化。因为对文化的解读是对图像内在本质的追问，是人类智慧与理性之光的投射。从某种意义上讲，读图是一种更为复杂的理解过程。[②]因此，在创编绘本时，应根植于文化之上，而且绘本通常以图文结合的方式呈现，这种形式有

[①] 赵瑞平：《基于图像时代的儿童绘本价值研究》，《大众文艺》2017 年第 21 期，第 97—98 页。
[②] 马丹：《"视觉图像"与"文化意蕴"的融合——美术鉴赏课程核心素养的建构研究》，《东北师大学报（哲学社会科学版）》2022 年第 6 期，第 174—181 页。

助于幼儿更直观地了解不同文化的特点和差异。通过阅读不同文化背景的绘本，孩子们可以拓宽自己的视野，增进对不同文化的理解和尊重。绘本可以通过生动的故事和图像，传递和展示特定的文化元素、传统习俗、历史背景等。这种传承不仅有助于幼儿了解自己的文化根源，也能帮助他们更好地理解和尊重其他文化，从而培养跨文化交流的能力。此外，通过阅读来自不同国家和地区的绘本作品，幼儿可以了解到不同文化的价值观、习俗、信仰等，从而培养出一种开放、包容的多元文化心态。

第三，创编幼儿视觉素养绘本要考虑如何提升幼儿的视觉表达能力。绘本作为一种充满想象力与创造力的艺术形式，通过故事情节与插图的结合，给幼儿提供了一个广阔的想象空间。在这个空间里，他们可以充分发挥自己的想象力与创造力，用视觉元素来表达自己的思想和情感。这种表达方式的学习与实践，对于他们的未来发展具有重要的价值，不仅能够丰富他们的内心世界，更能够提升他们的创新能力和创造能力。

第四，培育幼儿视觉素养的过程会潜移默化地提升幼儿的审美能力，因此创编幼儿视觉素养绘本要看起来"美"，借助绘本中那些精美的插图和引人入胜的故事情节，为幼儿提供一个培育审美情趣和审美能力的工具。基础阶段的重点应该放在对视觉信息的"视而能见，见而能懂，懂而能用"上，强调对视觉信息"感知—理解—表达"的过程，并逐渐萌发早期幼儿的创新意识与审美意识。[①] 绘本不仅以其细致入微的插图吸引幼儿的目光，更通过富有感染力的故事情节，深入触动他们的内心。在这个过程中，幼儿可以学会如何欣赏美、发现美，并逐渐提升自己的审美水平。他们开始注意到插图中的色彩搭配、线条流畅及画面的整体构图，从而培养他们对美的事物的敏感性。同时，故事情节的展开也让他们学会了如何理解作品背后的深层含义，感受到艺术所传递的情感与温度。当他们学会发现美、欣赏美甚至是创造美时，不仅丰富了他们的精神世界，更为他们未来的艺术修养和创造力发展奠定了坚实基础。

3. 具备强烈的视觉体验

绘本可以为幼儿带来丰富的视觉体验。图画是绘本的核心要素，它不仅赋予故事新的生命和力量，其构图和设计也有助于建立故事场景、定义人物角色和发展故事情节，这种借助视觉从图画中获取故事意义的方式为幼儿的阅读提供了不

---

① 王静梅、周泸越、戴和英等：《读图时代儿童视觉素养的研究与培育》，《学前教育研究》2022年第4期，第75—78页。

同视角,进一步增强了幼儿的阅读体验。①幼儿也可以通过画面观察和感知外面的世界,体会不同的情感,丰富自己的知识,潜移默化地树立起自己的人生观和价值观。这是幼儿绘本的价值体现,也是幼儿绘本的发展所在。②因此,在创编视觉素养绘本时,充分利用色彩、角度、画面布局等多种艺术手法,可以营造出丰富多彩的视觉体验,吸引幼儿的注意力,培养他们的审美能力。

首先,在色彩运用上,绘本可以采用丰富和谐的色彩搭配,营造出愉悦、温馨的阅读氛围。明亮的色彩能够激发幼儿的好奇心和想象力,而柔和的色彩则能带来宁静、舒适的阅读体验。此外,通过巧妙地运用色彩对比和渐变,可以引导幼儿关注细节,培养他们的观察能力。其次,在视角画面的选择上,绘本可以尝试不同的角度和透视方式,以呈现多样化的视觉效果。例如,可以采用鸟瞰、俯视、仰视等多种视角,让幼儿从不同角度观察事物,拓宽他们的视野。同时,通过运用透视技巧,可以营造出立体感和空间感,增强画面的表现力。此外,绘本还可以采用分割小图的表现形式,将复杂的场景或情节分解为多个小图,以便幼儿更好地理解和记忆。这种表现方式不仅有助于幼儿逐步掌握阅读技巧,还能培养他们的逻辑思维能力和分析能力。最后,画面布局的设计也是绘本创作中不可忽视的一环。通过巧妙的布局安排,可以引导幼儿的视线流动,使他们在阅读过程中获得更好的视觉体验。例如,可以运用对称、重复、渐变等设计元素,营造出富有节奏感和韵律感的画面,让幼儿在欣赏美的同时,也能感受到绘本所传达的情感和意境。在《大卫上学去》这本绘本中,通过生动的插图和独特的视角,展现了大卫在学校的一天。作者运用了大胆的色彩和夸张的视角构图,突出了大卫的个性和冒险精神。同时,通过夸张的手法展示了他在学校中的各种活动,帮助幼儿理解学校生活的各个方面,还给幼儿带来强烈的视觉体验,这也为创编幼儿视觉素养绘本提供了借鉴。

总之,应创作高质量的视觉素材供幼儿阅读,鉴于韩日图书出版业已经出现严重的视觉泛滥("泛视化")情况,市场上充斥着图像意义低俗、来源不明或者有侵权嫌疑、违背传统伦理道德的视觉图像,可视化在某种程度上已经变成图书从"理性生产"转向"快感生成"的帮凶。③由此我们应意识到不应过度追求图像的数量,而应追求图像创作的质量,通过高质量的图像来提升幼儿的视觉素养。

---

① 杨春菊、张喜梅:《体验式幼儿绘本阅读的价值:从读写萌发到视觉素养》,《学前教育研究》2019 年第 8 期,第 93—96 页。
② 赵瑞平:《基于图像时代的儿童绘本价值研究》,《大众文艺》2017 年第 21 期,第 97—98 页。
③ 柯艺、刘远军:《视觉的救赎与超越:韩日图书视觉文化转向及其中国启示》,《新闻爱好者》2021 年第 8 期,第 51—54 页。

因此，通过丰富多元的艺术表现手段，让绘本呈现出更加生动、有趣的视觉效果，为幼儿带来丰富多样的视觉体验。这种体验不仅有助于培养幼儿的审美能力和阅读兴趣，还能为他们的全面发展打下坚实的基础。

此外，视觉素养具有以下特点：它是视觉能力的综合，个体需要通过不断的学习与实践才能获得；它的对象是"完整且鲜活"的视觉信息；它以社会文化背景为前提，也受个体品质特征影响；它强调信息的有效性、批判性与创造性的表达和应用，并最终走向审美。[1]而绘本具有丰富的视觉元素和引人入胜的故事情节，不仅能够吸引幼儿的注意力，更能够为他们提供丰富的视觉材料。

视觉素养绘本恰好具备了这样的视觉性功能，通过精美的插图和富有想象力的故事情节，为幼儿提供了大量的视觉材料。幼儿在阅读绘本的过程中，不仅能够欣赏到美丽的画面，更能够通过画面中的细节和线索，深入理解故事情节和人物性格。这样的阅读体验不仅能够培养幼儿的视觉素养，还能够为他们的全面发展奠定坚实的基础。值得注意的是，仅仅有视觉材料是不够的，还需要个体在阅读的过程中不断思考与内化，因为视觉素养是能够被看到、知道、理解并最终通过视觉进行思考、创造和沟通的能力，这些能力并非仅仅借由经验的刺激就可以形成，而是需要通过个体不断的学习与实践才能获得的。[2]因此，我们应当充分利用绘本这一教育资源，鼓励幼儿多阅读、多接触各种视觉材料。通过不断的阅读实践，幼儿将逐渐掌握各种阅读策略，提高自己的阅读能力和创作能力。

4. 突出视觉元素的表达

绘本作为一种独特的艺术形式，巧妙地融合了图画与文字，共同叙述故事、表达情感和主题。这种综合性的艺术形式不仅为幼儿带来了阅读的乐趣，更为他们提供了一种视觉上的美学教育。视觉素养绘本尤其注重艺术的表达，从而突出视觉元素的表达，包括色彩的运用、造型和线条的运用、构图布局的设计、绘画技巧的展现、细节区域的处理等方面。

色彩是绘本情感传达的重要媒介，正确的色彩搭配能够触动读者的心灵。在造型和线条的运用上，曲线造型往往能够传达出活泼、自由的感觉，使画面充满动感和生命力。而直线则可能表现出稳定、坚定的情感，为故事增添一份坚定和力量。绘本中的人物、动物、物体的形状和比例都应该与整体风格相协调，同时也要符合故事情节的发展。这些细节的处理不仅能够丰富画面的视觉效果，还能

---

[1] 王静梅、周泸越、戴和英等：《读图时代儿童视觉素养的研究与培育》，《学前教育研究》2022年第4期，第75—78页。
[2] 王静梅、周泸越、戴和英等：《读图时代儿童视觉素养的研究与培育》，《学前教育研究》2022年第4期，第75—78页。

够使故事更加生动有趣。在构图和布局方面，可以遵循黄金分割法等美学原则，使画面更加和谐、吸引人。同时，对角线构图、三角形构图等构图方式也可以增加画面的紧张感和动态感，引导读者的目光，使故事更加引人入胜。在绘画技巧上，创作者可以使用水彩、铅笔、油画等多种绘画材料和技术，以呈现出不同的视觉效果。最后，从绘本的封面到内页，绘本都应该呈现出统一的视觉风格，使整本书籍在视觉上形成一个和谐的整体。这种风格应该与故事情节相符，使视觉元素与故事情节相互呼应，共同营造出一种独特的氛围和情感。

综上所述，视觉元素的表达是创编视觉素养绘本过程中不可忽视的重要方面。通过巧妙的色彩运用、造型和线条的设计、构图和布局的安排以及绘画技巧的运用，绘本不仅能够吸引孩子的注意力，激发他们的阅读兴趣，还能够为他们提供一种视觉上的美学教育，在阅读、理解、分析、反思之后，形成自己独特的审美观，从而帮助他们提升审美能力和艺术素养。

5. 持续的趣味性

绘本的趣味性是吸引幼儿进入阅读世界的首要要素，视觉素养绘本能够抓住幼儿的视觉特点，使幼儿在阅读的过程中有着持续的阅读兴趣。绘本的趣味性吸引幼儿进行阅读时，幼儿可以耐心地读完整本绘本，还能发现绘本中的细节，从而发展他们的视觉理解能力和视觉表达能力，进而促进其视觉素养的发展。

视觉素养绘本的图像设计应当独具匠心，既要符合幼儿的审美，又要能够激发他们的好奇心和探索欲望。这些图像可以夸张，可以丰富，甚至可以颠覆常规，使幼儿在阅读过程中不断感到惊喜。例如，绘本中的图画可以通过放大某个细节，让这个细节变得极具趣味性和吸引力。这种手法不仅能使画面更加生动有趣，还能引导幼儿更深入地观察和理解画面内容。同时，创作者还可以赋予动物或物体人性化的特点，让它们具有情感和个性，这样更容易使幼儿产生共鸣，增进他们对故事的理解和感受。

绘本的故事内容也是影响趣味性的重要因素。故事应该与幼儿的生活紧密相连，让他们在阅读过程中能够产生共鸣。同时，故事中的情节应该充满创意和想象力，创造出不同寻常的情境和冲突，使幼儿在阅读过程中始终保持高度的兴趣和好奇心。

此外，绘本还可以通过使用不同的纸张、质地和装饰来增强趣味性。例如，可以使用柔软的纸张、粗糙的纸张、有光泽的纸张等，让幼儿在触摸绘本时能够感受到不同的材质和质感。还可以在绘本中添加弹性元素、凹凸元素、贴纸等元素，让幼儿能够亲自参与绘本的探索和互动。

总的来说，绘本的趣味性是多方面的，它需要通过独特的图像设计、富有创意的故事情节，以及丰富的材质和装饰来共同实现。只有这样，才能真正吸引幼儿进入绘本的世界，让他们在享受阅读乐趣的同时，也能从中获得知识和成长。绘本的趣味性也是至关重要的。

（二）创编幼儿视觉素养绘本的方法

视觉元素在视觉艺术中具有重要作用，而视觉艺术元素包括线条、纹理、形式、空间、形状和颜色。绘本也属于一种视觉艺术品，因此，在绘本创作的过程中，要合理利用视觉艺术元素，创作出高质量的画面，并结合生动有趣的故事给幼儿带来快乐的体验，让幼儿爱上阅读的同时提升自身的视觉素养。下面从绘本的结构来介绍如何创编幼儿视觉素养绘本。

绘本分为封面、环衬、扉页、正文、封底五个部分。从观赏性方面来看，一本好的绘本应该颜色搭配和谐、线条统一、画面主体与背景区分明确、角色形象具有鲜明特点、有适当留白等。从绘本的内容方面来看，故事应当来源于幼儿的生活，和幼儿的生活相联系，能够引起幼儿共鸣，让幼儿读懂才能让这本绘本发挥其价值，还可以运用拟人的手法将故事与幼儿的生活联系起来，符合幼儿"泛灵"的心理，也会引起幼儿共鸣。此外，神秘的故事氛围及情节还可以吸引幼儿了解故事的走向及结局。

绘本的封面和封底是一本绘本留给读者的第一印象，因此要确保书名、作者（译者）及出版社等信息清晰可见。好的封面能够吸引读者的注意力，让他们产生想要拿起书来阅读的冲动，因此绘本的封面和封底一般采用较好的铜版纸，在幼儿园中，幼儿教师可使用硬卡纸来制作封面和封底，封面和封底的背景要与整个故事的氛围或绘本正文中的背景相统一，还要将绘本中的特色和精髓在封面和封底中体现出来，如将主角形象或者串联整个绘本故事的事物呈现在封面中，在封底可呈现与封面相呼应的图像，或是呈现绘本正文中的一幅图像。在封底的设计中需要注意的是有些作者会在封底上画出故事的结尾，让读者回头再次体会。封面和封底还可以构成一个完整的画面，也可以同时展开看。

环衬是封面与书芯之间的一张衬纸，包括前环衬和后环衬，书前的一张叫前环衬，书后的一张叫后环衬，通常一半裱贴在封面或封底的背后，一半是活动的，因其以两页相连的形式被使用，所以叫"环衬"，也被称为"蝴蝶页"。它不仅是绘本的装饰，更是与故事紧密相连的一部分，在设计环衬时，应该仔细考虑颜色、图案和整体效果，让环衬成为故事的一部分，引发读者的联想和好奇心。环衬的图案一般是书中的细节部分，蕴含着作者的小心思，需要幼儿细心观察与阅读，这也能够训练幼儿的视觉素养。在环衬的设计中颜色选择很重要，虽然环衬通常没有文字，甚至有的连图案都没有，但作者需要根据整体故事安排，选择适合图画书整体氛围的颜色。例如，纯色的环衬可以象征情感，强调人物的情绪，或者突出故事的主题。环衬的颜色和图案还应与故事内容相呼应。有时，环衬还会升华主题，甚至暗示故事的另一个结局。还有一些环衬可能放大内文的某个细节，或者展示内容中某个场景的画面，创作者可以在环衬中融入更多的创意和想法。因此，当幼儿园教师进行绘本创作时，可将绘本中具有深意的部分放在环衬当中体现，当幼儿发现绘本中的秘密时，会获得很大的成就感和快乐。

扉页又叫作主书名页，位于环衬之后、正文之前，在扉页中一般会呈现绘本的书名、作者等信息，还会体现故事的主人公和故事背景，对于理解这本绘本的故事有很大的帮助。扉页不仅是绘本的门户，也是读者进入故事的第一步。创作者应该在扉页中融入创意，让它成为整本书的一部分。尽管扉页通常没有文字，但它的图画也不容小觑。扉页可以告诉读者谁是主人公，甚至设置一些小小的悬念，当再次阅读时，就会发现扉页与整本绘本的联系，加深对绘本的理解，从而让读者感到欣喜与有趣。

绘本的正文是绘本的主体，以图画为主，文字与图画相互呼应，图画提供视觉支持，文字则传达故事情节，图画和文字之间应该相互补充，共同创造出完整的绘本世界，在创作绘本时，要注意图画和文字之间的平衡，让它们相互呼应，共同构建故事。视觉素养不仅包括色彩、形状、构图等，还涉及故事的场景、人物角色、情节发展等。在创作绘本时，应先构思好故事情节，考虑图画和文字如何共同表达这个故事，通过视觉元素来定义人物、环境和情感，让读者更好地理解故事。颜色是视觉素养的重要组成部分，不同颜色传递不同情感和意义。例如，红色代表幸福，蓝色表示寒冷或不安。正文中的画面与故事还要有节奏感。其实真正重要的，不在于读者能不能看出画面的韵律，而在于作者能不能掌握画面的连贯性，以及能不能让读者进入他安排的情绪。就像看电影，观众未必了解导演的技巧和手法，但好看还是难看，能不能引起共鸣和感动，观众自己的感觉是很明显的。[1]因此，创作出的绘本画面与画面之间要有连续性，这些画面需要有一个有形或无形的线将它们串联起来，幼儿如果只看图就能理解整个故事，这本绘本就是成功的。此外，还可以为绘本创造意想不到的高潮或结局，绘本的高潮通

---

[1] 郝广才：《好绘本如何好》，二十一世纪出版社2009年版，第25页。

常是出乎意料的,让读者感到惊喜。在绘本创作中,构思一个令人意想不到的高潮,让故事更加引人入胜。

总之,创编幼儿视觉素养绘本是一个充满创意和视觉想象的过程。通过巧妙地结合图画和文字,以及运用颜色、构图、连贯性等视觉元素,可以创作出令人难忘的绘本作品。

四、创编幼儿视觉素养绘本的步骤及建议

视觉素养包括三个维度,分别是视觉图像感知能力,视觉图像理解能力和视觉图像表达能力(见表5-1)。若要创编一本旨在提升幼儿视觉素养的绘本,这本绘本应能够提升幼儿的视觉图像感知能力、视觉图像理解能力和视觉图像表达能力。

表5-1 视觉素养维度与绘本元素的对应关系

视觉素养维度	绘本元素		具体内容
视觉图像感受能力	图像元素	基本元素	颜色
			线条
			形状
		构图取景	细节区域
			远近景切换
			视角转换
		叙述方式	分割小图
			序列成像
视觉图像理解能力	故事元素	背景	时间
			空间
		角色	角色情感
		情节	发展起伏
视觉图像表达能力	延伸拓展	语言表达	情感评价
		创意应用	主题绘画
			戏剧表演

（一）明确阅读对象

当目标读者是3—6岁的幼儿时，可以借鉴皮亚杰的认知发展阶段理论来指导创作。在这个年龄段，幼儿的思维主要以直观和形象为主，他们通过观察和感知世界，逐渐建立起对世界的理解。这为我们确定故事的大致方向和创作手法提供了重要的参考。在创作过程中，应该先建立一个全局的视角，对绘本的整体风格、故事的大概内容等有一个清晰的认识。我们需要考虑的不仅仅是故事的情节，还有故事的主题、角色的设定、故事的情感表达及创作手法等。此外，我们还需要注意，对于幼儿来说，图像是他们理解世界的重要方式。因此，在创作绘本时，应该尽可能地使图像具体和直接，以便引起幼儿的注意和兴趣。当图像足够具体和直接时，就能够增强幼儿对它的感知，从而训练与提升幼儿的视觉图像感知能力与视觉图像理解能力。

总的来说，在创编幼儿视觉素养绘本时，不仅要考虑到故事的内容，还要考虑到幼儿的认知发展特点、视觉偏好，以及如何通过绘本来促进幼儿的认知发展和视觉素养，这样才能创作出既有趣又有教育意义的绘本。如在绘本《阿罗有支彩色笔》（见图5-6）中，整本绘本是以阿罗进行涂鸦贯穿起来的，虽然简单却又和谐，能够吸引读者去阅读和了解绘本的故事，作者简单的几笔就能表达出画面所要传达的意思，抓住了幼儿的心理特点，而且故事的主角阿罗是一个婴儿的形象，做着和幼儿一样喜欢做的事情——涂鸦，这足够引起幼儿的共鸣。

图5-6　克罗格特·约翰逊《阿罗有支彩色笔》

(二)确定故事内容

故事的确定是绘本创作的开始与前提,许多绘本创作者都善于从生活的点滴中汲取故事的养分与灵感,无论是日常的琐碎小事,还是那些触动心灵的瞬间,都可能成为他们创作的源泉。正是这些源自生活的真实与细腻,使得绘本故事能够深深打动读者的心灵。然而,故事的形成并非一蹴而就的简单过程,它需要创作者进行深入思考与精心打磨。创编幼儿视觉素养绘本的故事应该关注到绘本的背景、角色与情节,以此来促进幼儿的视觉理解能力。

1. 故事背景的设定

在构思故事时,创作者需要仔细考虑故事的背景设定,这包括故事发生的时间、空间或场景等诸多因素,它们共同构成了一个丰富而立体的故事世界。同时,如何表达空间和时间,使得故事的叙述既符合逻辑又充满想象力,也是创作者需要费心思考的问题。

绘本创作者应考虑到如何用图画来表达时间和空间,如在绘本《疯狂星期二》(见图5-7)中,作者在封面就交代了故事发生的背景,用一个大钟表、深色的背景颜色及微弱的光源表现出夜晚的场景,不远处的房子表明故事发生的地点,以此很清晰地交代了故事的背景。通过精心设计故事画面的背景也能够有效地提升幼儿的视觉素养,他们能够根据画面颜色、光源来感知和辨别白天、晚上或是不同的季节,还能够根据画面上已有的事物及场景来分析故事发生的地点,以此提升对视觉图像的感知能力和理解能力。

图5-7 大卫·威斯纳《疯狂星期二》

2. 角色的设定

角色的设定是故事中的另一大关键。每个角色都有其独特的性格、外貌和经历，他们之间的互动与冲突推动着故事的发展。创作者需要为每个角色赋予鲜活的生命，让他们在故事中活灵活现，使读者产生情感共鸣。

在进行角色描绘时，创作者应注意突出角色的特征，使其更具有辨识度，如使用拟人的手法将动物拟人化，或使用对比的手法将主角和配角对比，突出主角的形象。另外，将角色的动作与表情用夸张的手法表现出来，会留给读者更深的印象，从而更便于读者对图像的理解。在绘本《大卫，不可以》（见图5-8）中，大卫的形象也为人们熟知，圆溜溜的小眼睛、三角形鼻子及大大的嘴巴组合在一起总是显得那么滑稽，作者运用夸张的手法将大卫的单纯和调皮表现得淋漓尽致，简单又夸张，这也是人们喜欢大卫的原因。通过观察角色也能提升幼儿的视觉素养，作者运用夸张的手法能够让幼儿更清晰地感知到角色的外貌特征及表情，从而能够理解角色的心情及心情变化，更利于幼儿理解故事情节，从而增强幼儿对视觉图像的感知能力和理解能力。

图5-8 大卫·香农《大卫，不可以》

3. 情节的安排

情节的发展则是故事的骨架，它承载着故事的起伏和高潮。创作者需要巧妙地安排情节，使得故事既有吸引力又不失深度，让读者在阅读过程中始终保持好奇心和兴趣。

绘本是用图画来讲述故事的，因此图画与图画之间应保持连贯，甚至不看文字就能理解图画所讲述的故事，这样才能够将故事情节清晰地呈现出来。幼儿能够根据图画前后的关系，理解和表达故事情节，从而提升幼儿对图像的理解能力和表达能力。对于幼儿来说，情节也应该尽可能地简单易懂，许多绘本讲述的只是一个简简单单的故事，却能够给幼儿带来丰富的情绪体验，如在绘本《母鸡萝丝去散步》（见图 5-9）中，讲述的就是母鸡气定神闲地躲避狐狸的故事，在故事中，母鸡走过院子、绕过池塘、越过干草堆等每一个动作，都是那么寻常，不寻常的是狐狸的反应，每一次都被母鸡耍得团团转，故事的每一段情节也都比较相似，都是母鸡在躲避狐狸，但是狐狸的反应又给这些相似的情节带来了趣味。因此，绘本创作者在安排情节时，可以让故事的每一段情节简单、相似，让幼儿更容易理解，但是要为情节设置起伏，巧妙地将故事中暗含的意义藏进情节当中，这对幼儿的视觉图像理解能力有很大的提升。

图 5-9　佩特·哈群斯《母鸡萝丝去散步》

一个优秀的绘本故事，不仅要有引人入胜的情节和鲜活的角色形象，还需要有丰富而细腻的背景描绘。这些元素共同构成了一个完整而富有感染力的故事世界，对幼儿的视觉图像理解能力具有显著的促进作用。在欣赏绘本的过程中，幼儿可以通过观察画面、理解情节和感受角色情感，逐渐提升自己的视觉素养。

（三）决定设计手法

故事设计完成后应该考虑如何将其表现出来的问题了。绘本中包括颜色、线条、形状等基本元素，细节区域刻画、远近景切换、视角转换等构图取景的方式，还包括分割小图、序列成像等叙述方式，通过以上元素及叙述方式的表现，图像中融入适当的色彩、线条、构图等视觉元素，以训练和提升幼儿的视觉图像感受能力，同时还能够训练幼儿对美的事物的感知。

1. 基本元素的表现

（1）颜色的表现

色彩是视觉世界中的重要组成部分，它能够赋予事物以视觉美感和情感。色彩的表现不仅涉及个体颜色的呈现，还包括了色彩之间的相互关系，以及它们在不同环境和文化下的意义。色彩的三要素是色相、明度和饱和度。色彩也是我们视觉感知系统中的重要组成部分，色彩感知系统是通过我们的眼睛和大脑共同协作来实现的，涉及生理、神经和认知过程。① 根据已有的眼动实验，在学前阶段的幼儿仍需要不断接受色彩的刺激，来促进幼儿的视觉发育，提升幼儿对色彩的审美能力。② 颜色是表现绘本特点的最直接的元素，它能确定绘本的风格、表现环境氛围、表现主角心情等。

面向幼儿阶段的绘本，其色彩应该偏向于更加鲜明和生动，以促进幼儿视觉感知系统的发育，吸引幼儿的注意力。但不是说绘本中的颜色越鲜艳、越丰富越好，首先应该考虑到故事情节，将颜色与故事情节相融合，幼儿在阅读时，才能够理解颜色在画面中所表达的意义，这样才能提升幼儿对图像的感受与理解能力，如在绘本《小蓝和小黄》（见图 5-10）中，虽然作者所运用的颜色不多，表现方式也没有那么丰富，却将故事情节完美地表现了出来，还能够让幼儿感受到色彩的奇妙，知道颜色的变化及其原因，从而提升幼儿对颜色敏感，促进幼儿视觉图像感受能力的发展，这就是对颜色的有效运用。

他们开心地抱在了一起

图 5-10　李欧·李奥尼《小蓝和小黄》

---

① 邱湘：《色彩心理学在初中美术教育中的应用及效果分析》，《色彩》2023 年第 8 期，第 156—158 页。
② 曾庆秦、仝文：《视觉刺激作用下儿童色彩审美能力发展的眼动研究》，《爱尚美术》2023 年第 5 期，第 107—109 页。

（2）线条的表现

线条是构成形状的元素，线条包括粗线条、细线条、直线条、弯曲的线条，它们对于形态的表现、心情的表达、环境氛围的衬托等具有重要作用。线条是记录和表达想法的基本方法，也是可视化交流的主要手段。线是点运动的轨迹。不同的线有不同的感情性格，如水平线和与地平线平行的线给人开阔、平和、静止的感觉，桥梁上的斜线给人运动和空间的感觉，曲线和逐渐改变方向的线条给人轻松、柔和、优美、韵律的感觉。① 因此，幼儿通过观察线条能够感受图像所传达的意义，进而训练视觉图像感受能力、视觉图像理解能力与视觉图像表达能力。

在绘本中应正确使用线条，也应该与故事情节相融合，此外，线条还应正确表现物体的运动姿态，在表现物体区别时，可以恰当使用线条。如在绘本《我的兔子朋友》（见图5-11）中，给犀牛、河马运用了粗线条，给人带来沉重、庞大的感觉，给兔子、鹅运用了相对较细的线条，与大型动物相比，表现出了他们的轻盈，此外，动物周围的细小线条、兔子身后的虚线、飞机下的线条都表现出了物体运动的姿态，线条突出了动物们的动感，为画面带来了生机。对线条的了解能够增强幼儿的阅读体验，促进幼儿对故事的理解，有利于提升幼儿的视觉图像感知能力和视觉图像理解能力。

图5-11 埃里克·罗曼《我的兔子朋友》

---

① 杨巍巍、王悦：《视觉元素中的线条及线条的运用》，《早期教育》2022年第11期，第48—51页。

（3）形状的表现

形状是由线条闭合组成的，对于图像的表达也有重要的作用。形状包括几何形状和有机形状。几何形状通常是精确的和有规律的形状，很容易识别，这些形状通常具有与它们相关的特定名称，如圆形、三角形、长方形。有机形状是无规律的，似乎没有遵循任何规则，看起来比几何形状更随意和非正式。无论是几何形状还是有机形状，在艺术创作中起着重要的作用。它们有助于创造复杂的素描和绘画，影响着构图，并为构图中的平衡作出贡献。[1]

形状也能够为幼儿带来一定的视觉冲击。形状也有静止、稳定、活泼、生动，甚至有收缩或膨胀的效果，这都完全取决于艺术家如何运用。而艺术家在运用形状时有两个目的：传达他所看见或所想象的物质形式，并给予艺术作品某些视觉特征或内容。因此使用形状可以产生以下益处：让作品有次序感、和谐感与多样性；在图画上创造块状、体积和空间的错觉；增加欣赏者的注意力或者是兴趣范围。[2]因此，当创作者想要让画面有次序感、和谐感与多样性，在图画上创造块状、体积和空间的错觉或是想要吸引读者的注意时，可以恰当使用形状。而幼儿通过接触多样的形状，可以识别与辨别更加复杂的画面，有利于提升幼儿的视觉图像感知能力和视觉图像理解能力。

2. 构图取景的表现

（1）细节区域的表现

细节的存在可以让绘本具有反复阅读的意义。对于细节的刻画需要仔细考虑，既要符合故事的发展，又要给读者带来惊喜。细节一般以较小的部分呈现在画面当中，只有反复地耐心阅读才能完全发现书中的细节，这也使幼儿不断思考，从而知道如何观察图画，训练幼儿的对视觉图像的感受能力和理解能力。

绘本《疯狂星期二》的作者大卫·威斯纳是个擅长绘画细节的作者，在他的作品中，细节部分总是既隐秘又非常合理，发现后会让人产生一种成就感和愉悦感，并能加深对故事的理解。如图5-12所示，我们第一眼会被图中的男人以及整个明亮的房间所吸引，但循着男人眼睛的方向看去，窗外发生的事情就是这幅画中隐藏的秘密。这些细节区域也能训练幼儿"看"的能力，增加对视觉信息的阅读，提升对图画的观察，从而提升视觉图像感受能力与视觉图像理解能力，促进幼儿视觉素养的发展。

---

[1] 杨巍巍、王悦：《视觉元素中的形状及形状的运用》，《早期教育》2022年第16期，第50—53页。
[2] 杨巍巍、王悦：《视觉元素中的形状及形状的运用》，《早期教育》2022年第16期，第50—53页。

图 5-12　大卫·威斯纳《疯狂星期二》

（2）远近景的切换

绘本中远景、中景、近景的呈现能够让画面更加立体丰富，是表现空间感的一种手法。远景可以拉开画面的空间距离，表现主体物的环境状况及主体至远景的距离，使画面具有纵深感。近景用来陪衬、烘托主题，形成一种深度的对比，并通过画面的透视线方向引向主体，拉开观者与主体的距离。中景安排主体物，是刻画最为细致、描绘最为深入的部分。[①] 这种类型的视觉材料能够训练幼儿的空间感知能力，学会分辨图像中的重点，使幼儿在观察远近景的图像时，训练其视觉感知范围，有利于提升幼儿的视觉图像感知能力和视觉图像理解能力。

因此在进行创编幼儿视觉素养绘本时，如要交代整体的场景，可使用远景，在表现空间感的同时尽可能交代更加全面的信息，这时候创作者可以在画面中增加细节部分，增加阅读的乐趣。如要突出事物特征时，可使用近景来突出要交代的事物。如要刻画故事主角与其他事物的互动，可选择使用中景来进行描绘。如在绘本《北极特快车》（见图 5-13）的远景画面中，可以很清晰地感知到火车头比车厢要大，所以能够知道火车头在当前视野中处于较近的位置，而车厢在当前视野中处于较远的位置，有利于幼儿对空间的感知，还能提升幼儿对画面的观察力，增加其视觉感知范围，有利于其视觉素养的发展。

---

① 张桂烨主编：《色彩》，高等教育出版社 2022 年版，第 1 页。

图 5-13　克里斯·范·艾尔斯伯格《北极特快车》

（3）视角的转换

视角转换是对画面空间感的一种表达，也是让故事呈现戏剧化效果的一种表达方式。观察者可以从不同的角度观察对象，按照观察者视角与对象的水平关系，视角可以大致分为三种类型：俯视、仰视、平视。俯视是指观察者向下观察所要观察的物体，具有完整性、距离感、模糊性的特点，俯视角度因为视角高于观看对象的水平高度，居高临下，便于表现一个宽广的空间，因此俯视表现的场景更加完整和全面，又因为俯视表现出较宽广的空间，所以给人带来距离感和模糊感。[①] 仰视是指观察者向上观察所要观察的物体，更能表现出画面中事物呈现出的视觉冲击力，能够突出画面中的事物或角色，同时环境和背景变得无关紧要，甚至变成增强视野中角色力量的元素。平视是叙述故事最常使用的一种角度，即观察者的视角与观察物处于平行的位置。幼儿了解了不同视角后可以更加全面地了解事物，提升幼儿的观察能力，分辨事物在不同角度下的特征，提升幼儿的视觉图像感受能力和视觉图像理解能力。

在创编幼儿视觉素养绘本时，如要表现出宏大、充满幻想的场景，或是突出角色在场景衬托下的渺小时，可选择使用俯视的角度进行描绘，如要突出角色的庞大时，可选择使用仰视的角度，正常的叙述故事则可以使用平视的角度进行描绘。在绘本《高空走索人》（见图 5-14）中俯视的画面，既表现出了城市的宏大与繁华，又表现出了主角在钢丝上渺小的形象，营造了一种危险紧张的氛围。不同的角度也会带来不同的感受，引导幼儿感受不同画面的角度能够提升幼儿对画面的感受和对画面的解读能力，提升其阅读体验，从而促进幼儿对视觉图像的感受与理解。

[①] 潘伟超：《绘画中的俯视角度与我的城市绘画》，《文艺研究》2008 年第 8 期，第 145—146 页。

图 5-14　莫迪凯·葛斯坦《高空走索人》

3. 叙述方式的表现

（1）分割小图

在无字书里，常常会看到类似于电影分镜头或是漫画的分割小图，这就是最常见的一种解说性画面。[1] 在绘本中，分割小图的使用常常用来突出事物的不同部分，有利于体现故事的起伏感，因此，幼儿学会对分割小图的阅读有利于幼儿对故事的理解，也有利于幼儿对图像的理解，从而提升幼儿对视觉图像的感受和理解。如在绘本《疯狂星期二》（见图 5-15）的一幅画面中，黑夜的背景下，呈现了三幅分割小图，交代青蛙在天空中的位置，体现了不同青蛙的状态，突出表现故事的"疯狂"。这种叙述方式能够有效锻炼幼儿的读图能力，观察分割小图中的细节会让他们感受到图像的有趣，从而激发他们读图的兴趣。

图 5-15　大卫·威斯纳《疯狂星期二》

---

[1] 彭懿编著：《图画书：阅读与经典》，二十一世纪出版社 2007 年版，第 50 页。

（2）序列成像

绘本的序列成像是指绘本的一页有多幅小画面，以叙述连续的故事情节，就像连环画那样，这种叙述方式可以有效锻炼幼儿按照图像顺序阅读的习惯，从而能够正确理解故事情节。如在绘本《雪人》（见图5-16）中就使用了序列成像这种叙述手法，将主人公堆雪人的过程用一幅幅小画面组成，从而能够将主人公堆雪人的细节表现出来，突出主人公对这个雪人的热情和在这个过程中体现出的愉快情绪，幼儿在阅读的过程中也一定能体会到主人公的心情，有利于增强幼儿对视觉图像的感受能力。因此，在创编幼儿视觉素养绘本时，可以适当地使用这种叙述手法，当需要表现一个过程的细节及重要性、突出角色性格和特点、表达人物心情时，可以使用序列成像的叙述方式，但不能过多使用，这种叙述方式会为幼儿阅读带来更大的难度，不利于培养幼儿的阅读兴趣。

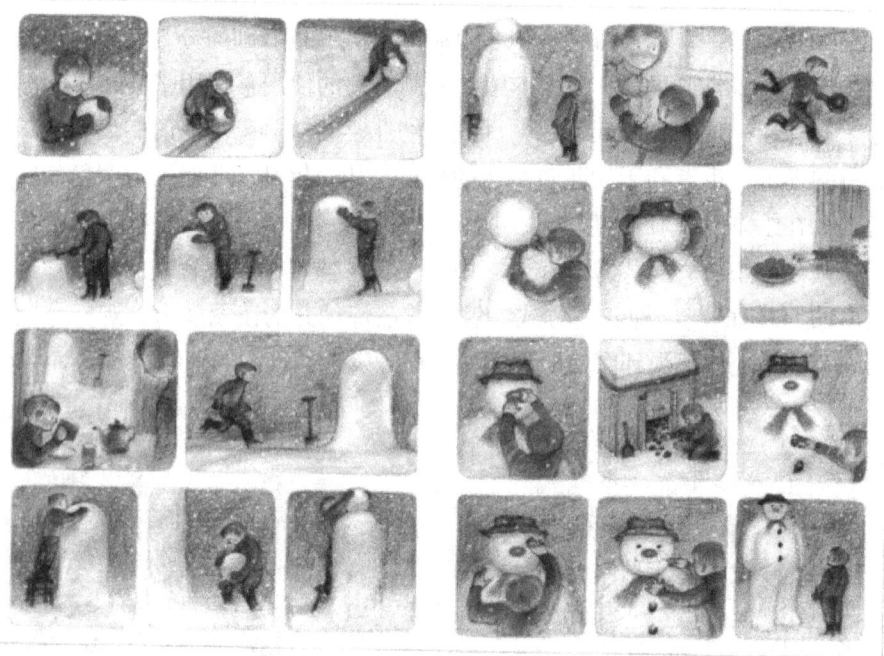

图5-16 雷蒙·布力格《雪人》

（四）修订故事内容

修订故事内容可以确保故事的连贯性和趣味性，同时也要注意故事的教育意义，让幼儿在阅读的过程中学习和成长。在修订故事内容时，我们可以邀请一些幼儿进行试读，在这一过程中训练幼儿的视觉理解能力和视觉表达能力，根据他们的反馈来调整和优化故事的内容和结构。这样可以确保创编出来的绘本更符合幼儿的阅读习惯和喜好。

第二节 开发与设计幼儿视觉素养主题活动

国外视觉素养的课程与教学于20世纪70年代开始发展，美国提倡在教学中给视觉学习留有一定时间。加拿大也在中学广泛地开设了相关的视觉素养课程。目前美国、英国、日本、加拿大、澳大利亚等国家都已将视觉素养教学纳入中小学课程体系。自2016年以来，美国的幼儿视觉素养教学计划，从4—6岁向前推进至2.5—4岁儿童。以色列开设数字摄影课程提升幼儿多模态视觉素养。[1] 匈牙利学者探讨了美术课程教学材料从2D向3D转换过程中幼儿视觉素养的复杂发展。[2] 国内也有研究者对视觉素养与课程教学的整合进行了研究。将视觉素养知识融入日常教学的课程设计中；通过绘本阅读来促进幼儿视觉读写能力的萌发和视觉素养的发展[3]；对象形文字融入幼儿美术课程进行了实践研究[4]等。在此，对幼儿视觉素养主题活动的开发与设计开展进一步的探讨。

一、游戏化摄影活动开发

"幼儿园应当将游戏作为对幼儿进行全面发展教育的重要形式。幼儿园应当因地制宜创设游戏条件，提供丰富、适宜的游戏材料，保证充足的游戏时间，开展多种游戏。"[5] 早在1989年国家教育委员会颁发的《幼儿园工作规程（试行）》(以下简称《规程》)中就已经明确表明，"以游戏为基本活动，寓教育于各项活动之中"[6]是幼儿园教育工作的原则之一。此后《幼儿园教育指导纲要（试行）》对《规程》中的建议和做法又进行强调，并提出幼儿园以游戏为基本活动是对幼儿进行全面发展教育的重要形式。

---

[1] Arielle Friedman,"To 'Read' and 'Write' Pictures in Early Childhood: Multimodal Visual Literacy Through Israeli Children's Digital Photography", *Journal of Children and Media*, 2018, pp. 1–17.
[2] Pataky, Gabriella, "'Do Not Touch It!' Today's Children's Visual Competencies in Comparison with The Pre-Digital Era in Light of Their Art Educational Environment", *CEPS Journal*, 2020, p.4.
[3] 杨春菊、张喜梅：《体验式幼儿绘本阅读的价值：从读写萌发到视觉素养》，《学前教育研究》2019年第8期，第93—96页。
[4] 李玲玲：《象形文字融入幼儿美术课程的实践研究》，《美术教育研究》2020年第10期，第173—174页。
[5] 董小红、山平：《学前游戏理论与指导》，河南人民出版社2020年版，第51页。
[6] 李阳：《幼儿基本动作的发展干预研究》，重庆大学出版社2021年版，第2页。

6岁以下幼儿出生在充斥着媒体的环境里,是活跃的媒体消费者。[①]在千禧一代,幼儿作为数字原住民对摄影的了解可能并不逊于成人。手机、平板电脑、相机、电脑……这些产品上几乎都装有镜头,这为捕捉瞬间、定格时间提供了极为方便的工具。

虽然这些媒体对幼儿的认知、社会、情感和身体发展的影响还不完全清楚,但相机已经成为儿童使用媒体的重要组成部分。

《3—6岁幼儿学习与发展指南》是幼儿五大领域发展能力的评价框架。将视觉素养与其他素养尤其是语言、艺术素养融合,可以帮助幼儿深刻地理解视觉信息,发展较高的视觉素养技能。视觉素养教学不仅培养幼儿关于图像的能力,还促进他们综合能力的发展。当代将媒体融入教育的方法是基于对媒体的指导,或是对幼儿进行指导,使他们能更明智地使用媒体,从而获得各种教育效果。可以通过摄影活动的游戏化来促进幼儿视觉素养的提升。

幼儿的摄影不仅仅是数字技术的"按钮"产品。相反,幼儿是通过一个以"意义创造"为中心的多模态媒体来学习摄影的,并专注于理解摄影行为的媒体意图。尽管他们还很小,也要鼓励他们学习在选择内容和设计图片时进行决策,还要鼓励他们对自己拍摄的照片进行口头反思,对他人拍摄的照片或从其他来源收集的照片进行回应。

在数字化时代,视觉信息的传递和接收变得越发重要。幼儿期是视觉素养培养的关键时期,如何通过有趣且富有创意的方式提高幼儿的视觉素养,是教育工作者和家长共同关心的问题。游戏化摄影活动不仅符合幼儿好奇、好动的天性,而且能够让他们在轻松愉快的氛围中学习。通过摄影,幼儿可以直观地感知世界,捕捉生活中的美好瞬间。同时,摄影活动还可以培养幼儿的观察力、想象力和创造力,帮助他们建立起对美的独特认识。因此,通过游戏化摄影活动,可以引导幼儿在游戏中学习,提高他们对视觉信息的理解、分析和应用能力,为未来的学习和生活奠定坚实基础。

(一)游戏化摄影的概念

《视觉文化与媒介素养》中提到,摄影又俗称"照相"或"拍照"。日语则引用中国古代绘画的术语称"写真"。英文中的"摄影"(photography)是希腊文 photo 与 graphy 的合成词。photo 是光,graphy 是描绘,合成词是利用光来描绘的

[①] Arielle Friedman,"To 'Read' and 'Write' Pictures in Early Childhood: Multimodal Visual Literacy Through Israeli Children's Digital Photography", *Journal of Children and Media*, 2018, pp.312–328.

意思。摄影就是借用光的反射原理,通过针孔或透镜来摄取景物影像,再由感光材料做成可以永久保存的影像记录。①

目前学前教育领域对游戏化摄影活动的研究较少。有研究表明,在幼儿使用相机拍照时,即使没有明确指示,他们也会很自然地将感兴趣的对象居中、聚焦图片,并且被别人拍照时是看着相机或摄影师的。②所以,幼儿或许本身就能够使用好摄影工具。因此,游戏化摄影活动并不强调在幼儿使用相机进行游戏前对幼儿进行系统化的摄影技巧培训,而是希望幼儿能在完成自由的摄影游戏后,获得视觉素养的发展、摄影技能的自然提高。

照片胜似千言万语,它让我们以一种超越触觉的方式看到和感受世界,让我们不用一个字都能表达内心深处的感情。视觉艺术作品的表现形态有动静之分③,将摄影运用到幼儿的视觉素养培养中主要使用的是静态的视觉艺术作品。这种参与式摄影有利于包容性的教学和学习,使幼儿很容易在课程的持续评估和设计自己的评估标准中发挥积极作用。总之,游戏化摄影活动是一种将摄影融入幼儿游戏和探索的过程,旨在提高幼儿的兴趣、激发创造力,发展幼儿在摄图、看图、读图的过程中,视觉理解、视觉表达、视觉审美、视觉感知等视觉素养能力的发展。

那在幼儿园阶段,如何选择适合幼儿使用的摄影工具呢?选择时我们需要考虑几个关键因素,包括工具的易用性、安全性、耐用性,以及是否能够激发幼儿的兴趣。以下是一些适合幼儿使用的摄影工具。

①儿童相机:专为幼儿设计的相机通常具有简单易懂的操作界面和适合幼儿手部尺寸的按键。它们通常配备有大按键和易于抓握的设计,方便幼儿操作。此外,这些相机通常具有耐摔、防水等特性,确保使用安全。

②智能手机或平板电脑:这些设备通常配备有高质量的摄像头,并且可以下载专门针对幼儿的摄影应用,帮助幼儿学习摄影技巧。在使用时,家长与教师需要确保设备的安全性,并限制幼儿的使用时间,避免眼睛过度疲劳。

③玩具相机:一些玩具相机也具有拍照功能,它们的外观通常很可爱,能够吸引幼儿的注意力。虽然这些相机的拍照质量可能不如专业相机,但它们能够满足幼儿的好奇心和探索欲望。

在选择摄影工具时,教师与家长需要考虑幼儿的年龄和兴趣。对于较小的幼儿,

---

① 张舒予主编:《视觉文化与媒介素养》,南京师范大学出版社2011年版,第239页。
② Arielle Friedman,"To 'Read' and 'Write' Pictures in Early Childhood: Multimodal Visual Literacy Through Israeli Children's Digital Photography", *Journal of Children and Media*, 2018,pp.312-328.
③ 张舒予主编:《视觉文化与媒介素养》,南京师范大学出版社2011年版,第239页。

可以选择操作简单、易于抓握的儿童相机或玩具相机；对于稍大一些的幼儿，可以考虑使用智能手机或平板电脑上的摄影应用，以帮助他们学习更多的摄影技巧。

无论选择哪种摄影工具，教师与家长都应该与幼儿一起参与摄影，引导他们观察、思考和创作，帮助他们提高视觉素养和审美能力。同时，家长还需要确保幼儿在摄影活动中的安全，避免他们接触到不适合的摄影工具或内容。

（二）游戏化摄影活动的价值

1. 游戏化摄影活动促进幼儿视觉素养的发展

（1）视觉审美

通过参与游戏化摄影活动，幼儿有机会观察和捕捉周围世界的美丽瞬间。这种活动首先鼓励幼儿探索和发现图像的整体，进而进行讨论评价；同时还可以通过照片的讨论让幼儿了解美的元素，如色彩、形状、纹理和构图等，从而培养他们的视觉审美能力。如在随机拍照的活动中训练幼儿捕捉美的能力。

（2）视觉表达

每个幼儿对照片的理解是不同的，游戏化摄影活动可以促进幼儿对图像的感知，进而形成自己的理解；同时游戏化摄影活动也为幼儿提供了一种新的表达方式。他们可以通过拍摄照片来表达自己的情感、想法和创意。这种活动不仅促进了幼儿的视觉图像表达技能，还鼓励他们通过视觉语言与他人沟通。

（3）视觉理解

在游戏化摄影活动中，幼儿需要理解如何通过镜头捕捉场景，这要求他们分析和解读视觉信息，在这一过程中幼儿将这些视觉信息与自己已有的生活经验结合起来，最终达到不仅能看懂图像，还能对比不同图像之间的不同。这有助于提高幼儿对视觉图像内容的理解能力，使他们能够更好地解读和解释视觉信息。

（4）视觉感知

首先，游戏化摄影活动要求幼儿仔细观察周围环境，寻找有趣的拍摄对象。这种活动有助于提高幼儿的注意力、观察力和感知力，使他们能够更加敏锐地感知和理解视觉图像。其次，幼儿还能感知拍摄照片中的事物是什么、整体的颜色、主体的大小位置等。

2. 游戏化摄影活动促进幼儿其他方面的发展

（1）创造力和想象力

游戏化摄影活动鼓励幼儿发挥创造力和想象力，寻找独特的拍摄角度和构图。

这种活动有助于培养幼儿的创新思维和艺术想象力，促进他们的创造性发展。

（2）技术技能

参与游戏化摄影活动虽然不强调活动开始前对幼儿进行摄影培训，但在摄影活动中可以自然而然地让幼儿学习基本的摄影技术和技巧，比如，如何使用相机、如何调整焦距和曝光等。这些技能不仅有助于他们在摄影方面的成长，还可以迁移到其他领域的技术学习中。

（3）社交和情感发展

游戏化摄影活动通常涉及与其他幼儿的合作和分享。这种活动有助于提高幼儿的社交技能，如团队合作、沟通和分享。同时，通过表达自己的情感和想法，幼儿可以更好地了解自己。

（4）丰富幼儿园教学模式与内容

摄影运用于幼儿教育本就是一种新的教学方法，游戏化摄影活动将摄像头从教师转移到幼儿手中，使幼儿成为摄影的主体。

综上，游戏化摄影活动是一种有效的教育形式，它能够全面促进幼儿的视觉素养发展，包括视觉审美、表达、理解和感知等多个方面。通过这种活动，幼儿不仅能够提高自己的视觉能力，还能够培养创造力、技术技能和社交情感等。

（三）游戏化摄影活动类型

国外将摄影融入课堂的研究已经积累一定的基础，朱妮娅·伯恩斯（Junia Byrnes）和芭芭拉·A. 瓦西克（Barbara A. Wasik）在2009年的研究中探讨了将摄影融入课堂的实践模型[1]；国内已经开展了一些将摄影融入课堂的活动，但对游戏化摄影的研究尚未展开。游戏化摄影活动类型可以分为以下几种。

1. 幼儿"自由拍"

（1）随机拍照

允许幼儿在幼儿园附近、在园区里散步时，或在进行实地考察时拍照，将与幼儿认知有差异的事物图片放到教室公共区域，以便幼儿再探索。比如，鼓励幼儿自由探索时拍下自己不认识的事物，例如"消防栓"，并将照片拿到教室分享讨论。在这一过程中，幼儿或许认识或许不认识消防栓，通过幼儿讨论、教师更正，如此不断地更新观念，更正认知，将学习与经验结合。在此过程中，教师可以引导幼儿关注自然环境和社区，拍摄相关照片，增强幼儿归属感。

---

[1] Junia Byrnes, Barbara A. Wasik, "Picture This: Using Photography as a Learning Tool in Early Childhood Classrooms", *Childhood Education*, Vol. 85, 2009, pp. 243–248.

（2）个性化摄影

相机虽然向幼儿开放，但也要在确保相机"安全"的情况下让幼儿使用，教师可以先向家长普及自由摄影的价值，及时通知拿相机回家的幼儿家长让其帮助监督。鼓励幼儿拍下自己的日常生活，也可以鼓励幼儿自由创作，拍摄他们感兴趣的主题，如"春天的花"，在讨论时幼儿就可以了解花的名字，以及形容花的词汇，促进幼儿语言能力的发展。

2. 幼儿"游戏拍"

（1）藏宝游戏

让幼儿给班级的物体或其他幼儿拍照，把照片随机堆放起来，让幼儿分成小组，在房间里找到照片中描绘的物体或人。这些照片只显示物体的一部分，比如绘本书的一个边角，或是某个人的衣服装饰，而幼儿必须找出被拍摄的物体。这对幼儿来说是有趣且具有挑战性的。"藏宝"也可以是寻找真正的"宝藏"，教师可以将幼儿喜欢的小奖品放进"宝箱"，或者以奖品为奖励，激励幼儿参与"寻宝"活动。

（2）主题摄影比赛

选择与幼儿生活相近的摄影主题，比如"我的家庭""快乐幼儿园"，或是具有教育意义的"环保小卫士"，与当地传统相结合的"京剧脸谱"等摄影主题。鼓励幼儿与家人、朋友一起参与拍摄，允许幼儿自由发挥，确保摄影环境的安全，避免幼儿接触危险的拍摄环境和设备。

（3）创意摄影接力

选择一个适合幼儿的主题，如"我眼中的世界"或"动物大集合"。制订简单的规则，例如，每人只能拍摄一张照片，或者在特定时间内完成拍摄。确保有足够的相机或智能手机供幼儿使用，如果可能的话，提供一些简单的摄影配件，如三脚架或自拍杆，以增加拍摄的稳定性。确保每个人都有机会参与。向幼儿提供简单的摄影指导，比如，如何持稳相机、如何构图和如何按下快门。在拍摄结束后，组织一个展示和分享活动，也可以邀请家长和其他人参与观赏和评价。

3. 教师"创新拍"

（1）班级新闻

创设专门进行记录幼儿日常生活的新闻区域。例如，可以拍下幼儿帮助老师收拾桌子的照片并张贴到新闻区域，以便让幼儿随时讨论，同时还可以鼓励幼儿与家长分享，增强家园合作。

（2）图片预览

教师拍下即将来临的体验让幼儿预览，允许幼儿在实际体验之前熟悉关键的词汇和概念。幼儿对这些术语和概念越熟悉，他们在谈论所遇到的事物时就越有可能使用这些知识。比如，在去动物园参观之前进行一次主题为认识动物的活动，这样在进行参观时幼儿就能说出所看到的动物的名字并进行讨论。

4. 巧用摄影作品

（1）猜一猜

图片还可以帮助幼儿学习不熟悉的事物。通过图片幼儿可以讲述他们的经历，并讨论他们在这些地方做了什么，或者说出图片中事物的名字以及如何使用。[①]例如，为生活在城市里的幼儿展示一把镰刀，让他们猜测镰刀的名字及用途，还可以让有相关生活经历的幼儿描述自己使用或看别人使用该物体的经历。

（2）讲述和复述故事

通过图片，幼儿可以创造出反映他们日常经历的故事。让幼儿拍摄自己的日常生活并且"写"故事，如口述"今天明明和东东在娃娃家玩"或者涂鸦；也可反过来，让幼儿先"写"故事，再与已有的图片进行匹配。

（3）模仿拍照

例如，大卫·霍克尼（David Hockney）以摄影拼贴艺术而出名，创作手法是使用照相机拍摄同一对象的不同局部，再拼合回原来的整体，这一独特的形式被人们称为"霍克尼式"拼贴。[②]这种"拼贴"使画面呈现多个视角，画面赋予摄影绘画般的美感。这种摄影风格提示教师在班级使用摄影时，可以让幼儿拍摄某些他们认为能够表现事物最突出特点的部分，然后进行拼贴。

二、视觉素养主题美术活动设计

（一）视觉素养主题美术活动类型

幼儿视觉素养主题美术活动在幼儿园实施的类型可分为观摩创作类和情景创作类。

---

① Junia Byrnes, Barbara A. Wasik, "Picture This: Using Photography as a Learning Tool in Early Childhood Classrooms", *Childhood Education*, Vol. 85, 2009, pp. 243-248.
② 陈君君：《照片拼贴游戏——大卫·霍克尼摄影拼贴作品赏析》，《早期教育（美术版）》2010年第9期，第22—23页。

1. 观摩创作类的美术活动

观摩创作类的美术活动是指教师通过展示系列图片，引导幼儿认识图片并进行图画创作。首先，展示的图片应为同一个主题内容的图片，图片之间应具有一定的关联性。其次，教师可借助流程图与气泡图来带领幼儿正确认识图片，通过使用流程图，让幼儿观察图片的顺序，在此过程中，让幼儿理解构图排版的思路。气泡图的使用可以突出主体人物的主要特征或者风景图画的构图元素，让幼儿更好地把握图片的细节。最重要的一点是让幼儿通过观看图片，将抽象的事物转化为具体的事物，以便绘画的表达与创作。最后，进行图画创作时，鼓励幼儿使用不同的方法或者材料，大胆表现自己的创作想法和思路，如剪纸、拼贴、颜色的叠加等。

2. 情景创作类的美术活动

借助思维导图绘本为幼儿创设情境，教师通过引导幼儿观察绘本内容，并对内容进行适当的讲解，让幼儿基本理解绘本的情节，教师还可以带领幼儿分析图像元素的特点，比如，平直线条和曲折线条哪个会带来紧张的感觉，冷暖色调哪个能表示环境的险恶，等等。

（二）视觉素养主题美术活动设计思路

1. 制订主题活动目标

利用思维地图、概念图等知识可视化工具，按不同维度将视觉素养分成细小目标融入美术活动中。让幼儿在参与活动中获得自我表达的意识，提升视觉辨别能力、视觉识读能力、语言与图像互译能力以及幼儿思考创新能力，最终使幼儿视觉素养得到提高。下面从3个维度制订视觉素养主题目标。

（1）认知目标

①认识并说出颜色名称，了解冷暖色调，知道调色的规则。

②能够区分不同形状和相近形状。

③了解基本的构图要素，掌握基本的构图方法，理解主题和部分的关系。

④理解图画中的故事内容，能够大胆表达自己的想法。

（2）情感目标

①在图画创作的过程中感受绘画的乐趣，喜欢自主创作美术作品。

②乐于收集和发现生活中美的事物并分享给同伴。

③形成自主创作、自主欣赏的主体意识。

（3）能力目标

①能够运用语言表达图画中的各种人物、动物的形象。

②能够尝试运用两种颜料调出第三种颜色。

③能够运用构图法合理安排画面，根据自己的理解进行创作。

④尝试为自己的美术作品编配故事并分享。

⑤能够说出图片传递的信息，大胆表达对图片的理解和自己的感受。

⑥能够根据信息创作绘画，并运用图片传递信息。

2.各类教学活动设计思路

（1）提升视觉识读能力的美术活动

幼儿视觉识读能力判断标准为：幼儿拿到作品后是否能抓住作品的主要元素，并对作品中描述的环境或传达的主旨有一个更好的理解。由此，提供了主题活动案例：多彩的世界。

在此活动中，幼儿能够把握人物画和风景画的主要要素，即了解人物画中人物与背景的关系，风景画中远景、中景和近景的关系；幼儿也能够把握冷暖色、互补色和色彩明暗度的区别，如通过落叶秋景图学习使用色彩的叠加，以及感受色彩明暗的区别；幼儿也能够理解主体与其他部分的遮挡关系，如人物画中人物对背景的遮挡，风景画中近景对远景的遮挡。

（2）提升视觉辨别能力的美术活动

幼儿视觉辨别能力判断标准为：幼儿对相近颜色、相近图形及相近事物能否进行辨别。由此，提供了主题活动案例：异卵双胞胎。

在此活动中，利用桥形图将相似图形或结构进行对比，旨在让幼儿辨别相似的图形和结构；利用树形图结合水果或者事物来加以区分它们的颜色，旨在让幼儿辨别相似的颜色。

（3）提升幼儿自我表达意愿与能力的美术活动

幼儿自我表达意愿判断标准为：拿到一幅画或一幅作品时，幼儿是否有要自我表达的欲望，是否有以自我为中心的观察意识。由此，提供了主题活动案例：小小讲解员。

在此活动中，首先，鼓励幼儿自主观察图画，允许幼儿有不同的观点，并基于自己的理解去创作图画，以激发幼儿欣赏图画或创作图画的主体意识；其次，通过幼儿观察图片并分享自己的理解与感受来提升幼儿的表达能力。

（4）提升幼儿的语言与图像互译能力的美术活动

幼儿的语言与图像的互译能力作为视觉素养中的一个重要部分，对于提升幼儿对图像的运用与创作能力具有重要意义。语言与图像互译能力判断标准为：幼儿能否用语言描述图像表达的意思，以及幼儿能否用图像的方式表达自己对一个故事的理解。由此，提供了主题活动案例：如果图片会说话。

在此活动中，利用思维导图绘本，旨在让幼儿理解图片传递的情节信息；幼儿理解后进行图画创作，最后用图画作品表达想法，以提升幼儿对图像的理解与表达的能力。

（5）提升幼儿的独立思考创作能力的美术活动

幼儿的独立思考创作能力判断标准为：在没有外力的干预下，幼儿看到一幅或一组图片后有什么想法，以及幼儿用什么方式表达自己的想法。由此，提供了主题活动案例：魔法小手。

在此活动中，幼儿可以通过图形序列编排，根据自己的逻辑来给一组关联图编排情节；幼儿还可以通过读图来进行创编，由教师提供部分情节图画，幼儿进行自主创编。以上两种创编方式都可以提高幼儿的独立思考创作能力。

数字化背景下的图像时代要求我们具备视觉感知、视觉理解及视觉交流能力，开发与设计融入视觉素养的主题活动，不仅能提升幼儿的视觉素养，使之在潜移默化中迁移到生活和学习中，同时也能为主题活动的研究提供新的视角。

第三节　提升幼儿视觉素养的无字绘本阅读指导

通过查阅相关文献，多次观察幼儿对无字绘本的阅读次数，考虑班级教师的建议，最终选定无字绘本《雪人》《疯狂星期二》和《狼来了》。从无字绘本的图像元素、故事元素，以及主题绘画的构思与艺术表现等方面开展阅读指导，使幼儿的视觉感知能力、视觉理解能力及视觉表达能力等视觉素养获得一定的提升。

一、幼儿视觉感知能力提升指导

（一）图像基本元素阅读指导

图像基本元素主要包括颜色、线条、形状等。幼儿首先感知构成图像的基本元素，才能够更加深入地理解图像。

1. 提升幼儿对颜色的感知

颜色作为视觉传达的重要物象,是一种可以反映多方面的图像元素,不仅可以辨别角色、区别不同物体的特征,还可以非常直观地带给幼儿不同的颜色情感,营造多种多样的氛围。除此之外,颜色还可以表现时间的推移。颜色是一种语言,它能给人带去想象,会给人一种心理暗示,同时也是视觉感知能力的体现。

在无字绘本阅读现状的调查中,幼儿只是注意到了其中的颜色,但对其中颜色所蕴含的含义及前后颜色的对比变化还没能作出深入的理解。反复研读绘本内容,深入挖掘绘本中颜色的蕴意。利用谈话法引导幼儿一步步深入理解。如在《狼来了》(见图 5-27)绘本中采用了黑白无彩设计,有些幼儿表示喜欢黑白颜色的书,但是也有幼儿对黑白色没有任何感觉。于是设计问题"为什么作者用黑色和白色这两种颜色画这本书?",引导幼儿将颜色与已有的生活经验相联系。部分幼儿回答"用黑色代表晚上,白色表示下雪了"。

在引导幼儿了解颜色在绘本中的含义之后,幼儿注意到了同一只狼前后颜色不一样,所以再进一步引导幼儿感知前后颜色的对比变化及产生这种变化的原因。引导幼儿思考"为什么狼一下子是黑色的,一下子又是白色的?"时,有的幼儿不知道怎样回答这一问题,于是引导幼儿从颜色与背景的区分度这一方面来解释,也可以引导幼儿从对狼的态度变化的角度来阐述,引导幼儿感受由颜色引发的情感,可以进一步引导幼儿能够意识到这一情绪的变化"这只狼一开始很凶,后来变温柔了"。

图 5-27 安托尼·吉约佩《狼来了》插图

引导幼儿感知无字绘本中的颜色，让幼儿感受颜色的变化以及所引发的情感体验。颜色给幼儿带来了视觉感官上的体验，①可以增强幼儿对图像的观察能力，拓展幼儿阅读图像的感知角度，也进一步提高幼儿的视觉感知能力。

2. 提升幼儿对线条的感知

无字绘本中的线条也是图像基本元素的重要构成部分，线条是构成图画的最基本元素之一，线条中蕴含着多重含义，长线条体现舒缓流畅，短线条可以引导幼儿视线的停顿，往往也是画面的视觉重心。直线可以表示硬朗或平静，曲线可以表现流畅和张力。②不同的幼儿对同一幅图中线条的解读呈现出多种结果。幼儿对线条的感知也是视觉感知能力方面的表现。

在无字绘本阅读现状调查中，幼儿只是注意到了线条的外在形态，而对不同线条所蕴含的意义了解较少。因此在帮助幼儿感知不同线条形式的基础上，鼓励幼儿大胆猜测不同线条的含义。例如，在《狼来了》的第10个跨页（见图5-28）的上方有6条弯曲的粗黑线条，面对这6条线条，不同的幼儿给出了不同的解释。有的幼儿认为"可能是没长大的小树枝"，这名幼儿的理解只是借助于原有的生活经验，未能做到精准地理解。因此，理解不同线条含义不能仅仅从单一画面中去感知，需要引导幼儿结合无字绘本具体的意境加以解释。

图5-28 《狼来了》的第10个跨页

通过谈话法引导幼儿感知绘本中的线条，将幼儿视觉聚焦于线条之上，营造视觉空间感，使幼儿在视觉上营造出身临其境的感受。③结合幼儿的生活经验，

---

① 闫伟、杜漪琳：《论色彩搭配在视觉传达设计中的重要性》，《鞋类工艺与设计》2023年第18期，第68—70页。
② 常杰凯：《素描创作中的线条表达》，《美与时代（中）》2022年第12期，第63—65页。
③ 洪妍娜：《论视觉文化视域中的中国幼儿文学》，浙江师范大学2020年博士学位论文，第151页。

对线条作出了不同的理解。引导幼儿感知线条的蕴意,提升幼儿的视觉图像感知能力。

3. 提升幼儿对形状的感知

不同的线条组合形成各种各样的形状,不同的形状蕴含着不同的意义。不同的形状可能会引发读者不同的联想与感受,如圆形给人柔软舒适的感觉;方形给人的印象是正直、率真;三角形使人联想到冲突和张力。

在无字绘本阅读现状的调查中,已了解到幼儿认识了各种形状,但是对于画面中形状所蕴含的意义还未深入地感知,因此引导幼儿深入理解形状所蕴含的意义。例如,在《狼来了》的某一页(见图5-29)中,小男孩的脸旁边有几个圆形的物体,引导幼儿判断这些圆形物体是什么时,只有一名幼儿认为这是大球,从外观上看起来像一个圆形的球体。"这可能是天上掉下来的大球",该幼儿对形状的理解脱离了绘本的具体意境。所以,引导幼儿在理解绘本内容的基础上,借助于绘本的具体意境,帮助幼儿理解形状的含义。在教师的指导下,大部分幼儿认识到这是冬天小男孩嘴里呼出的白气。

图 5-29 《狼来了》的某一页

在上一阶段的阅读指导中,幼儿已经知道对形状的判断需要根据绘本的具体意境,但是对形状的深入理解有时不能仅仅借助于绘本,还要结合自身的生活经验。当问及在《狼来了》后蝴蝶页(见图5-30)中白色方框代表的是什么时,鼓励幼儿借助自身经验对形状的含义进行判断,所有幼儿都认为这是楼房透过窗户的灯光。

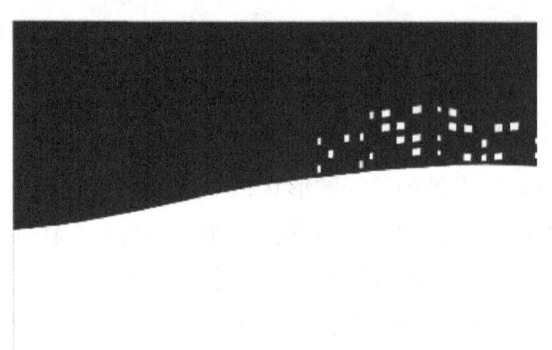

图 5-30 《狼来了》后蝴蝶页

《狼来了》后蝴蝶页中的形状对幼儿的视觉产生了一定的冲击力，通过谈话引导幼儿感知绘本中的形状，借助于幼儿原有的生活经验，深入分析物体造型的含义，更要理解形状在故事中蕴含的意义，大部分幼儿能够很好地和自身经验联系起来，将图像与自身生活经验相结合，这有利于提升幼儿对视觉图像的感知能力。

（二）构图取景阅读指导

无字绘本的图像元素不仅仅包含独立的图像基本元素，还包括将这些图像基本元素进行重新排列组合并传达一定的信息，这就是图像的构图取景。包括细节区域的分配、远近景的切换和视角的转换三个方面。细节区域可以为故事的主要脉络添枝加叶，推动故事情节的发展或增强趣味性。远近景影响着幼儿阅读范围，幼儿在画面中感受着事物近大远小、近实远虚的关系，在此基础上建构故事的节奏及发展。视角即观察图像中物体的角度，包括平视、俯视、仰视，这影响着幼儿观察图像的视觉效果。

1. 引导幼儿感知细节区域

在无字绘本阅读中细节区域区别于主角区域，体现着幼儿观看图像的细致程度，仔细观察感知细节区域部分有助于充分理解故事情节的发展。国内学者彭懿认为，每个孩子都是"读"图的天才，能一眼发现画家隐藏在自己作品中的"秘密"（即细节）。[①] 这些细节区域的信息为幼儿视觉感知能力的发展提供了丰富的资源。

在针对无字绘本的阅读调查中发现，有的幼儿只是注意到了细节区域，但是对细节区域观察的细致程度还不够，也没有认真思考绘本中呈现这些细节区域的原因。因此，首先引导幼儿仔细观察画面，并做到毫无遗漏地正确指认。在阅读

---

① 蔡彧：《绘本教学——为学生开启缤纷的课外阅读之门》，《教育界》2020年第41期，第10—11页。

《疯狂的星期二》时，教师引导幼儿仔细观察"绘本中除了封面的时钟外，还有很多地方有，它们都在什么地方"，所有的幼儿均能发现画面中的细节，但是发现细节的个数呈现出个体差异。对于发现时钟的个数，起初发现最多的是4处，发现最少的是1处，但在教师的引导下所有幼儿均能全部找出来。在引导幼儿仔细观察细节区域的基础上，接下来引导幼儿思考"你觉得为什么要画这么多时钟"时，所有幼儿都认为是"让大家知道时间"。当问及"故事的目击者除了乌龟，还有谁"时，幼儿观察细节的程度较上次有了提升。

在阅读过程中，幼儿对细节区域的观察表现出浓厚的兴趣，但是当问及"为什么在绘本中画这些目击者"时，部分幼儿不知如何回答。所以，教师要鼓励幼儿深入思考，深入感知细节区域的作用，意识到细节区域的不可或缺。

借助谈话的方法先引导幼儿观察细节区域，感知绘本中的"秘密"，再进一步引导幼儿理解描绘细节区域的原因。在初步感知细节区域信息的基础上，培养幼儿对图像细节区域的观察能力，提升幼儿视觉图像的感知能力。

2. 引导幼儿感知远近景的切换

无字绘本中的远近景影响着幼儿的阅读范围，幼儿能够观察到事物的近大远小、近实远虚的关系，并借此构筑故事的张力及节奏。[1] 远景可以拉开画面的空间距离，表现主体物的环境状况及主体至远景的距离，使画面具有纵深感。近景用来陪衬、烘托主题，形成一种深度的对比，并通过画面的透视线方向引向主体，拉开观者与主体的距离。中景安排主体物，是刻画最为细致，描绘最为深入的部分。[2]

在阅读《疯狂星期二》（见图5-31）时，引导幼儿仔细观察三幅自上而下的小图，在观察的过程中，鼓励幼儿区分三幅图中的远景、中景、近景。在教师的引导下幼儿能够清楚地分辨：远景画面中夕阳已经落下，晚霞布满天空。一棵枯树枝延伸至远方。中景画面中一轮圆圆的月亮正慢慢升起，一段枯树上蹲着一只小小的乌龟正慢慢爬来。近景画面中圆圆的月亮已经升起，一只乌龟趴在枯树上抬起了头，瞪大了眼睛。接下来让幼儿思考"这一页中有几只乌龟"，其中两名幼儿认为是三只乌龟，一名幼儿认为是两只乌龟，两名幼儿认为只有一只乌龟。于是教师进一步利用谈话法引导幼儿"咱们仔细看一下这三幅图，第一幅图到第三幅图，乌龟发生了什么变化"幼儿仔细观察图像，给出了自己的理解："慢慢变大了""从小到中到大，越来越大"。在上一环节认识到乌龟的变化后，所有幼儿

---

[1] 李辉辉：《幼儿对无字绘本解读的研究》，西南大学2015年硕士学位论文，第32页。
[2] 张桂烨主编：《色彩》，高等教育出版社2022年版，第1页。

均能感知到画面中"只有一只乌龟",接下来继续引导幼儿思考"为什么乌龟越来越大了",所有的幼儿均能从近大远小的方面进行回答。

图 5-31 《疯狂星期二》

利用谈话法一步步引导幼儿感知图像中物体大小的变化,并使幼儿初步意识到同一物体因远近距离的不同而使其看起来大小有所不同。幼儿在观察远近景的图像中,不断变化视觉感知的范围,视觉感知能力得到锻炼,从而提升幼儿的视觉图像感知能力。

3. 引导幼儿感知视角转化

视角即观察物体的角度,分为平视、俯视和仰视三种。[①]平视即观察者视线与观察物相齐平,也就是在同一个水平面上,给人一种身临其境的感觉。俯视即观察物在眼睛的下方,需要眼睛向下看东西,突出表现观察物的渺小。仰视即观察物在眼睛的上方,需要眼睛向上看东西,强调观察物的巨大感。

根据幼儿以往的阅读习惯,在阅读的过程中很少注意到视角的转化。所以,可以先引导幼儿深入感知《疯狂星期二》封面的视角,这幅图是左上方俯视的视角,钟表的侧面线条更多,看上去更立体,更有空间感。另外又加了一点俯视的角度,看到物体更多的面,顺着这个角度望过去,正好看到院子。运用画面内容引导幼儿视线,往下一页翻阅。

在对《疯狂星期二》的封面和环衬的视角做了深入感知后,再引导幼儿感知

---

① 林美琴:《绘本有什么了不起》,新疆青少年出版社2011年版,第51页。

《狼来了》这本书中的第 11 个跨页（见图 5-32），左页中用仰视的角度呈现高耸入云的大树和在空中飞翔的猫头鹰，右页中用俯视的角度呈现小男孩躺在地上，狼站在他的身边。三名幼儿能够意识到看左页图时需要"仰起头看"，对于其他两名幼儿，教师用语言进一步引导"左边这幅图，一条条又直又粗的线是什么"，这两名幼儿对于这个问题均能意识到这是"树"，再借助于幼儿原有的生活经验"在什么情况下，能够看到这样高高直直的大树"，琪琪说："当去郊游躺在地上向上看时。"在引导幼儿观察左页图的基础上，再观察右页图时所有幼儿均能回答出"低下头看"。幼儿虽然不能回答出仰视与俯视这样的概念，但是幼儿已对视角有了初步的感知和理解。接下来再鼓励幼儿思考"看这两幅图的感受是什么"，回答这一问题需要幼儿结合自身的生活经验，引导幼儿回忆一下"当你躺在公园的草地上仰望天空，你会有什么感受"或者"当你站在很高的楼上向下看时，会有什么样的体验"，仔细观察绘本中的两幅图再结合生活中的体验，有的幼儿能够说出"抬头看时有种看着上面的感觉，感觉非常高，低下头看去很小"，而有的幼儿对此则没有感觉"抬头看很舒服，低下头时脖子疼"。这表明，幼儿对视角的理解只是停留在表面，对于内心的情感体验触动较小。

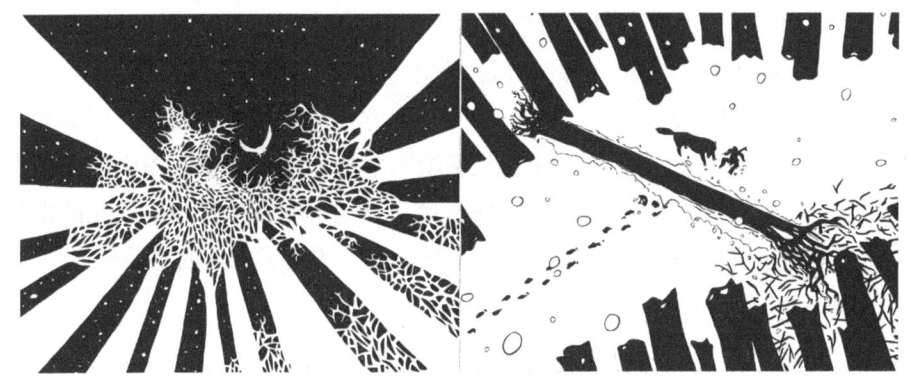

图 5-32 《狼来了》的第 11 个跨页

运用谈话法引导幼儿感知无字绘本中视角的转化，初步感知俯视与仰视，这种视角的转化让幼儿的视觉也跟着有起伏变化，视角转化期间，视觉动感也随之产生。幼儿的视觉感知能力也在此过程中得到了锻炼提高。

（三）图像叙述方式阅读指导

"叙事就是通过符号组织人物的行动和事件，从而构成意义世界的表达活动，具有一定的连贯性和完整性……图画叙事借助其物理图像的时间性和空间性张力,凭借人的视知觉及想象力形成图像群落并加以串联完成。"[1]无字绘本中的图像叙述方式即将一个个单幅的图画以一定的方式连接起来。本研究中的图像叙述方式主要包括分割小图和序列成像。

1. 引导幼儿感知分割小图

彭懿在《图画书:阅读与经典》中提出,分割小图是对整幅图画进行分割,可以分成大小不同的图片,大图与小图合理地穿插排列,进而凸显出故事节奏感,突出表现重点内容,体现事件的起伏性。在本研究中引导幼儿阅读分割小图,感受故事的叙事方式并对其功能进行解读。

根据幼儿阅读无字绘本的现状调查,幼儿在面对多幅分割小图时只是注意到了其阅读顺序,但是对画面中角色变化观察不够细致,不能够准确理解分割小图的作用。所以,引导幼儿按照顺序阅读《疯狂星期二》(见图5-31),三格小图中的图像如同快照一般地陈述着夕阳西下后月亮缓缓升起,小乌龟慢慢向前移动的过程,在测试的幼儿均能按照从上到下的顺序依次阅读这三格小图。在教师的引导下由远及近地让幼儿逐步看清楚乌龟及它的面部表情。接下来鼓励幼儿思考"为什么一页中画三幅小图?有什么作用?"这一问题,所有的幼儿均能意识到分割小图的作用。"讲了一段一段发生的事,要我们知道这些青蛙是怎么慢慢地飞起来的""因为如果只有一幅图的话,就觉得它不完整了"。在阅读无字绘本中,可以通过谈话法引导幼儿感知分割小图的排列方式,按照顺序阅读,理解画面之间的故事内涵,深入感知分割小图在无字绘本中的作用。分割小图中的图像更具丰富的色彩、更丰富的内容,也更鲜艳夺目。分割小图直接作用于幼儿的视觉感受和经验,体验图像在表现事件上的平缓与紧凑,拓展了视觉的感受形式。

2. 引导幼儿感知序列呈像

序列成像是绘画者在同一画面中呈现同一角色的不同姿势。类似于电影分镜头或是漫画格,通过分割画面将一个个动作分解在一个个小图之中能够形象地讲述故事的过程细节。在同一背景中通过对含有相同元素的主体物进行一连串有序排列,进而呈现主体物的发展过程,重在强调主体物的动态变化。[2]无字绘本中的序列成像有自身的逻辑性和客观关系,如动作序列、时间序列和场景序列等,这些特有的图像序列逻辑支配着绘本故事的产生、发展和运作。

在对幼儿阅读现状的调查中发现,对于序列成像的多组小图,如果数量众多,

---

[1] 肖慧君:《图像如何叙事》,武汉大学2005年硕士学位论文,第9页。
[2] 李论:《儿童无字绘本中图画叙事的表现方法研究》,云南艺术学院2018年硕士学位论文,第43页。

幼儿存在漏读、漏看的现象，所以首先为幼儿呈现无字绘本《雪人》（见图5-16）中小男孩堆雪人的画面，引导幼儿观察"小男孩是怎么堆雪人的？先堆哪里后堆哪里？用什么做的鼻子、纽扣？"在教师的引导下，幼儿能够根据画面仔细地讲述，讲述的详略程度有所区别，即能够根据动作序列理解故事的内容。

在幼儿对小男孩堆雪人的画面有了清晰的认识后，再引导幼儿思考"为什么这一页中出现了这么多小男孩？他们是同一个人吗？"所有的幼儿均能意识到这是同一个人。在对无字绘本中的序列成像深入感知后，再进一步向幼儿提出问题，鼓励幼儿思考"为什么要按照一定的顺序呈现这些小画面"时，以引导幼儿对序列成像的意义进行初步的感知。

在阅读无字绘本过程中，引导幼儿感知绘本中的序列成像，让幼儿意识到阅读要遵循一定的顺序，观赏以图画信息为主要内容的无字绘本，使幼儿阅读的顺序意识进一步提高，并且无字绘本能够帮助幼儿在识图的过程中找出其内涵意义。可见感知无字绘本序列成像的能力对培养幼儿的视觉感知能力具有重要价值，使幼儿在感知图像中获得视觉素养的提高。

二、幼儿视觉理解能力提升指导

无字绘本虽然缺乏文字叙事，但是具有很强的叙事性。图画是无字绘本叙事的唯一手段，即故事内容的整体只能由图像来构成。由于叙事成分的置入，图像间产生了线性的串联，这就构成了无字绘本中图画的故事元素。无字图画书的故事元素一般包括背景、角色、情节等要素。幼儿对无字绘本中故事元素的阅读情况影响着幼儿对无字绘本故事的理解。[1]

（一）背景元素阅读指导

无字绘本中的背景是指故事发生的时间和空间（即场景）。时间是推动故事发生的主要线索，场景也是图像叙事中不可缺少的要素之一，能够帮助幼儿理清故事，深入理解故事。

1. 引导幼儿理解时间

时间的表现对于无字绘本来说具有较高的难度，通常没有明确地表现时间的图像，没有明确表示时间的词。[2]有的无字绘本中出现的时间词汇较多，比如《疯狂

---

[1] 王海珊、陈路遥、连榕：《幼儿无字图画书故事元素的阅读发展特点》，《集美大学学报（教育科学版）》2021年第6期，第37—43页。
[2] 李论：《儿童无字绘本中图画叙事的表现方法研究》，云南艺术学院2018年硕士学位论文，第31页。

星期二》。有的无字绘本中没有出现时间词或出现的较少，比如《狼来了》《雪人》。

在无字绘本阅读的调查现状中，发现幼儿对无字绘本中的时间词的感知较欠缺，所以先引导幼儿感知《疯狂星期二》中明确表示时间的词，如"星期二晚上8点左右""午夜11点21分……""凌晨4点38分……""另一个星期二晚上7点58分……"，同时引导幼儿仔细观察画面中表示时间的时钟。虽然幼儿对钟表上具体的时间不能正确地认读，但是幼儿能够意识到时间的变化。在引导幼儿感知图画中明确的时间信息的基础上，进而引导幼儿根据明显特征的事物判断故事发生的时间。引导幼儿思考"这个故事发生在什么季节？发生在白天还是晚上？"这一问题，引导幼儿根据图像上鲜明的事物青蛙、荷叶、月亮等作出正确的判断，幼儿均能判断出"这个故事发生在夏天的一个晚上"。

运用谈话法，在阅读无字绘本的过程中引导幼儿理解时间，意识到时间对故事发生过程的推进作用，将阅读视线拉伸，将故事有序串联。从而进一步理解故事，提升幼儿的视觉理解能力。

2. 引导幼儿理解空间（场景）

场景即故事发生的场地，角色所处的空间，在无字绘本中场景占据了很重要的一部分。场景是推动故事情节发展的重要因素之一，同时也包含着丰富的视觉信息，场景是故事的"最佳辅助"，蕴含的价值不可忽视，故事的发展变化及角色的塑造都依赖于场景，场景的变换可以吸引幼儿的注意力。故事的发展需要连续场景的转换，根据事件的不断推进，场景必然有所不同，不同的场景能够渲染不同的气氛。有的无字绘本中场景变换的比较多，比如《疯狂星期二》《雪人》等，有的无字绘本中场景变换的比较少，比如《狼来了》，其场景设置基本上都是"森林"，跨页之间基本上没有变化的场景。在无字绘本中，虽然没有文字的解释，但幼儿仍能读懂故事发生的场景理解图中的情感。

根据幼儿无字绘本阅读现状，幼儿能够识别单一的画面故事发生的地点。还不能够精确地描述整个故事场景的变换。所以以《疯狂星期二》为例，引导幼儿感知故事场景的变换，鼓励幼儿用自己的语言进行表述。一个星期二的晚上，一群青蛙坐着荷叶飞了起来，第一个场景是池塘里，接着他们飞向小镇，开始四处乱窜，在小院里疯狂嬉闹，又来到老奶奶家看电视，又到外面的草地上与狗搏斗，最后天亮了返回池塘。在与幼儿访谈的过程中，大部分幼儿能够清楚地叙述故事的发展经历了哪些地方。其中一名幼儿叙述较为详细，"电线杆的旁边、城市的上空、叔叔家的窗子外边、老奶奶家、田野里"。

在幼儿能够准确描述故事发生场景的基础之上，接下来再引导幼儿理解场景的变换对故事背景营造的作用。鼓励幼儿思考"在故事中，当你看到这些不同的场景，有什么感想？对你理解故事有什么作用？"引导幼儿将故事的场景与具体内容相联系，幼儿能够意识到故事场景的作用。"这些一个个小场景就像我们玩的串珠游戏，将一个个小故事联结起来""这些故事发生的场景，能让我们感受到故事很有意思、很复杂"。

引导幼儿理解无字绘本中场景的变换，在阅读中对于理解无字绘本是至关重要的，对于场景的理解不仅关系到对角色的理解，也会影到对故事氛围的理解。根据故事内容刻画适宜的场景，增强幼儿阅读的代入感，使幼儿深入理解场景图像所蕴含的信息及其背后要传达的情感，有助于幼儿理解故事背景。

（二）角色元素阅读指导

无字绘本中的角色是幼儿理解故事的关键信息，在阅读过程中，幼儿更多地关注主要角色。角色可以是现实生活中存在的，也可以是想象出来的。对角色的理解一般从外貌、对话和心理等方面着手。

1. 引导幼儿理解角色外貌，体验角色情感

角色的外貌即角色的外表，包括角色的大小、形状及体态等。在无字绘本阅读的过程中，发现幼儿对角色的外貌观察得不够细致，特别是对角色的形状，以致影响对故事的理解。所以在本研究中要引导幼儿理解角色的外貌，体验角色的刻画所传达出的感情。

首先，引导幼儿观察《狼来了》封面（见图 5-27）中两块白色的形状，有的幼儿不能正确地理解，教师鼓励幼儿大胆想象，让幼儿想一下"这两块白色的形状像狼的哪一部分？""可能是耳朵吧，奥……不对，是眼睛。这个黑色的狼牙很尖，很可怕。"接下来引导幼儿在正确理解的基础上说出了看到绘本中的狼后自己的感受。"感觉狼想吃掉小男孩，很可怕，它的牙像吃人一样，看它的眼睛也很害怕。"

在阅读过程中关注角色的外貌特征，深入无字绘本的故事情节部分，充分理解角色图像的外貌特征，并由此产生相应的情绪体验，使幼儿能够看懂角色图像，提高幼儿对视觉图像的理解能力。

2. 引导幼儿理解角色表情，建构角色对话

无字绘本中的角色对话没有文字的描述，读者主要依据角色的面部表情和身体动作来想象角色之间的对话，这建立在对角色形象的充分理解之上。想象角色之间

的对话，大多数幼儿不再试图从第三人称的角度来描述，实际上他们试图成为这个角色。

在阅读的过程中，发现幼儿对故事角色的表情理解不够透彻，在《疯狂星期二》的环衬页（见图5-33）上有三幅小图，从左到右，随着时间的流逝，青蛙逐渐升空，其中有一只青蛙张着嘴巴，给人一种向同伴打招呼的感觉，接着下边的青蛙也扬起了头。在引导幼儿观察青蛙的表情时，幼儿均能观察到青蛙笑哈哈的表情，接着再鼓励幼儿想象青蛙之间的对话。"嘿，兄弟，我飞起来了耶。""天呀，你怎么办到的？"

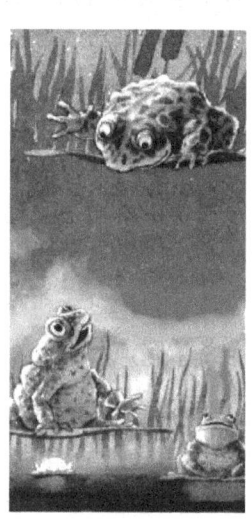

图5-33 《疯狂星期二》的环衬页

引导幼儿理解角色表情，也是对角色外貌特征的进一步理解。幼儿在观察图像的过程中，均能意识到不同角色的表情及动作，对角色对话进行叙述。通过观察角色表情叙述角色对话，可以提升幼儿对视觉图像的理解能力。

3.引导幼儿理解角色心理，解读角色意图

无字绘本中没有文字来描述角色的心理，需要幼儿根据图像，结合已有的生活经验，思考体会角色背后的意图。

在绘本阅读的过程中，发现幼儿对角色心理理解不够深入，所以采用《疯狂星期二》为例（见图5-15），在阅读中幼儿引导观察这样一幅图：一群青蛙飞到高空，变换着各种姿势，冲撞鸟群。教师提出问题引导幼儿思考："你觉得青蛙的心情如何？为什么你认为它有这样的心情？"鼓励幼儿大胆想象理解角色的心情，对角色背后的意图进行深入思考。

在无字绘本阅读中，引导幼儿理解角色心情，从而推动对故事内容的理解，根据角色的动作、表情等推断角色心情，深入理解角色表现意图，也是对图像信息的深层次理解，从而提升幼儿的视觉图像理解能力。

（三）情节元素阅读指导

无字绘本故事的情节就像文章的起、承、转、合一样，主要由开始、发展、高潮、结局四个部分组成，始于开端不断推进故事发展，将幼儿引入高潮部分，最后形成结局。[1]情节大多是由故事情节贯穿于故事发展的始终，换句话说，故事情节也是故事内容的表现，故事内容由一个个有关联的事件连接而成，也就是说，故事情节是由事件构成的。因此，对无字绘本情节元素的理解不仅需要幼儿记忆图像信息，还需要幼儿明晰图像与图像之间的关联性，由此来理解故事的情节元素。

引导幼儿理解《疯狂星期二》的故事情节，比如飞上天的青蛙在空中变换着飞翔的姿势，吓飞栖息在电线上的乌鸦，再比如青蛙乘着荷叶来到男主人家的屋外，并热情地向主人打招呼，还在院子里玩白色的床单，在漆黑的夜空里，有的青蛙抓住晾衣绳荡秋千，有的青蛙钻进裤管里，还有好几只青蛙钻进床单里捉迷藏，经过这些疯狂的行为之后，更有甚者把床单当成披风乘风而去。在这本无字绘本中，还有一些疯狂的画面给幼儿留下了深刻的印象。

在引导幼儿理解基本故事情节的基础上，再引导幼儿深入理解《狼来了》的故事情节，并对某一情节作出合理解释。在一个冬季的深夜，一个小男孩独自一人走进了黑魆魆的树林里，有一只黑狼悄悄地跟在他的身后。雪越下越大，小男孩开始快速向前跑，黑狼也紧紧跟在其后。突然，黑狼腾空而起扑向小男孩，吓得小男孩瑟瑟发抖。原来，本以为凶猛的黑狼飞奔而来，是为了小男孩不被突然倒下的大树砸伤，最终小男孩和狼紧紧拥抱在了一起。针对这一故事情节，引导幼儿思考"小男孩和狼为什么拥抱在了一起"，鼓励幼儿根据自己原有经验展开想象。大部分幼儿均能回答出"狼救了小男孩"，但是其中一个小男孩认为"因为这个狼是他的朋友，狼喜欢这个小男孩"，另外一个小女孩认为"可能是狼小时候受过伤，小男孩帮助过它"。可见即使在教师引导下，幼儿对情节的理解还存在着差异。

在无字绘本阅读中，故事情节的串联是通过一幅幅图像联结起来实现的。幼

---

[1] 郑妍芝：《基于儿童阅读探析无字绘本创作的优化与发展》，沈阳建筑大学2020年硕士学位论文，第35页。

儿在读图的过程中因为有了情节元素，使其阅读的图像更加有节奏性，从而使幼儿更好地理解图像的情节元素，促进其对视觉图像的理解。

三、幼儿视觉表达能力提升指导

张民在《关注幼儿主题绘画活动的各个组织环节》中提出主题绘画活动要鼓励幼儿大胆表达，实现自我表现与创造。①李香馥在《儿童自主性绘画指导》中提出主题绘画就是教师给出某一主题，充分发挥幼儿的创造力，组织幼儿进行的绘画活动。②在幼儿园提升视觉素养主要是通过绘画等途径，因为绘画的过程和绘画所呈现出来的成果都是幼儿很感兴趣的，在幼儿感兴趣的事物中培养幼儿的视觉图像表达能力是必要的。③因此，引导幼儿对《疯狂星期二》进行续编并逐步引导幼儿进行主题绘画，以提升幼儿的视觉图像表达能力。

（一）主题绘画的构思

1. 引导幼儿构思主题绘画情节

大班的幼儿已进入形象期，他们开始有目的、有意识地表达自己的经验和愿望。所以这一时期的幼儿进入事先构思阶段。在进行绘画之前明确自己要画什么，然后按照自己所想去画，画完之后能完整地讲出画面的内容。所以进行主题绘画的第一步是根据主题设计构思故事情节。如果没有合理的规划和设计，在绘画的过程中就容易出现断片、跑题等问题。因为大班的幼儿没有经过专业的美术训练，在本实践环节可以引导幼儿对比较熟悉的《疯狂星期二》进行续编。当问及幼儿"小猪飞上天会做什么事情"时，琪琪说："小猪会和天上的星星玩，尝尝月亮的味道，小猪飞上天吃月亮后会惹烦太阳，太阳会烧它的屁股，把它烧得黑黑的，就再也不会飞了。"石头说："小猪会长很大的翅膀，飞上天会吃到很多自己喜欢吃的零食，棒棒糖呀，蛋糕呀，还有好多好多。"柠檬说："首先在太阳快要下山时小猪飞上天空，来到窗外吓唬正在玩玩具的小朋友，之后飞到太空看流星，最后和宇宙飞船进行赛跑。"

2. 引导幼儿构思主题绘画的角色造型

角色是主题绘画中非常重要的元素，形象生动、富有表现力的角色造型更能引发阅读者共鸣。引导幼儿构思设计既符合主题特征又符合幼儿年龄特点的角色

---

① 张民：《关注幼儿主题绘画活动的各个组织环节》，《天津市教科院学报》2011年第5期，第85—87页。
② 赵丽华：《儿童自主性绘画的创新性培养》，《陕西教育（教学版）》2021年第10期，第61页。
③ 汪冀：《基于绘画的幼儿视觉素养培养》，《考试周刊》2010年第45期，第39—40页。

造型，但是不能千篇一律，要设计出一些独特的、鲜活的、引人入胜的角色。

角色造型的表现手法可以采用夸张和拟人的手法。夸张是对绘画中角色的某些部分故意地夸大或缩小，以达到强调某些独特特征及有魅力的地方。比如幼儿在绘画时，对自己比较喜欢的或感兴趣的部位画得比较大，其他部分则比较小。画人跑步时，把腿画得比较长，整个身体却画得比较小，不合比例；画妈妈时，因为在家里妈妈说话比较多，就把妈妈的嘴巴画得很大。教师在引导幼儿在阅读时注意到了这种夸张手法的运用。

角色造型的拟人手法是在绘画中最常见的，同时也是使用频率比较高的一种方法。一种是保留原有动物的特征，使动物的行为具有人的特点和本领。比如幼儿在绘画时将几个小动物之间建立联系，猪小弟和猪姐姐在猪爸爸和猪妈妈的带领下乘车去野餐。在引导幼儿观察《疯狂星期二》中青蛙这一角色造型时，妞妞说："青蛙会说话，还和我们小朋友一样会玩游戏。"绘本中青蛙这一角色采用了拟人的手法进行创作，这样的表达手法使青蛙的形象更具体形象生动。再如引导幼儿思考《狼来了》这本无字绘本中狼的角色的塑造使用了什么手法时，石头说："狼在这里面简直像这个小男孩的好朋友，当小男孩遇到危险时还会像妈妈一样抱着他。"所以在《狼来了》中狼的角色的塑造也采用了拟人的手法，使这一角色形象更具感染力。

另一种拟人的表达方式把无生命的物体画得和人一样，不仅赋予它们生命，而且赋予它们一切人所具有的特点和本领。比如，幼儿在绘画的过程中经常给大树画上眼睛、鼻子和嘴巴，称其为"大树妈妈"。在引导幼儿观察《雪人》中雪人这一角色时，幼儿知道真正的雪人是不会走路说话的，更不会做事情。兜兜说："在这个故事里，雪人活了，成了人了，他会走路、吃饭、玩玩具，还会穿衣服。"因此，幼儿在阅读的过程中，对故事中的角色表现手法有了比较深入的理解。

（二）主题绘画的艺术表现

1. 构图

在主题绘画中，构图即画面结构，一般是指形象在画面中所占的位置及分割方式，同时也包括线条、色彩等图像基本元素在画面中的组织形式。[①] 根据大班幼儿绘画的年龄阶段特点，引导幼儿重点观察画面的排列方式，画面的呈现可以是单幅图或多组小图的排列组合。比如《雪人》中使用了大量的小图进行序列成

---

① 张希民：《论绘画的整体》，化学工业出版社2008年版，第102页。

像的表现方式。在表现画面时注意远近景的切换及视角的转换,在《疯狂星期二》中多幅图都有远近景的切换,以及仰视、俯视、平视各种视角的运用。接下来,鼓励幼儿找出无字绘本《雪人》中其他的分割小图,并鼓励幼儿进行表述。"《雪人》中用了很多分割小图的方式,这一页有好多张呢。"鼓励幼儿指出《疯狂星期二》中其他的远近景及视角转化的图像。"在这一幅图中有大大小小的远近不同的青蛙,这些青蛙正在俯视下面的大地。"

2. 设色

色彩是绘画的情感,通过色彩的呈现可以感知作品的情绪,所以色彩的搭配是作品的灵魂。[①] 在本研究中,根据大班幼儿绘画发展的特点,仅从色相组合方面引导幼儿进行主题绘画。引导大班幼儿注意无字绘本中色彩的搭配运用,在《狼来了》中,黑白色的不断变化可以产生明暗变化,营造多变的层次空间。引导幼儿仔细观察绘本中点、线、面及黑白形体的曲直、疏密、大小的对比穿插,感受其中的节奏感和韵律感,以及强烈明快的视觉效果。引导幼儿观察《雪人》的色彩搭配,有的幼儿指出:"运用彩铅的表现形式,大量的图画运用黄色与白色。"这种搭配色彩鲜明,营造出的故事情节氛围也较轻松。引导幼儿观察《疯狂星期二》中的色彩搭配,有的幼儿指出:"故事中主要采用了蓝色、绿色、橙色,颜色非常鲜艳。"《疯狂星期二》采用水彩的表现形式,因为故事发生在晚上,主色调是蓝紫色,就是傍晚天空的颜色。辅色是绿色和橙色,植物和青蛙是绿色,光的颜色是橙色。如果没有院子里的橙色光,画面就会有点沉闷,而这片光和钟盘的颜色也是相呼应的。光照到狗的身上,狗的表情才能看清楚。这里狗的颜色选的是和谐的同一色系——棕色,和后面出现的狗也是相呼应的。引导幼儿注意无字绘本中的色彩搭配,使其在主题绘画中能够灵活运用。

(三)视觉表达作品呈现

第一,通过幼儿主题绘画中对图像元素的认识理解情况分析其视觉图像感知能为。作品一(见图5-34)主要采用水彩笔进行描绘,主要选用蓝色和绿色这两种颜色,用线条表现的形状主要是圆形,用来代表地球和其他星球。幼儿注重细节的表达,"小女孩正在玩玩具,看见窗外的飞猪,吓得把玩具掉到了玩具箱里"。在图像叙事方面,运用了分割小图的方式。作品二(见图5-35)也是采用了水彩笔进行描绘,画面运用了大量的粉色、黄色、红色,让人感受到故事的温

[①] 贺娟:《小学美术绘本创作教学研究》,华中师范大学2020年硕士学位论文,第35页。

馨。在线条的使用方面,用曲线代表河水的波纹,用不规则的图形表示云朵。小猪用牙刷刷牙,细节区域幼儿画得非常形象,表明幼儿在现实生活中的经验较为丰富。在远近景切换方面,将近处的白云与远处的大树,以及近处的楼房与远处的小猪表现得层次分明,有了大小、前后的关系。在视角转换方面,采用仰视的方法画天上的猪,把周围的大树画得倾斜很高。幼儿采用了序列成像的叙述方式,主要是场景序列成像。"先是白云上端,然后是山头上,再是医院上空,白云诊室,最后是小河上方和白云间。"作品三(见图5-36)这幅作品中主要采用水彩笔进行勾勒,运用了较多的橙色、黄色、粉色等暖色调,用圆形表示猪的身体,用三角形表示腿。用不规则图形表示猪的耳朵和翅膀。主要采用俯视的方法把地面的房屋画得很矮小,把猪画得较大。作品四(见图5-37)该幅作品采用油画棒进行描绘,运用了大量的蓝色,绿色和红色。用弯曲的线条表示气球和蛋糕,用不规则线条表示不同形状的云朵。在细节表现方面,在蛋糕上画上了自己喜欢吃的水果和棒棒糖。"地上有一个小孩,她抬起头来看天上的小猪,因为小猪在天上离得很远,所以小孩就很小,旁边的树很高很高。"幼儿在描绘这幅作品时,考虑到了视角的表现,采用仰视的方法倾斜去画大树。作品五(见图5-38)在这幅作品中运用彩铅进行描绘,运用了大量的蓝色、黄色、绿色。幼儿也注重远近景的描绘,将下面的树木、房子画得很小,将猪妈妈画得很大,也做到了突出角色的主体地位。

图 5-34 作品一

图 5-35 作品二

图 5-36 作品三

图 5-37　作品四

图 5-38　作品五

第二，通过幼儿在主题绘画中对故事元素的理解程度分析视觉图像理解。作品一注重刻画小女孩的表情，瞪大眼睛惊呆了。注重对故事情节的描绘"首先在太阳快要下山时，小猪飞上天空，来到窗外吓唬正在玩玩具的小朋友，之后飞到太空看流星，最后和宇宙飞船进行赛跑"。作品二中猪的形象表现得比较形象，猪的表情表现为"咧着嘴龇着牙非常疼"。故事的主要情节为"小猪飞上天吃了很多棒棒糖，结果牙疼得很厉害，就飞到云端的医院，躺在白云诊室的床上接受医生的治疗，以后小猪每天都按时刷牙，最后又开心地飞到空中和蝴蝶玩耍"。作品三中猪的形象由开始的嘴角上扬到瞪大眼睛张大嘴巴，表现出了情绪由开心变为惊恐。表现出的时间既有白天，也有晚上，呈现出了不同的时间转换，白天与小鸟玩，晚上去逗月亮。画面表现的主要故事情节是"小猪飞上天拽小鸟的尾巴，和地上的小羊打招呼；天黑了和月亮一块玩耍，尝月亮的味道，这时候激怒了正在睡觉的太阳，太阳非常生气，开始发火烧小猪的屁股，最后小猪被烧得全身漆黑落到了地面上"。作品五主要的故事情节是"这只最大的猪是猪妈妈，她最先飞起来了，她很开心。下面是她的宝宝，有一只正开心地躺在云朵里，一只正在使劲向上飞，还有一只站在房顶上拿着魔法棒正在变变变，也想要飞上天摘星星"。幼儿进行绘画时注重对故事角色的描绘，将猪的表情刻画得比较形象。"站在房顶的小猪很着急，脸都红了。飞起来的小猪开心地做着鬼脸。"

第三，通过幼儿主题绘画的构思及艺术表现形式分析视觉图像表达。五位幼儿的绘画作品较完整地表现了故事情节。在情节的表现方面比较生动形象有趣味性。在角色造型方面，作品三和作品五均采用了夸张的表现手法，将小猪的头画得很大或将小猪的身子画得很长，作品四则采用拟人的表现手法，将小猪画得和小朋友一样会玩滑板车、吃蛋糕。在构图方面，注意图像的构图取景，作品一、二、三采用了分割小图的方式，在绘画过程中也注意到了远近景的切换及视角的转换。在色彩搭配方面，注意到了色调的统一、色彩的搭配。例如在作品一中大量地运用蓝色，也采用绿色与之配合，再点缀以少量的黄色、橙色、红色，以使画面不至于单调。

通过以上三个方面的分析，幼儿的视觉图像感知能力和视觉图像理解能力提升效果较好，在视觉图像表达方面，可能由于主题绘画锻炼时间较短，还需进一步提升。总体来看，幼儿的视觉素养有了一定程度的提升。

第四节 科学介入电子媒介，提升幼儿视觉素养

曾军按照媒介的不同将"看"大体分为三种：第一种是"肉眼之看"，这是看的基本形态，眼睛是实体性媒介；第二种是凭借想象而获得的"心眼之看"，眼睛变成一个关于想象的隐喻，成为功能性媒介；第三种是依靠特定的机械装置而获得的看，这种看就演变成一种"技术性观视"。[1]

在今天所谓的"读图时代"，各种电子媒介突破了时空的界限，拓展和延伸了视觉，带来了丰富的视觉体验。人类不再受限于生理视觉所观的世界，能够超

---

[1] 曾军：《观看的文化分析》，《文学评论》2008年第4期，第93—97页。

越"肉眼之看",更自由、自主地按照自己的愿望来"看"这个世界。

这不仅是全新的视觉体验,还是一种"视觉转向"——一种观看与认识方式的转变:从以往"单纯的看"(vision)转变为被不断地"修正着看"(revision),从一种单纯的生理感知活动逐渐转变为一种可以对图像符号进行选择、操作、判断和解读的主动、积极的行为。电子媒介在形成主动"看"的意识,以及在有选择地"看"的主体性形成方面都具有了超越工具的价值。

视觉素养的提出使现代视觉范式与传统视觉范式出现了分水岭。传统视觉范式是在寻找与现实一一对应的模仿关系;而在现代视觉范式中,观看可以是建立在"文本阅读基础之上的识别与辨认",观者不仅可以对图像进行解码、判断,还可以进行运用,甚至通过符号创造影响现实。对图像的解码、判断和运用成为现代视觉文化语境中的基本视觉素养。[1]

媒介语境是指在媒介运用过程中能够对文本意义的生成产生影响并可能导致多重含义的综合因素,这些因素主要包括媒介运用者、媒介自身及媒介接收者等。媒介运用者可以根据目的,对媒介语境进行限制,促进接收者对文本意义产生认知、理解和创造。

研究依据多媒体构造媒介语境,尝试在电子媒介语境中探讨幼儿"看"的视觉素养元素,为进一步提升幼儿视觉素养,促进幼儿对图像、影像文本的深层阅读提供研究基础。

一、电子媒介语境中幼儿视觉素养现状

(一)研究对象

目的抽样,共抽取 100 名大班幼儿,每组 5 名幼儿,每名幼儿 3~5 分钟,一组总共 20 分钟左右,既有对单名幼儿的观察也有对多名幼儿互动效果的测查,在整个过程中幼儿能够保持兴趣并且积极参与。

(二)研究方法

1. 分析框架

聚焦视觉元素测查幼儿对色彩比例、构图以及透视等方面的理解,了解大班幼儿的视觉素养能力现状。

研究选择红黄蓝三原色,采取的形状为方形。方形属于母形。母形的基本形

---

[1] 姜丛丛、李民:《看·媒介语境·视觉素养》,《大众文艺》2015 年第 5 期,第 259 页。

状包括方形、圆形、三角形,基本颜色包括红、黄、蓝三原色。母形能够通过大小、位置、色彩比例等变化将许多物体的重要特征抽象出来,但任何变形都不会破坏母形的简化性、规则性和完整性。

为了简化,减少组合的复杂度,只提供方形和红黄两色。同时一个图形的简化,不是单纯看其构成成分的多少,还要看其结构特征的多少。结构特征的多少是决定一个整体图样简化与否的关键。[①] 为了使整体图样简化,需要使局部区域的结构特征多于整体的结构特征。因此,在操作的过程中,为了使整体特征更易"突现",尽可能增加局部区域结构的复杂变化。

2.访谈设计

教师介入多媒体进行操作,并对幼儿进行访谈。

①提供红、黄、蓝三个相等的方形,问幼儿哪个看起来更大?然后叠加比较大小展示相等关系。

②演示三种颜色上中下的层级关系,然后留下红色与黄色,问幼儿希望哪个颜色在上面?了解幼儿对图—底关系的理解。

③通过调整颜色的比例、形状的缩放(高矮、胖瘦、大小),以及位置的摆放(上下、左右、中间、里外、对称等)确定幼儿满意的形式。

④询问幼儿最后的作品表示什么?

(三)研究结果与分析

从大班选取 100 名幼儿,在一个月之内完成数据采集。借助要素频次分析与统计,对作品进行分析。借助 NVivo12 软件对访谈原始视频资料进行编码。

1.幼儿的视觉再现及图像结果

幼儿的视觉再现及图像结果,其中深色代表红色、浅色代表黄色(见表 5-2)。

表 5-2 幼儿的视觉再现及图像结果

视觉再现	图像结果示例		
旗子	国旗	浅色的旗子	掉下来的旗子

[①] [美]阿恩海姆:《艺术与视知觉》,滕守尧译,四川人民出版社 2019 年版,第 56 页。

续表

视觉再现	图像结果示例		
树	深色是树叶，浅色是树干	秋天的树，深色树干	深色是树干，浅色是树叶
房子及设施	小房子	屋顶和烟囱	楼梯
床	两边带床衬子的床	像个床，深色是枕头	
门	深色的门	深色的是门，浅色的是台阶（门槛）	
雪糕	超级大冰棍	雪糕	
电视			

续表

视觉再现	图像结果示例	
斧子或锤子	斧子	锤子
日字格		
相框		
菜刀		
垃圾桶		
印章	浅色的是印面，深色的是印	
薯条	番茄酱（深色）蘸薯条（浅色）	

续表

视觉再现	图像结果示例
鸡蛋	有一点像鸡蛋，深色是蛋黄，浅色是蛋清
机器人	机器人的脑袋和身体
金字塔	在动画片里看到过的金字塔
麻将	麻将的白脸，在姥姥家见过
大象	白色是身子，浅色是长耳朵，深色是鼻子

视知觉过程表现为形成或未形成完形，视知觉结果表现为识别或未识别整体特征。100名幼儿中能识别整体特征的有81名，不能识别的有19名。最后视觉再现的结果为国旗或旗子、斧子或锤子、雪糕、房子及设施、日字格、床、门、树、

菜刀、电视、相框的幼儿分别为 12、7、6、5、4、3、3、3、2、2、2 名，其余 32 名幼儿创造性地再现了其他各种物体，但有些图像结果并非能很好呈现所想表达事物的特征。

2. 面积关系

提供红黄蓝三个相等的方形，问幼儿哪个方形看起来更大时，18 名幼儿选择了黄色，25 名幼儿选择了红色，25 名幼儿选择了蓝色，15 名幼儿认为一样大，认为不能确定的有 17 名幼儿。幼儿倾向于认为自己喜欢的颜色面积大，在调整颜色比例的过程中，幼儿也因为喜欢、满意、好看、开心、好玩等放大突出自己喜欢的颜色。

3. 层级关系

演示三种颜色上中下的层级关系时，有幼儿形象地称之为夹心饼干。当留下红色与黄色，询问幼儿希望哪个颜色在上面时，两种颜色各有 50% 的幼儿选择。除一名幼儿在构建"大象"作品时运用到了白色的背景底色，大部分幼儿没有图—底关系的概念。因为多数幼儿没有背景观念，只是将红、黄两色放在同一平面进行编辑，因此，尽管选择某种颜色在下面做背景，幼儿也会经常要求对背景做调整。

4. 形式关系

当通过形状的缩放（高矮、胖瘦、大小）以及摆放位置的调整（上下、左右、中间、里外、对称等）来确定幼儿满意的形式时，60% 的幼儿选择将一个图形放在另一个图形的中间、中间的中间（正中间），上下、左右都预留一样的距离，呈现出对称关系。

二、电子媒介语境中幼儿的视觉素养特点

（一）电子媒介语境中幼儿的视觉理解与表达

1. 幼儿的视觉理解

研究者根据幼儿的自主选择，利用多媒体对图形进行组合，作为观看主体的幼儿对观看对象的理解和阐释得到强调。比如，各部分的位置如何摆放？重要的部分如何处理？各部分的颜色如何选择和组合？各种形状如何进行动态变化？如何处理各部分之间的关系？如何把握关键特征？如何认识整体结构？在组合的过程中幼儿逐渐感知和辨别物体的一般形式结构。这种一般形式结构不仅能代表个

别物体，而且能代表与之相近似的一类物体。阿恩海姆认为，即使在感觉水平上，知觉也能取得理性思维领域中被称为"理解"的东西。①

知觉形式区别于知觉效果，所谓知觉效果即呈现线条、形状、颜色等元素组合后的结果分别表示各种事物，而知觉形式则呈现线条、形状、色彩等组合与变化的过程来反映事物的整体特征。如果说知觉效果是一种结果，那么知觉形式就是一种过程，而电子媒介语境能展示知觉形式的全过程，知觉形式恰恰是视觉理解所需要的，良好的视觉理解能力是视觉素养的基础。

2. 幼儿的视觉表达

阿恩海姆认为眼力是"通过组织的方式创造出有效解释经验的图式的能力"②，这是一种图像表达能力，能经由"最重要的空间特征"描绘一个事物。另外，在色彩的选择上也是一种创造，而不是模仿原物，不是对感性材料的机械复制，而是对现实的一种创造性把握。③

视觉表达就是在视觉理解即获得身边"可触知的东西"所包含着的"某种真理"的基础上，最终能以某种特殊的媒介"自由表现所感和所思"。比如，通过多媒体提供形状和颜色尽可能多样化的组合，"以一种特殊的媒介提供所要描绘的视觉概念的等同物"④，帮助幼儿找到一种能代表有关原型特征的"等同物"。

在最后呈现的视觉图像结果中，幼儿的表现有两类：一类能说出代表什么，一类不能说出或者不知道是什么。也就是说，一类赋予了意义，一类不能赋予意义。"赋予了意义"的这类幼儿就表现出相对较好的视觉理解与表达能力。对"不能说出或者不知道是什么"这类幼儿而言，形状的摆放仅仅只是单个抽象形状的叠加，最终无法构成完形，比如在问及一个幼儿"你的作品表示什么？"时，他的回答是"两个方形"。而对于"能说出表示什么并且基本特征明确"的那类幼儿，单个形状成为整体的有机部分，因结构的整体性而变得生动起来，与具体的实物产生了意义联结。

一起参与的幼儿会相互影响，前一幼儿的图形会启发后来幼儿的联想和想象。确认某图形很像某物，其他的幼儿也会做同样的图形，只是在比例上做调整，以满足内心对"像"的把握，来证明我比他们的更像。一组中多数幼儿的趋从，会导致个别幼儿图形组合的截然相反，而显示出另类。

---

① [美]阿恩海姆：《艺术与视知觉》，滕守尧译，四川人民出版社2019年版，第45页。
② [美]阿恩海姆：《艺术与视知觉》，滕守尧译，四川人民出版社2019年版，第45页。
③ [美]阿恩海姆：《艺术与视知觉》，滕守尧译，四川人民出版社2019年版，第4页。
④ [美]阿恩海姆：《艺术与视知觉》，滕守尧译，四川人民出版社2019年版，第174—175页。

（二）电子媒介语境中幼儿的视觉感受

幼儿对视觉图像的感受关系着情感结构的形成，视觉感受在视觉素养中至关重要。丰富幼儿的视觉感受，满足幼儿的情感需求，不仅可以使幼儿在紧张有压力的社会中获得有效的情感治愈，还能让他们保持视觉的敏锐度。

1. 视觉偏好是一种心理特征

不断成"形"的过程是一种动态过程，是一种伴随各种情绪感受的知觉活动参与的生成过程。一些幼儿虽没有构成并识别出完整的图形，但不管有没有"完形"，幼儿都喜欢自己的作品、感到满意、觉得好看；个别幼儿体现出对形状、位置摆放的特别要求，甚至在变形的过程中急切地打断教师的操作。对于幼儿而言，对颜色或形状的偏好更多地体现出心理特征而不是物理特征。在比较红黄蓝三种颜色分别构成的方形的面积大小时，尽管三种颜色的方形面积一样大，大多数幼儿也会倾向于选择自己喜欢的颜色，他们会认为自己喜欢的颜色构成的方形要大一些。一些幼儿在构图的过程中，会将自己喜欢的物体进行放大突出，比如一名幼儿要求将他认为的"火车头"夸张地放大。

2. 追求平衡

60%的幼儿选择将两个图形呈现出对称关系。对称是为了取得"两半神经作用的平衡"，平衡"意味着其中所有活动达到停顿时所特有的一种分布状态"。平衡的构图是一种稳定构成，所有的组成要素都非常确定且不容许有任何的改变。在这种情形下，整体具有的那种必然性特征，也就可以在它的每一个组成成分中呈现出来。[①]当然，平衡并不一定等同于对称，对称不过是平衡中的小儿科。[②]但大多数幼儿通常会选择对称来避免不稳定。

3. 偏离的有趣

凡是简单规则的形，即好的形，都会引起一种矛盾的反应——既想保留它，又想改变它。想保留它，是因为它看上去舒服、自在、合理；想改变它，是因为它单调、一律、规则、刺激性小。[③]许多事实证明，在大多数人眼里，那种极为简单和规则的图形是没有多大意思的，相反，那种稍微复杂点，稍微偏离一点和稍不对称的、无组织性图形，倒似乎有更大的刺激性和吸引力，因为这种图形一般能唤起更长时间的强烈视觉注意和更大的好奇心。[④]

---

① [美]阿恩海姆：《艺术与视知觉》，滕守尧译，四川人民出版社2019年版，第15页。
② [美]阿恩海姆：《艺术与视知觉》，滕守尧译，四川人民出版社2019年版，第15页。
③ [美]阿恩海姆：《视觉思维：审美直觉心理学》，滕守尧译，四川人民出版社1998年版，第18页。
④ [美]阿恩海姆：《视觉思维：审美直觉心理学》，滕守尧译，四川人民出版社1998年版，第10页。

每当教师演示图形的变化，比如变高、变矮、变胖、变瘦，当"很胖很胖"或"很瘦很瘦"等迅速而极端的变形出现时，幼儿表现出新奇的样子：或者大笑或者发出惊呼声，这说明变形的图形往往更能激发幼儿的兴趣。幼儿刚开始表现为注意或好奇甚至是紧张，接下来他们积极参与调整、组合，直至最后获得满意的作品，刚开始的惊讶甚至紧张消失。这是一种有始有终、有高潮有起伏的经验，这样的经验当然不再是平直乏味的，它的"有趣"恰恰就出在这里。①

（三）电子媒介语境中幼儿的视觉思维

视觉素养的核心是视觉思维。阿恩海姆认为"视觉本身就是一种思维，是与理性思维具有同等作用和价值的认知方式"，"知觉并不是从感知特殊物体开始，然后又由理性对这些感觉经验进行加工，最后得到抽象概念的过程"，"知觉一开始就立即把握到一种一般普遍性的结构特征，而不是一种经过加工之后的概念"。②

视觉思维是视觉素养发展的高级目标。尽管一开始就立即把握到一种一般普遍性的结构特征，而不是一种经过加工之后的概念，但就像理性思维领域中的"理解"是一个不断抽象化的过程，视觉思维的发展也是一个不断抽象化的过程。如何更好地获得某一事物的抽象物是提升视觉思维的关键。如何获得呢？第一，把握某类事物的最重要性质；第二，构造出它的动态形式，以达到对其总体结构状态的把握。③通过最重要性质的动态形式"生发"出更完整、更深入的理解。

1.通过动态形式把握关键性质

在绘画和摄影等视觉形式中，艺术家经常致力于把某种运动、行为或场景定格为一种永恒的意象，这一状态标志着某种重要场面或过程的极点或高峰，再现的是若干相互独立的实体间的共同点，能最集中体现出整体的特征。④这种"意象"是一种静态的定格，静态的概念简化了现象世界的结构，将一种复杂事件最核心的本质即整体特质定型为一个引人注意的具体式样，能让我们对现象世界进行迅速接近或把握。

最后选取的视觉再现示例即幼儿识别的图像结果，是物体最具典型意义特征的呈现，这些静态的结果简化了物体的结构，展示了幼儿对视觉景物比较准确的把握。

然而在大多数情况下，事物都不是静态的，静态概念掩盖或压制了运动动作，

---

① ［美］阿恩海姆：《视觉思维：审美直觉心理学》，滕守尧译，四川人民出版社1998年版，第10页。
② ［美］阿恩海姆：《视觉思维：审美直觉心理学》，滕守尧译，四川人民出版社1998年版，第172页。
③ ［美］阿恩海姆：《视觉思维：审美直觉心理学》，滕守尧译，四川人民出版社1998年版，第34页。
④ ［美］阿恩海姆：《视觉思维：审美直觉心理学》，滕守尧译，四川人民出版社1998年版，第242页。

并把多样性的样相和丰富的变化减少至一个单一的再现形象，因此使现象世界过于简化，过于呆板和孤立，不利于对现象进行全面认识。①多数情况下，"定格"是某一持续变形过程中关键时刻的"生发性"的形态或要点。②作为关键性的"极点"，所有情节围绕它组织和展开，逐渐引人入胜。

幼儿在认识的早期阶段，心灵还不具备把握那些高度复杂性现象的能力，多媒体的介入展示一些简单的形状，调整和控制运动轨迹，通过分解各种动作可以使幼儿对事物清晰可辨。把生成的图像看成"极点"，围绕着这样一个具有简单形态的"极点"进行组织，让幼儿参与并进行互动，在一系列运动操作中让结果更倾向于自己心中的"像"。

阿恩海姆认为"视觉乃是思维的一种最基本的工具"，通过电子媒体的介入，可以使空间运动起来，构造动态形式，呈现有生命、有活力的物体，利用关键性质的"生发"作用，不断激活幼儿视觉的思维性功能。

2. 经由阶段性特质把握整体结构特征

在动态生成的过程中，在最重要性质显现出来之前，会出现阶段性特质。如果只是呈现最终的静态结果——最高潮的定格，"特质"的阶段性区别便被掩盖起来了。平时幼儿的绘画只是瞬间完成的活动，画面中的人和动物往往表现为"运动"的定型，但从中却看不到运动达到某种速度时所具有的"特质"。③利用电子媒介就不一样，当教师迅速地将图形压扁、拉长、放大时，各个不同阶段的特点立即呈现出来，也许各阶段就有着"特质"的不同，这种"特质"的不同对幼儿视觉思维的提升非常重要，当对运动各阶段的不同特质作出区分，并能进行动态全方位把握时，也许才能真正把握事物的本质。

比如，一个幼儿原本的意图想做个牙刷，但是教师在他的指示下操作，最终牙刷并没有呈现，他十分懊恼："我是想做个牙刷的呀！"这种情况如果提供具体的实物，进一步通过多媒体演示表现牙刷形成的各阶段性特质，并对各个阶段在过程中的不同特质作出区分和强化，可以帮助幼儿经由阶段性特质把握总体结构状态，从而把握事物的最重要性质。

另外，对于初步把握物体重要性质的孩子，可以继续变换动态形式，强化阶段性特质，帮助其对总体结构特征的感知更加清晰、明朗化，在不断抽象与可逆的过程中提升视觉思维。

---

① [美] 阿恩海姆：《视觉思维：审美直觉心理学》，滕守尧译，四川人民出版社1998年版，第238页。
② [美] 阿恩海姆：《视觉思维：审美直觉心理学》，滕守尧译，四川人民出版社1998年版，第242页。
③ [美] 阿恩海姆：《视觉思维：审美直觉心理学》，滕守尧译，四川人民出版社1998年版，第237页。

如前所述，有 12 个幼儿在图像构成时选择形成旗子，在幼儿的共同参与和互动中继续推进形式的完善，最终当一名幼儿将黄色变瘦变长、红色变方变小时，有幼儿说这是一面真正的旗子，其他的幼儿欢呼鼓掌："真的变出来了！"任何"形"，都是知觉进行了积极组织或建构的结果或功能，而不是客体本身就有的，是在原构成成分中找不到的但"突现"出来的特征和性质。[①] 找到这种特质是促进视觉思维形成的过程。

三、适当介入电子媒介提升幼儿的视觉素养

（一）电子媒介是影响幼儿视觉转向的关键因素

米切尔（Mitchell）认为，有必要认真对待视觉转向。通过介入电子媒介对幼儿进行研究，发现对幼儿视觉转向有重要影响的是电子媒介。

一方面，电子媒介创造了运动性表征。在成年人的指导下，图形可以移动、变化，可随时组合的图像甚至会使得幼儿"从有限的经验到对事物本质的把握"变成了一段很短的路。在运动性表征早期出现的幼儿时期，幼儿的意图是表现动作，而不是静态的物体。现代媒介创造了运动的新模式，有利于幼儿的视觉发展。在研究中发现，3 岁的南希阅读电子绘本通常比纸质版本持续时间更久，南希与屏幕上点的互动比纸质点的互动更活跃。

另一方面，电子媒介带来了"可修正性"。通过电子媒介制成的作品很容易修改，幼儿就成了创作过程的直接执行者，可以根据自己的意愿进行修改。匈牙利学者对从 2D 向 3D 材料制作转换过程中幼儿视觉素养发展的研究发现，这不仅会带来冲击的快感，还会带来成功的体验、安全感和自尊的增强。[②]

（二）利用电子媒介语境提升幼儿的基础视觉素养

有目的地介入多媒体呈现各种图形组合的变化，便于幼儿不断解码、判断和识别。首先，通过技术媒介可以让组合的形式更多样化，在操作的过程中，幼儿先了解大小、高矮、胖瘦的关系，然后过渡到对上下、前后、远近关系的把握，最终获得如何处理"形状和形状之间逐渐复杂关系的再现概念"[③]。

---

① [美] 阿恩海姆：《视觉思维：审美直觉心理学》，滕守尧译，四川人民出版社 1998 年版，第 3 页。
② Pataky, Gabriella, "'Do Not Touch It!' Today's Children's Visual Competencies in Comparison with The Pre–Digital Era in Light of Their Art Educational Environment", *CEPS Journal*, 2020, pp.75–96.
③ [美] 阿恩海姆：《艺术与视知觉》，滕守尧译，四川人民出版社 2019 年版，第 175 页。

其次，在形状与色彩的选择上以突出基本性来反映事物的重要特征。通过方向、位置、比例等变化形式，帮助幼儿进行识别和简化，让抽象的形状、色彩再现整体性的特征，如圆形性或三角形性等。纷繁复杂世界中的万事万物"只有被看作一种由清晰的方向、一定的大小及各种几何形状和色彩等要素组成的结构图式时，才能被真正地知觉到"①。

最后，通过整体特性发现细节特征。只要心中有了对物体的整体认知，就可以在其引导下找到事物的主要特征，以及这一特征对于其他细节部分的主导性。②在这方面，多媒体的优势发挥得淋漓尽致，幼儿在其主导下更容易发现细节特征。逐渐地，物体的全部丰富性和内涵就会展示出来。幼儿在准确感知到它们的那一刻，就会调动起心灵的全部力量去破译其密码传达的信息。有12个幼儿的视觉图像结果再现为国旗或旗子，只有在其中一名幼儿的操作中，其他幼儿积极参与进去，尤其在他要求将黄色方块变高变瘦，当黄色方块越来越高、越来越瘦时，所有幼儿终于发现，甚至鼓起掌来，开心地叫道："真的变出来了，是真正的红旗！"当图形满足不了"像"的替代时，幼儿会用语言启发、补充、描绘；当图形满足了"像"，会得到多数幼儿的认同，甚至是赞同。

（三）适当介入电子媒介发展幼儿的高级视觉素养

从数字时代走向数智时代，这种急剧的变化对我们而言是极大的挑战，需要学习的内容有很多。当幼儿已经对引向与"虚拟人"一起学习的方式很感兴趣时，也许需要重新思考电脑等现代媒介在幼儿阶段运用的阻力。一个冷静的观察者可能会发现"应该让幼儿接触不同媒介的想法"是有价值的，如果让幼儿充分参与，似乎许多幼儿会达到在现代媒介使用中的平衡。克莱门茨（Clements）等人认为："对于幼儿而言，所谓'具体'，就是给幼儿富有意义的和可操作的事情去做，而不只是某事物具有些什么物理特征。"③如果让幼儿的学习更有效，应该让他们发现自己参与的活动是值得的这很关键，而不是聚焦幼儿到底是用手操作物理材料还是借助鼠标之类的操作工具。在许多情况下的学习，数字媒体可能不如纸质媒体，但如果巧妙地利用数字功能，其完全能够超越纸质媒体，当然，前提是成年人的参与必不可少。

运用电子媒介教导幼儿如何看，让他们变得更有视觉素养，并在更高的水平上操作是我们的目标。"除非他们被识别和'教授'，否则高级视觉素养不会发

---

① [美]阿恩海姆：《艺术与视知觉》，滕守尧译，四川人民出版社2019年版，第44页。
② [美]阿恩海姆：《艺术与视知觉》，滕守尧译，四川人民出版社2019年版，第7页。
③ 胡娟主编：《幼儿园课程概论》，复旦大学出版社2020年版，第169页。

展"。① 植根于真实的或利用电子媒介营造逼真或超真实的情境，以能力为基础，旨在培养幼儿视觉素养的复杂性发展即指向多面性、平衡性、个性化等立体全方位发展是我们未来的方向。因此，视觉素养作为最重要的综合能力之一，其培养需要范式转换，应关注自主表达而不是表现。因为这是一个未知的世界，是一个被不断塑造和设计的世界，应让幼儿成为自主的生命和负责任的个体，教会幼儿如何认识和表达他们自己的世界比要求他们确定某种方向更为重要。表达的前提是给予幼儿更多权力，让其有充分的自主性，基于此，电子媒介的介入无论从理论还是应用上的研究都需要进一步深入。

---

① Pataky, Gabriella, "'Do Not Touch It!' Today's Children's Visual Competencies in Comparison with The Pre-Digital Era in Light of Their Art Educational Environment", *CEPS Journal*, 2020, pp.75-96.

参考文献

[1] [英] 维特根斯坦：《哲学研究》，陈嘉映译，上海人民出版社 2001 年版。

[2] 彭亚菲：《读图时代》，中国社会科学出版社 2011 年版。

[3] 胡娟：《幼儿园课程概论》，复旦大学出版社 2020 年版。

[4] [德] 海德格尔：《海德格尔选集》，孙周兴选编，上海三联书店 1996 年版。

[5] [美] 丹尼尔·贝尔：《资本主义文化矛盾》，赵一凡、蒲隆、任晓晋译，三联书店 1989 年版。

[6] 孟建主编：《图像时代：视觉文化传播的理论诠释》，复旦大学出版社 2005 年版。

[7] [英] 约翰·伯格：《观看之道》，广西师范大学出版社 2015 年版。

[8] [美] 阿恩海姆：《视觉思维：审美直觉心理学》，滕守尧译，四川人民出版社 1998 年版。

[9] [德] 本雅明：《机械复制时代的艺术作品》，浙江摄影出版社 1993 年版。

[10] [匈] 巴拉兹：《电影美学》，中国电影出版社 1979 年版。

[11] [美] W.J.T. 米歇尔：《图像理论》，陈永国、胡文证译，北京大学出版社 2006 年版。

[12] 张舒予：《视觉文化概论》，江苏人民出版社 2003 年版。

[13] [美] 阿恩海姆：《艺术与视知觉》，滕守尧译，四川人民出版社 2019 年版。

[14] 周宪：《"读图时代"的图文"战争"》，《文学评论》2005 年第 6 期。

[15] 洛伦兹·恩格尔，汪少明：《可见与不可见——从观念时代到全球时代：德国视觉哲学一百年 1900—2000》，《德国研究》2005 年第 1 期。

[16] 段钢：《图像符号的意识形态操控》，《河北学刊》2007 年第 6 期。

[17] 陆扬：《图像与视觉文化》，《甘肃社会科学》2023 年第 1 期。

[18] 韩鸿：《影像的大众生产与意义解读》，《文艺研究》2002 年第 5 期。

[19] 盛群力、褚献华、Gina Burkhardt：《21 世纪能力：数字时代的基本素养》，《开放教育研究》2004 年第 5 期。

[20] 黄宁宁：《澳大利亚中学视觉素养教育的特色分析与启示》，《软件导刊（教育技术）》2009 年第 10 期。

[21] 龚艺、黄家荣：《视觉素养研究综述》，《内江师范学院学报》2018 年第 8 期。

[22] 张祖忻:《视觉文化的概念·背景·理论·内容》,《外语电化教学》1988年第3期。

[23] 张倩苇:《视觉素养教育:一个亟待开拓的领域》,《电化教育研究》2002年第3期。

[24] 盛希贵:《视觉教养理论与影像传播实践》,《国际新闻界》2003年第6期。

[25] 徐美仙、张学波:《多维视角里的视觉素养:内涵、视野及意义》,《开放教育研究》2004年第3期。

[26] 朱静秋、张舒予:《信息技术支撑下的视觉素养培养(下)》,《电化教育研究》2005年第4期。

[27] 刘桂荣、闫树涛:《视觉素养的哲学文化根基》,《山西师大学报(社会科学版)》2007年第3期。

[28] 王帆、张舒予:《读图时代的大众素养:媒介素养或视觉素养》,《中国电化教育》2008年第2期。

[29] 罗双兰:《视觉素养教育:语文课程发展的新延伸》,《中国电化教育》2011年第9期。

[30] 马小晗、马瑞君:《论视觉文化时代师范生的视觉素养教育》,《大学教育》2015年第1期。

[31] 钱初熹:《培养公民视觉素养的美术馆公共教育》,《上海艺术评论》2017年第6期。

[32] 梁君健:《重新界定视觉素养——以"柯达文化"到"脸书文化"转向中生产型消费者的素养为基础》,《新闻记者》2018年第12期。

[33] 霍朝光、卢小宾:《数据可视化素养研究进展与展望》,《中国图书馆学报》2021年第2期。

[34] 侯宛莹、杨萍、张蔚等:《融入视觉素养的幼儿美术活动课程设计》,《甘肃教育研究》2023年第12期。

[35] 张雨强、张志红:《信息技术背景下中学生化学视觉素养的培养》,《课程·教材·教法》2011年第10期。

[36] 杜爱慧:《物理教学中学生视觉素养的培养》,《教学与管理》2012年第16期。

[37] 杜爱慧、杨聚宝:《物理教师视觉素养的构成及其培养》,《物理教师》2013年第6期。

[38] 侯德娟、陈瑜玮:《中学生地理视觉素养认知模型构建的实证研究——基于NVivo软件的文献质性研究》,《中学地理教学参考》2023年第23期。

[39] 冯红梅:《普通高中学生视觉素养及其培养》,《课程·教材·教法》2012 年第 7 期。

[40] 张舒予:《"视觉文化与媒介素养"课程核心理念与教学设计》,《现代远程教育研究》2012 年第 2 期。

[41] 沈冠东:《我国视觉教育研究述评》,《上海教育科研》2018 年第 3 期。

[42] 张舒予、赵丽、周灵:《视觉—媒介信息素养:新综合性素养的概念提出与教育实践》,《现代远程教育研究》2021 年第 6 期。

[43] 房敏、涂涛:《我国视觉素养研究发展述评(2002-2017)——基于共词与内容分析相结合的视角》,《图书馆理论与实践》2017 年第 12 期。

[44] 王平:《数字时代大学生视觉素养的现状及提升对策》,《青岛农业大学学报(社会科学版)》2023 年第 2 期。

[45] 徐亚男、张舒予、蔡冠群:《浅论大学生视觉素养培养》,《重庆广播电视大学学报》2009 年第 1 期。

[46] 王长杰:《云南民族地区大专院校师范生视觉素养现状调查分析》,《软件导刊(教育技术)》2017 年第 8 期。

[47] 刘晶、王晖:《大学生政治视觉素养的结构与现状——基于南昌市高校的调查》,《教育学术月刊》2020 年第 11 期。

[48] 黄鑫翔、刘婷婷:《大学生视觉表达能力的现状、问题与对策研究》,《科教导刊》2022 年第 21 期。

[49] 施勇、朱永海、张舒予:《论媒介素养教育的多维度审视》,《东南传播》2008 年第 11 期。

[50] 王刚、张舒予、朱永海:《高师院校师范生视觉素养的培养策略探析》,《长春师范学院学报》2011 年第 10 期。

[51] 马小晗、马瑞君:《论视觉文化时代师范生的视觉素养教育》,《大学教育》2015 年第 1 期。

[52] 胡盈:《数字博物馆情境下的视觉素养培养教学模式》,《中国文物科学研究》2023 年第 1 期。

[53] 刘锦圳、张贤金、孔祥斌:《基于双重编码理论的化学教材插图教学》,《教学与管理》2023 年第 28 期。

[54] 赵丽:《后现代语境下视觉素养课程研究》,南京师范大学 2015 年博士学位论文。

[55] 曾军:《观看的文化分析》,《文学评论》2008 年第 4 期。

[56] 郑心宇:《大学生视觉素养培养径路研究——以"混合型"教学模式为视角》,《湖北第二师范学院学报》2014年第6期。

[57] 范银花、张梦甜:《视觉素养视野下关于高校美术通识课程设置的思考》,《美术教育研究》2019年第21期。

[58] 陈阳:《从"项目式学习"到"具身学习":融媒体语境下大学生视觉素养培养的教学创新》,《教育传媒研究》2020年第2期。

[59] 罗双兰、杨丽萍:《中华优秀传统文化的视觉素养整合教学研究——基于〈视觉传播〉课程的教学实践》,《民族教育研究》2020年第5期。

[60] 姜丛丛、李民:《看·媒介语境·视觉素养》,《大众文艺》2015年第5期。

[61] 郑晓丽、林菲菲:《利用概念图培养儿童视觉素养的个案实验研究》,《现代教育技术》2010年第3期。

[62] 王帆:《视觉素养和幼儿视觉学习》,《教育导刊(幼儿教育)》2008年第11期。

[63] 袁宇:《数字化视觉下提高幼儿教师信息素养策略研究》,《现代信息科技》2019年第8期。

[64] 罗双兰、于红卫、张舒予:《幼儿视觉素养与语言素养的整合培养》,《学前教育研究》2008年第6期。

[65] 康立超、周萍、毛玉蕊:《儿童无字绘本阅读的研究启示及展望》,《陕西学前师范学院学报》2020年第6期。

[66] 那朝霞:《被忽略的价值:论图画书阅读中重复的力量》,《宝鸡文理学院学报(社会科学版)》2022年第5期。

[67] 杨自香、张新明:《台湾地区幼儿园视觉素养教育的培养特色及启示》,《软件导刊(教育技术)》2009年第6期。

[68] 邓绍秋:《视觉文化的本体诠释与儿童经典阅读"超融"素养》,《江西科技师范大学学报》2016年第3期。

[69] 朱小莉:《视觉文化背景下的幼儿美术教学实践》,《文教资料》2011年第17期。

[70] 黄晓婷:《视觉文化背景下的幼儿美术教学实践方法》,《新课程(上)》2017年第12期。

[71] 李畅:《基于人本主义的幼儿视觉艺术教育探析》,《美术教育研究》2018年第16期。

[72] 尤金铭:《视觉文化背景下的幼儿美术教学实践》,《新智慧》2019年第7期。

[73] 马瑶:《视觉文化传达背景下的幼儿美术教学方向研究》,《美术教育研究》2019年第8期。

[74] 汪冀：《基于绘画的幼儿视觉素养培养》，《考试周刊》2010年第45期。

[75] 申灵灵：《澳大利亚的"Show Me"视觉素养评价框架述评》，《上海教育科研》2012年第1期。

[76] Sue Bennett, Karl Maton, Lisa Kervin," The 'Digital Natives' Debate: A Critical Review of The Evidence", *British Journal of Educational Technology*, Vol.39, No.5, 2008.

[77] Jaime Sánchez, Alvaro Salinas, David Contreras, et al, "Does the New Digital Generation of Learners Exist? A Qualitative Study", *British Journal of Educational Technology*, Vol.42, No.4, 2011.

[78] Luc Pauwels, "Visual Literacy and Visual Culture: Reflections on Developing More Varied and Explicit Visual Competencies", *The Open Communication Journal*, 2008.

[79] 申灵灵：《教育技术学本科"视觉素养"课程设计研究》，南京师范大学2012年博士学位论文。

[80] 申灵灵：《利用思维地图提高学前儿童视觉素养研究》，南京师范大学2008年硕士学位论文。

[81] 王静梅：《图文识读转换阶段汉语儿童早期阅读素养的发展》，浙江师范大学2022年博士学位论文。

[82] 刘羽：《美术馆公共教育中儿童视觉素养培养的研究》，山东师范大学2020年硕士学位论文。

[83] 杨蕾：《运用无字图画书开展幼儿园大班阅读教学的行动研究》，云南师范大学2020年硕士学位论文。

[84] 梁杭：《无字绘本阅读教学对大班幼儿叙事能力的影响研究》，广西民族大学2023年硕士学位论文。

[85] 洪妍娜：《论视觉文化视域中的中国幼儿文学》，浙江师范大学2020年博士学位论文。

[86] 范小虎：《视觉文化背景下的苏州幼儿美术教育的研究》，苏州大学2008年硕士学位论文。

[87] 王娅丽：《幼儿美术高效课堂教学探析》，《科学导报》2023年5月30日第B03版。

[88] 何鲁威：《浅论绘本对幼儿发展的教育价值》，《驻马店日报》2011年11月17日第004版。

后 记

从国外视觉素养研究历史的三个"浪潮"到国内视觉素养四个研究阶段，不同领域、不同角度对视觉素养的研究已经形成该领域的研究问题与研究方法。已有研究成果提供了很多启示和借鉴，但仍存在研究盲点。一是视觉素养定义的开放性为学前阶段中国本土的重新界定提供了思考空间。国外学者有关视觉素养的定义虽达成了一定的共识，但也存在一些分歧，如能力定位的侧重点不同；或突出现代媒体或兼顾传统媒体；强调一种经验或其他经验整合等。二是偏向于从现代技术媒介的角度思考，窄化了视觉素养的研究。国内研究者大多是教育技术专业学者，如果仅从现代信息技术的角度思考，不仅忽略了视觉素养跨学科研究特点，也忽略自然环境和传统媒介下的视觉素养，窄化了视觉素养的研究。三是对学龄前幼儿的关注较少，视觉素养研究的深度、广度不足。国内外研究虽取得一定的成果，但对学龄前幼儿的关注较少，尚未有幼儿视觉素养评价标准；国内针对不同对象的视觉素养培育方法大同小异，方法可操作性不强，没有可参考的路径。因此，这是一个全新的研究课题。

本书放眼国际数智化进程，借鉴多模态视觉素养研究视角，从国内数字化发展现实需求出发，紧扣幼儿视觉素养核心概念，以教育学、心理学、社会学、文化学、艺术性等多学科理论为基础，采用跨学科整合研究，注重学科的交叉性与互补性，以山东省所在区域为实证研究范围，注重运用调查研究、行动研究等方式，展开质性与量化研究，构建幼儿视觉素养评价体系，开展幼儿视觉素养培育实证研究，为学前教育的高质量发展提供新视角，为视觉素养的深入探讨提供实践案例。这是一种艰难而勇敢的挑战。

课题从申请到完成，今年已经是第四个年头。首先，感谢我的研究生共同参与了写作：张蔚（第五章第一节）、吴娟娟（第五章第三节、第三章第四节）、吕东雪（第四章、第二章第二节）、相天仪（第二章第二节、第五章第二节），尤其感谢张蔚一丝不苟的文字整理工作。我一直坚信教育是一种关系，没有一个人、一种事物不是存在于背景和关系之中的。我们的关系，是一种"我—你"的关系，是一种真正的"对话"和"相遇"的关系。马丁·布伯的"我—你"并不是二者的完全融合，因为其间永远存在着一个距离，布伯称之为"之间"，是一种"主体间性"。我相信，你们在这种关系中发展了自我，体会了情感，体验了自己的存在与价值。肖川先生说，真正的教育只能建立在尊重与信任的基础上，建立在宽容与乐观的期待上；真正的教育存在于人与人心灵距离最短的时刻，存在于无言的感动之中。这是我的努力，也是你们前进的方向！另外，感谢苏勇教授灵动的思维，感谢李成实教授严谨的建议，感谢一线教师谭文萱、尚桂娜、王海燕参与了调研，感谢我的先生肖军"与儿童心灵对话"的创作，感谢我的儿子肖乐弈作为"数字原住民"的创造力，是因为你们奇妙的思想让我们一起前行，共同创造了这部作品。

杨萍